会計士・税理士・簿記検定

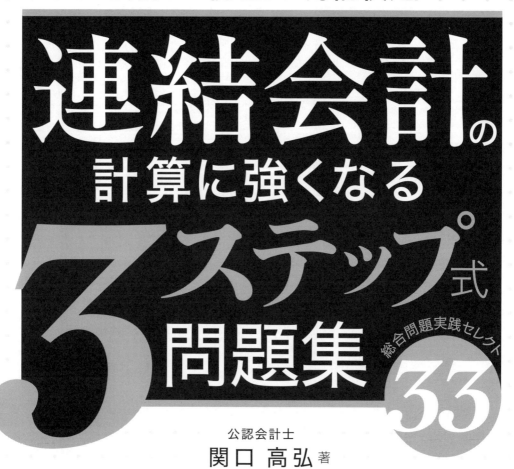

連結会計の
計算に強くなる
3ステップ式
問題集

総合問題実践セレクト
33

公認会計士
関口 高弘 著

中央経済社

はじめに

　多くの上場企業では，親会社の下に複数の子会社・関連会社を有することで企業集団を構成しています。そして，このような支配従属関係にある企業集団を経済的に単一の組織体とみなして，その集団全体の財政状態及び経営成績等を表す連結財務諸表を作成することが，企業集団に係る適切な経済的実態を表すことになると考えられています。

　そのため，主として上場企業では，連結財務諸表に基づき企業集団の情報を投資家をはじめとした利害関係者に提供することが有用であり，このような**情報提供機能の観点で連結財務諸表は個別財務諸表に勝るものであり，その重要性は非常に高い**ものであります。

　会計実務においても上場企業等で連結財務諸表の作成能力がある人材は重宝されるとともに，株式投資等を行う投資家においても，投資先の企業の状況を理解するためには連結財務諸表を分析できる能力が必要となってきます。

　以上のような連結財務諸表の重要性を裏付けるように，2017年より日商簿記検定2級（商業簿記）でも連結会計が試験範囲となり，日商簿記検定1級では，商業簿記か会計学でほぼ毎回何らかの形で連結会計に関する出題がなされています。また，公認会計士試験（財務会計論）においても，短答式試験と論文式試験の両方で，毎回，連結財務諸表に関する総合問題が出題されています。さらに，税理士試験（簿記論・財務諸表論）や全経簿記能力検定上級（商業簿記・会計学）においても，出題頻度は日商簿記検定1級や公認会計士試験ほどではないですが，連結会計が出題されることがあります。

　そこで本書は，公認会計士試験（短答式試験）のみならず，日商簿記検定1級（商業簿記・会計学），税理士試験（簿記論・財務諸表論），全経簿記能力検定上級（商業簿記・会計学）等の各種資格試験を合格するために必要となる**連結会計の総合問題**をレベル別に区分し，1冊にまとめました。

　連結会計に限らず，簿記の学習は，単に簿記のテキストを読んでいるだけでは身につきません。実際に電卓を叩いて問題が解けるようになることが必要です。そして，実際に問題を解いてみると，理解していて解けると思っていた問題を間違え，自身の理解の不十分さに気がつくことも多いかと思います。そのような場合は，再度，間違えた論点に向き合い，間違えた原因を分析し，知識を補強することで，**一歩一歩前に進んでゆく地道な努力を行うことこそが，簿記上達の秘訣**になります。

　連結会計においても，総合問題が解けるようになるためには，基本的な連結修正仕訳を網羅的に身につけた上で，その知識を確認し集計力や計算力を養うために，**繰り返し多くの総合問題を反復練習する**必要があります。そのため本書では，各種試験に合格するために必要な連結会計の論点を網羅的に出題し，できるだけ多くの総合問題を収録しました。

　本書を利用することで，受験生の皆さんが連結会計の総合問題を克服し，それを得意なものとすることで各種資格試験に合格されることを祈念いたします。

公認会計士
関口高弘

本書の読者対象と使い方

　本書では，**基本的な連結修正仕訳を習得していることを前提**に，収録している総合問題を，そのレベルに応じて **STEP Ⅰ**（難易度易）～ **STEP Ⅲ**（難易度高）に区分しています。各 STEP 別の難易度の目安と読者対象は以下のとおりです。

▌本書の読者対象

●公認会計士試験（短答式試験）レベルの連結会計をマスターしたい人　`STEP Ⅲ`

　公認会計士試験（短答式試験）では，連結会計の総合問題が毎回出題されていることから，安定して財務会計論で高得点を獲得するためには，**連結会計の総合問題で底堅く正解を積み重ねることが重要**となってきます。また，公認会計士試験（論文式試験）においては，短答式試験よりも難易度が高くボリュームが多い連結会計の総合問題が毎回出題される上に，論文式試験の会計学は論文式試験全体の偏差値に与える影響が他の科目より大きいことから，**連結会計を得意にすることが，論文式試験合格のための近道**になります。そして，連結会計を得意にしておくと，スムーズに論文式試験の連結会計の学習に移行でき，論文式試験でもアドバンテージがとりやすくなります。

　連結財務諸表中心のディスクロージャーが行われている現在，実務において連結財務諸表の監査は非常に重要であり，試験勉強では経験したことがないような複雑な連結修正仕訳を目の当たりにした時にも，**「正しく考えて判断できる」**連結会計の能力の高さこそが，適正な監査を遂行するために必須のものとなってきます。

　以上を踏まえ，短答式試験の過去問で出題されている主要な論点を**ほぼ網羅的に出題**するとともに，論文式試験も見据えて，今後の短答式試験で**出題される可能性がある論点も含めた総合問題**を STEP Ⅲで出題しています。

●日商簿記検定 1 級（商業簿記・会計学）レベルの連結会計をマスターしたい人　`STEP Ⅱ`

　日商簿記検定 1 級（商業簿記・会計学）では，ほぼ毎回，何らかの形で連結会計に関する出題があり，特に商業簿記で総合問題が出題された場合には，**その出来が試験の合否を分ける結果にもつながりかねない**ため，連結会計の対策を講ずる必要性は非常に高いです。

　また，近年の出題パターンを分析すると，過去の本試験の出題論点のみを踏襲するのではなく，過去の本試験では出題されていないような**新しい論点も出題される傾向**にあり，日商簿記検定 1 級のレベルを考慮してもやや難易度の高い出題となることが多いです。そのため，過去問における出題論点をマスターすることは合格するために当然必要なことではありますが，それだけでは必ずしも高得点がとれるとは限りません。合格点の70点に確実に到達するためには，**商業簿記の総合問題**として連結会計が出題された場合はもちろん，**会計学**で連結会計に関する設問が出題された場合にもしっかり得点することが必要となってきます。

　以上を踏まえ，日商簿記検定 1 級の過去問で出題されている主要な論点をほぼ網羅的に出題するとともに，今後の本試験で**出題される可能性がある論点も含めた総合問題**を STEP Ⅱで出題しています。

●全経簿記能力検定上級，税理士試験（会計科目）レベルの連結会計をマスターしたい人　`STEP Ⅰ`

　全経簿記能力検定上級，税理士試験（簿記論・財務諸表論）でも，日商簿記検定 1 級や公認会計士

試験（短答式試験）ほどの頻度ではありませんが，連結会計の総合問題が出題されることがあります。出題される難易度も日商簿記検定1級や公認会計士試験に比べれば低く，**基本的な連結会計の処理を問うもの**となっています。

　以上を踏まえ，**基本的な連結修正仕訳で構成される総合問題を STEP I で出題しています。**

本書の構成と効果的な使い方

　本書は，問題→解答→解説の順に各問を掲載しています。解答時には以下の点を意識しましょう。

● 1回目の解答時

(1) 各問題を**制限時間以内**で解答します。

(2) 解答と照らし合わせ，どのような原因で間違えたかを，例えば次の①〜④に分けて把握します。

原因分析と復習のポイント

① 個々の連結修正仕訳の理解が不十分であったり，未学習の論点であったために生じた間違い

➡間違えた連結修正仕訳について，各自が普段利用している連結会計のテキスト等に立ち返り，会計処理を再確認するとともに正確にマスターし直す。

② 問題の読み飛ばしや，読み間違い

➡単純な不注意に起因するものであれば，丁寧に問題文を読むことを心掛け，問題文の重要な箇所にアンダーライン等を引きながら注意を喚起しつつ2回目以降は解答をする。また，解答処理スピードが遅く，制限時間超過が気になり，問題文を読むことが雑になってしまいミスが生じるのであれば，まずは早く正確に解答する訓練をする。

③ 金額集計の誤りから生じる間違い

➡どのような箇所で集計ミスが生じたかを把握した上で，同じようなミスをしないように，特に意識して総合問題を繰り返し解く。また，繰り返し解くことで総合問題の出題形式に慣れ，集計力・計算力を養っていくことも集計ミスを克服するためには必要。

④ 制限時間超過に伴う解答未了による間違い

➡どこに時間がかかりすぎているかを把握した上で，例えば基本的な連結修正仕訳がスムーズに行えないことが原因であれば，基本的な連結修正仕訳を繰り返し解いて正確に身につけ，スムーズに連結修正仕訳を行えるようにする。また，金額集計に時間がかかりすぎる場合には，下書きを工夫して早く正確に解答できるようにする。

● 2回目の解答時

(1) 1回目の解答から日にちを空けて，1回目と同じように各問題を制限時間以内で解答します。

(2) 1回目の解答の際に間違えた箇所が正確に処理できているか確認します。なお，そもそも集計力・計算力の向上のためには，繰り返し解答することが重要となります。

● 3回目以降の解答時

(1) 2回目の解答から日にちを空けて，各問題の制限時間より5分（〜10分）程度短縮して解答できるようにします。

(2) ボリュームが多い問題が出題された場合には早く正確に解答することが必要になるため，時間を短縮して解答することで，スピードと正確性を養うようにしましょう。

目　　次——本書の出題論点一覧——

STEP Ⅰ

問題① ——————————————————————————————— 2
☐☐☐
- **資本連結**【子会社株式の追加取得】
- **成果連結**【未実現損益の消去（償却性固定資産ダウン，非償却性固定資産ダウン）】
- **持 分 法**【関連会社株式の追加取得】
- **連結財務諸表作成**【連結損益計算書，連結株主資本等変動計算書，連結貸借対照表】

問題② ——————————————————————————————— 8
☐☐☐
- **資本連結**【子会社株式の一部売却】
- **成果連結**【未実現損益の消去（棚卸資産ダウン）】
- **持 分 法**【関連会社株式の一部売却】
- **連結財務諸表作成**【連結損益計算書，連結株主資本等変動計算書，連結貸借対照表】

問題③ ——————————————————————————————— 14
☐☐☐
- **資本連結**【子会社株式の段階取得（原価法→連結），子会社株式の段階取得（持分法→連結）】
- **成果連結**【未実現損益の消去（償却性固定資産アップ，非償却性固定資産アップ）】
- **持 分 法**【関連会社株式の一括取得】
- **連結財務諸表作成**【連結損益計算書，連結株主資本等変動計算書，連結貸借対照表】

問題④ ——————————————————————————————— 20
☐☐☐
- **資本連結**【子会社株式の一括取得，子会社の評価・換算差額等】
- **成果連結**【未実現損益の消去（棚卸資産アップ），貸倒引当金の調整】
- **持 分 法**【関連会社株式の一括取得，関連会社の評価・換算差額等】
- **連結財務諸表作成**【連結損益計算書，連結株主資本等変動計算書，連結貸借対照表，
　　　　　　　　　　　連結包括利益計算書】

問題⑤ ——————————————————————————————— 26
☐☐☐
- **資本連結**【子会社株式の一括取得】
- **成果連結**【未実現損益の消去（棚卸資産アップ），未達取引（仕入取引，決済取引，
　　　　　　　手形取引，資金取引，貸倒引当金の調整】
- **持 分 法**【関連会社株式の一括取得，未実現損益の消去（棚卸資産ダウン，償却性固定資産
　　　　　　　アップ，非償却性固定資産ダウン）】
- **連結精算表作成**【連結貸借対照表，連結損益計算書，連結株主資本等変動計算書】

STEP Ⅱ

問題① ——————————————————————————————— 36
☐☐☐
- **資本連結**【子会社株式の一括取得，子会社株式の一部売却（法人税等の調整あり），
　　　　　　　評価差額の実現（償却性固定資産），取得関連費用】
- **成果連結**【未実現損益の消去（償却性固定資産ダウン）】
- **税効果会計**【評価差額，未実現損益の消去】
- **連結財務諸表作成**【連結損益計算書，連結株主資本等変動計算書，連結貸借対照表】

問題② ——————————————————————————————— 43
☐☐☐
- **資本連結**【子会社株式の一括取得，評価差額の実現(非償却性固定資産)，連結上の退職給付】
- **持 分 法**【関連会社株式の一括取得，持分法上の退職給付】
- **税効果会計**【評価差額，退職給付に係る調整累計額】
- **連結財務諸表作成**【連結損益計算書，連結株主資本等変動計算書，連結貸借対照表，
　　　　　　　　　　　連結包括利益計算書】

問題③ ─── 50
□□□　・**資本連結**【子会社株式の一括取得】
　　　　・**持 分 法**【関連会社株式の一括取得，未実現損益の消去（棚卸資産ダウン，償却性固定資産
　　　　　　　　　　　ダウン，非償却性固定資産ダウン）】
　　　　・**税効果会計**【評価差額，未実現損益の消去】
　　　　・**連結財務諸表作成**【連結損益計算書，連結株主資本等変動計算書，連結貸借対照表】

問題④ ─── 56
□□□　・**資本連結**【子会社株式の一括取得，持分比率に変化のない増資，取得関連費用】
　　　　・**持 分 法**【関連会社株式の一括取得，未実現損益の消去（棚卸資産アップ，
　　　　　　　　　　　償却性固定資産アップ，非償却性固定資産アップ）】
　　　　・**税効果会計**【評価差額，未実現損益の消去】
　　　　・**連結財務諸表作成**【連結損益計算書，連結株主資本等変動計算書，連結貸借対照表】

問題⑤ ─── 62
□□□　・**資本連結**【子会社株式の一括取得，評価差額の実現（棚卸資産，償却性固定資産，
　　　　　　　　　　　非償却性固定資産），取得関連費用】
　　　　・**成果連結**【未実現損益の消去（棚卸資産アップ，棚卸資産の用途変更ダウン），
　　　　　　　　　　　未達取引（仕入取引），貸倒引当金の調整】
　　　　・**税効果会計**【評価差額】
　　　　・**連結財務諸表作成**【連結損益計算書】

問題⑥ ─── 69
□□□　・**資本連結**【連結から持分法への移行，子会社株式の段階取得（持分法→連結）】
　　　　・**持 分 法**【関連会社株式の一括取得】
　　　　・**税効果会計**【評価差額】
　　　　・**連結財務諸表作成**【連結損益計算書，連結株主資本等変動計算書，連結貸借対照表】

問題⑦ ─── 76
□□□　・**資本連結**【在外子会社株式の一括取得，在外子会社の評価・換算差額等】
　　　　・**成果連結**【未実現損益の消去（棚卸資産アップ（在外））】
　　　　・**税効果会計**【評価差額，未実現損益の消去】
　　　　・**連結財務諸表作成**【連結損益計算書，連結株主資本等変動計算書，連結貸借対照表，
　　　　　　　　　　　　　　　連結包括利益計算書】

問題⑧ ─── 83
□□□　・**資本連結**【子会社株式の追加取得，取得関連費用，資本剰余金が負の残高になる場合】
　　　　・**持 分 法**【在外関連会社株式の一括取得】
　　　　・**税効果会計**【評価差額】
　　　　・**連結財務諸表作成**【連結損益計算書，連結株主資本等変動計算書，連結貸借対照表，
　　　　　　　　　　　　　　　連結包括利益計算書】

問題⑨ ─── 90
□□□　・**資本連結**【子会社株式の一括取得，持分比率に変化のある増資】
　　　　・**持 分 法**【関連会社株式の一括取得，持分比率に変化のある増資】
　　　　・**税効果会計**【評価差額】
　　　　・**連結財務諸表作成**【連結損益計算書，連結株主資本等変動計算書，連結貸借対照表】

問題⑩ ─── 97
□□□　・**資本連結**【在外子会社株式の追加取得】
　　　　・**持 分 法**【在外関連会社株式の追加取得】
　　　　・**税効果会計**【評価差額】
　　　　・**連結財務諸表作成**【連結損益計算書，連結株主資本等変動計算書，連結貸借対照表，
　　　　　　　　　　　　　　　連結包括利益計算書】

問題⑪ ——————————————————————————————————————— 105
□□□　・**資本連結**【在外子会社株式の一部売却（法人税等の調整あり）】
　　　　・**持 分 法**【在外関連会社株式の一部売却】
　　　　・**税効果会計**【評価差額】
　　　　・**連結財務諸表作成**【連結損益計算書，連結株主資本等変動計算書，連結貸借対照表，
　　　　　　　　　　　　　　　連結包括利益計算書】

問題⑫ ——————————————————————————————————————— 114
□□□　・**資本連結**【間接所有】
　　　　・**成果連結**【未実現損益の消去（棚卸資産アップ（間接所有））】
　　　　・**連結財務諸表作成**【連結損益計算書，連結株主資本等変動計算書，連結貸借対照表】

問題⑬ ——————————————————————————————————————— 120
□□□　・**資本連結**【子会社株式の追加取得，子会社の評価・換算差額等，連結上の退職給付】
　　　　・**成果連結**【未実現損益の消去（非償却性固定資産ダウン（外部売却実現）），手形取引，
　　　　　　　　　　　社債取引】
　　　　・**持 分 法**【関連会社株式の追加取得，関連会社の評価・換算差額等】
　　　　・**税効果会計**【評価差額，未実現損益の消去】
　　　　・**連結財務諸表作成**【連結損益計算書，連結株主資本等変動計算書，連結貸借対照表，
　　　　　　　　　　　　　　　連結包括利益計算書】

問題⑭ ——————————————————————————————————————— 132
□□□　・**資本連結**【子会社株式の一部売却（法人税等の調整あり），子会社の評価・換算差額等】
　　　　・**成果連結**【未実現損益の消去（棚卸資産ダウン），未達取引（仕入取引，決済取引），
　　　　　　　　　　　手形取引，資金取引，役務提供取引】
　　　　・**持 分 法**【関連会社株式の一部売却，関連会社の評価・換算差額等】
　　　　・**税効果会計**【評価差額，未実現損益の消去】
　　　　・**連結財務諸表作成**【連結損益計算書，連結株主資本等変動計算書，連結貸借対照表，
　　　　　　　　　　　　　　　連結包括利益計算書】

STEP Ⅲ

問題① ——————————————————————————————————————— 144
□□□　・**資本連結**【子会社株式の追加取得，取得関連費用，子会社の評価・換算差額等】
　　　　・**成果連結**【未実現損益の消去（棚卸資産ダウン）】
　　　　・**連結キャッシュ・フロー計算書**

問題② ——————————————————————————————————————— 150
□□□　・**資本連結**【子会社株式の一部売却（法人税等の調整あり），取得関連費用，
　　　　　　　　　　　持分比率に変化のない増資】
　　　　・**成果連結**【未実現損益の消去（棚卸資産ダウン），貸倒引当金の調整】
　　　　・**税効果会計**【評価差額，未実現損益の消去，貸倒引当金の調整】
　　　　・**連結キャッシュ・フロー計算書**

問題③ ——————————————————————————————————————— 157
□□□　・**資本連結**【在外子会社株式の一部売却（法人税等の調整あり）】
　　　　・**成果連結**【未実現損益の消去（償却性固定資産ダウン（在外）），在外子会社の新株予約権】
　　　　・**税効果会計**【評価差額，未実現損益の消去】

問題④ ——————————————————————————————————————— 163
□□□　・**資本連結**【連結除外，子会社株式の段階取得（持分法（評価・換算差額等あり）→連結）】
　　　　・**持 分 法**【関連会社株式の一括取得，関連会社の評価・換算差額等】

問題⑤ ── 169
　□□□　・**資本連結**【子会社株式の一括取得，その他資本剰余金による剰余金の配当，
　　　　　　　　　　評価差額の実現（償却性固定資産），子会社が保有する親会社株式】
　　　　　・**成果連結**【未実現損益の消去（非償却性固定資産アップ，有価証券ダウン，
　　　　　　　　　　棚卸資産の用途変更ダウン）】
　　　　　・**持 分 法**【関連会社株式の段階取得（原価法→持分法）】
　　　　　・**税効果会計**【評価差額，未実現損益の消去，その他有価証券評価差額金】

問題⑥ ── 175
　□□□　・**資本連結**【子会社株式の一括取得，子会社が保有する自己株式の処分】
　　　　　・**成果連結**【未実現損益の消去（棚卸資産ダウン（一部回収不能の未実現損失），
　　　　　　　　　　償却性固定資産ダウン（外部売却実現））】
　　　　　・**持 分 法**【持分法適用除外】
　　　　　・**税効果会計**【評価差額，未実現損益の消去】

問題⑦ ── 182
　□□□　・**資本連結**【子会社株式の一括取得，持分比率に変化のある増資，資本剰余金が
　　　　　　　　　　負の残高になる場合】
　　　　　・**成果連結**【未実現損益の消去（棚卸資産ダウン），未達取引（仕入取引）】
　　　　　・**持 分 法**【関連会社株式の一括取得，持分比率に変化のある増資】
　　　　　・**税効果会計**【評価差額，未実現損益の消去】

問題⑧ ── 188
　□□□　・**資本連結**【子会社株式の一括取得，子会社が発行する新株予約権の権利行使】
　　　　　・**成果連結**【子会社が発行する新株予約権の相殺消去】
　　　　　・**持 分 法**【在外関連会社株式の一括取得，未実現損益の消去（棚卸資産アップ・ダウン（在外））】
　　　　　・**税効果会計**【評価差額，未実現損益の消去，その他有価証券評価差額金】

問題⑨ ── 194
　□□□　・**資本連結**【子会社株式の一括取得，取得関連費用，子会社の欠損，連結上の退職給付】
　　　　　・**成果連結**【決算日の異なる子会社における重要な不一致の調整，未実現損益の消去
　　　　　　　　　　（棚卸資産ダウン，非償却性固定資産ダウン），貸倒引当金の調整】
　　　　　・**持 分 法**【関連会社株式の一括取得，関連会社の欠損】

問題⑩ ── 201
　□□□　・**資本連結**【子会社株式の追加取得（配当権利落ち取得），子会社株式の一部売却
　　　　　　　　　　（法人税等の調整あり），資本剰余金が負の残高になる場合】
　　　　　・**成果連結**【未実現損益の消去（棚卸資産アップ（持分変動））】
　　　　　・**持 分 法**【関連会社株式の追加取得】
　　　　　・**税効果会計**【評価差額，未実現損益の消去】

問題⑪ ── 208
　□□□　・**資本連結**【子会社株式の一括取得，子会社株式の追加取得】
　　　　　・**成果連結**【未実現損益の消去（棚卸資産ダウン，償却性固定資産ダウン），貸倒引当金の調整】
　　　　　・**税効果会計**【税率の変更，評価差額，未実現損益の消去，貸倒引当金の調整，
　　　　　　　　　　子会社投資に係る一時差異】

問題⑫ ── 214
　□□□　・**資本連結**【子会社株式の一括取得（条件付取得対価），取得関連費用，評価差額の実現
　　　　　　　　　　（非償却性固定資産），子会社の評価・換算差額等】
　　　　　・**成果連結**【未実現損益の消去（棚卸資産（Ｓ社→Ｐ社），非償却性固定資産（Ｓ社→Ａ社）），
　　　　　　　　　　社債取引】
　　　　　・**持 分 法**【関連会社株式の一括取得，評価差額の実現（非償却性固定資産），
　　　　　　　　　　関連会社の評価・換算差額等，未実現損益の消去（棚卸資産（Ａ社→Ｓ社）】

問題⑬ ── 221
　□□□　・**資本連結**【子会社株式の追加取得，直接所有＋間接所有，子会社の評価・換算差額等，
　　　　　　　　在外子会社株式の一括取得】

問題⑭ ── 228
　□□□　・**資本連結**【子会社株式の段階取得（原価法→連結），評価差額の実現（非償却性固定資産）】
　　　　　・**成果連結**【未実現損益の消去（棚卸資産ダウン（実質的な連結会社間取引），
　　　　　　　　　　　　償却性固定資産アップ，非償却性固定資産アップ）】
　　　　　・**持　分　法**【非連結子会社株式の追加取得（連結子会社に準じた処理），取得関連費用
　　　　　　　　　　　　（連結子会社に準じた処理）】
　　　　　・**税効果会計**【評価差額，未実現損益の消去】

⬇ 解答用紙のダウンロード方法

本書の解答用紙を無料でダウンロードができます。
繰り返し問題を解く際などにぜひご活用ください。

■中央経済社が運営するビジネス専門書 Online へアクセス
　（https://www.biz-book.jp/）
　　　　　↓
■「キーワードで探す」に本書の書名を入力
　　　　　↓
■該当書籍の案内ページをクリック
　　　　　↓
■「解答用紙ダウンロードはコチラ」から PDF を入手

STEP I

全経簿記能力検定上級（商業簿記・会計学）・
税理士試験（簿記論・財務諸表論）レベル

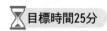

【問題①】

次の［資料］に基づいて，解答用紙のＸ3年度におけるＰ社の連結財務諸表を作成しなさい。なお，貸倒引当金，税金及び税効果会計は考慮せず，純資産の減少項目には金額の前に△を付すこと。また，のれんは発生年度の翌期から10年間で定額法により償却する。

［資料］

1．Ｘ1年度末において，Ｐ社はＳ社（資本金20,000千円，資本剰余金5,000千円，利益剰余金6,000千円）の発行済株式数の60％を26,000千円で取得し，同社を子会社とした。また，Ｘ3年度末において，Ｐ社はＳ社の発行済株式数の10％を4,500千円で追加取得した。

2．Ｘ1年度末において，Ｐ社はＡ社（資本金9,000千円，資本剰余金3,000千円，利益剰余金2,000千円）の発行済株式数の20％を5,000千円で取得し，同社を関連会社とした。また，Ｘ3年度末において，Ｐ社はＡ社の発行済株式数の10％を2,500千円で追加取得した。なお，連結貸借対照表上，持分法で評価したＡ社株式は投資有価証券勘定で表示する。

3．Ｓ社の土地（簿価10,000千円）のＸ1年度末の時価は13,000千円である。また，Ａ社の土地（簿価2,000千円）のＸ1年度末及びＸ3年度末の時価は，それぞれ4,000千円及び5,500千円である。

4．Ｘ3年度期首において，Ｐ社はＳ社に対して建物（簿価4,000千円）を5,000千円で売却した。Ｓ社では，当該建物を残存価額ゼロ，耐用年数5年として定額法で減価償却している。

5．Ｘ3年度において，Ｐ社はＳ社に対して土地（簿価1,000千円）を3,000千円で売却した。

6．Ｘ3年度における各社の財務諸表は，次のとおりであった。

損　益　計　算　書 （単位：千円）

費　　　用	Ｐ社	Ｓ社	Ａ社	収　　　　　益	Ｐ社	Ｓ社	Ａ社
売 上 原 価	60,000	40,000	5,000	売 上 高	90,600	64,500	12,800
営 業 費	25,500	17,000	3,800	受取利息及び配当金	1,400	500	200
減 価 償 却 費	1,500	1,000	200	有形固定資産売却益	5,000	—	—
当 期 純 利 益	10,000	7,000	4,000				
合　　計	97,000	65,000	13,000	合　　計	97,000	65,000	13,000

株主資本等変動計算書 （単位：千円）

借　　　方	Ｐ社	Ｓ社	Ａ社	貸　　　方	Ｐ社	Ｓ社	Ａ社
資本金当期末残高	30,000	20,000	9,000	資本金当期首残高	30,000	20,000	9,000
資本剰余金当期末残高	10,000	5,000	3,000	資本剰余金当期首残高	10,000	5,000	3,000
剰余金の配当	5,000	2,000	1,000	利益剰余金当期首残高	20,000	10,000	5,000
利益剰余金当期末残高	25,000	15,000	8,000	当 期 純 利 益	10,000	7,000	4,000

貸　借　対　照　表 （単位：千円）

資　　　産	Ｐ社	Ｓ社	Ａ社	負債・純資産	Ｐ社	Ｓ社	Ａ社
現 金 預 金	2,000	8,000	7,000	買 掛 金	15,000	10,000	5,000
売 掛 金	5,000	15,000	7,000	資 本 金	30,000	20,000	9,000
棚 卸 資 産	7,000	10,000	8,000	資 本 剰 余 金	10,000	5,000	3,000
建 物	8,000	4,000	1,000	利 益 剰 余 金	25,000	15,000	8,000
土 地	20,000	13,000	2,000				
関 係 会 社 株 式	38,000	—	—				
合　　計	80,000	50,000	25,000	合　　計	80,000	50,000	25,000

【解答用紙】

(X3年度) 　　　　　　　　　　連 結 損 益 計 算 書 　　　　　　　(単位：千円)

費　　用	金　　額	収　　益	金　　額
売 上 原 価	（　　　　　）	売 上 高	（　　　　　）
営 業 費	（　　　　　）	受 取 利 息 及 び 配 当 金	（　　　　　）
減 価 償 却 費	（　　　　　）	持 分 法 に よ る 投 資 利 益	（　　　　　）
の れ ん 償 却 額	（　　　　　）	有 形 固 定 資 産 売 却 益	（　　　　　）
非支配株主に帰属する当期純利益	（　　　　　）		
親会社株主に帰属する当期純利益	（　　　　　）		
	（　　　　　）		（　　　　　）

(X3年度) 　　　　　　　　　連 結 株 主 資 本 等 変 動 計 算 書 　　　　　(単位：千円)

	株主資本				非 支 配 株 主 持 分	純 資 産 合 計
	資本金	資本剰余金	利益剰余金	株主資本合計		
当期首残高						
当期変動額						
剰余金の配当						
非支配株主との取引に係る親会社の持分変動						
親会社株主に帰属する当期純利益						
株主資本以外の項目の当期変動額						
当期変動額合計						
当期末残高						

(X3年度末) 　　　　　　　　　連 結 貸 借 対 照 表 　　　　　　　(単位：千円)

資　　産	金　　額	負債・純資産	金　　額
現 金 預 金	（　　　　　）	買 掛 金	（　　　　　）
売 掛 金	（　　　　　）	資 本 金	（　　　　　）
棚 卸 資 産	（　　　　　）	資 本 剰 余 金	（　　　　　）
建 物	（　　　　　）	利 益 剰 余 金	（　　　　　）
土 地	（　　　　　）	非 支 配 株 主 持 分	（　　　　　）
の れ ん	（　　　　　）		
投 資 有 価 証 券	（　　　　　）		
	（　　　　　）		（　　　　　）

（X3年度）　　　　　　　連　結　損　益　計　算　書　　　　　　（単位：千円）

費　用	金　額	収　益	金　額
売　上　原　価	（　100,000　）	売　上　高	（　155,100　）
営　業　費	（　42,500　）	受取利息及び配当金	（　500　）
減　価　償　却　費	（　2,300　）	持分法による投資利益	（　620　）
の　れ　ん　償　却　額	（　560　）	有形固定資産売却益	（　2,000　）
非支配株主に帰属する当期純利益	（　2,800　）		
親会社株主に帰属する当期純利益	（　10,060　）		
	（　158,220　）		（　158,220　）

（X3年度）　　　　　　連　結　株　主　資　本　等　変　動　計　算　書　　　　　　（単位：千円）

	株主資本				非　支　配株　主　持　分	純　資　産合　　　計
	資本金	資本剰余金	利益剰余金	株主資本合計		
当期首残高	30,000	10,000	22,260	62,260	15,200	77,460
当期変動額						
剰余金の配当			△5,000	△5,000		△5,000
非支配株主との取引に係る親会社の持分変動		△200		△200		△200
親会社株主に帰属する当期純利益			10,060	10,060		10,060
株主資本以外の項目の当期変動額					△2,300	△2,300
当期変動額合計	―	△200	5,060	4,860	△2,300	2,560
当期末残高	30,000	9,800	27,320	67,120	12,900	80,020

（X3年度末）　　　　　　連　結　貸　借　対　照　表　　　　　　（単位：千円）

資　産	金　額	負債・純資産	金　額
現　金　預　金	（　10,000　）	買　掛　金	（　25,000　）
売　掛　金	（　20,000　）	資　本　金	（　30,000　）
棚　卸　資　産	（　17,000　）	資　本　剰　余　金	（　9,800　）
建　物	（　11,200　）	利　益　剰　余　金	（　27,320　）
土　地	（　34,000　）	非　支　配　株　主　持　分	（　12,900　）
の　れ　ん	（　4,480　）		
投　資　有　価　証　券	（　8,340　）		
	（　105,020　）		（　105,020　）

解説 （単位：千円）

Ⅰ．S社（連結子会社）

1．個別財務諸表の修正

(1) 子会社の資産・負債の時価評価（全面時価評価法）

（借）土　　　　　地	3,000	（貸）評　価　差　額	3,000 *1

（*1）X1年度末時価13,000－帳簿価額10,000＝3,000

2．タイム・テーブル

	X1年度末	60％	X2年度末	60％	X3年度末
P　社　比　率	＋60％				＋10％
資　　本　　金	20,000		20,000		20,000
資　本　剰　余　金	5,000		5,000		5,000
	P社持分	2,400		4,200　△1,200	
利　益　剰　余　金	6,000	→	10,000		15,000
	非支配株主持分	1,600		2,800　△800	
評　価　差　額	（*1）3,000		（*1）3,000		（*1）3,000
合　　　計	34,000		38,000		43,000
P　社　持　分	20,400				4,300
取　得　原　価	26,000				4,500
資　本　剰　余　金					△200
の　　れ　　ん	5,600	△560	5,040	△560	4,480

3．連結修正仕訳

(1) 開始仕訳

（借）資本金当期首残高	20,000	（貸）関 係 会 社 株 式	26,000
資本剰余金当期首残高	5,000	非支配株主持分当期首残高	15,200 *3
利益剰余金当期首残高	8,160 *2		
評　価　差　額	3,000 *1		
の　　れ　　ん	5,040		

（*2）支配獲得時利益剰余金6,000
　　　＋非支配株主に帰属する支配獲得後利益剰余金1,600＋のれん償却額560＝8,160

（*3）X2年度末資本合計38,000×非支配株主持分比率40％＝15,200

(2) のれんの償却

（借）の れ ん 償 却 額	560 *4	（貸）の　　れ　　ん	560

（*4）のれん5,600÷償却年数10年＝560

(3) 当期純利益の按分

（借）非支配株主に帰属する当期純損益	2,800 *5	（貸）非支配株主持分当期変動額	2,800

（*5）S社当期純利益7,000×非支配株主持分比率40％＝2,800

(4) 剰余金の配当

（借）受取利息及び配当金	1,200 *6	（貸）利益剰余金当期変動額	2,000
非支配株主持分当期変動額	800 *7	（剰 余 金 の 配 当）	

（*6）剰余金の配当2,000×P社持分比率60％＝1,200

（*7）剰余金の配当2,000×非支配株主持分比率40％＝800

(5) 建物の未実現利益の調整（ダウン・ストリーム）

① 未実現利益の消去

（借）有形固定資産売却益	1,000 *8	（貸）建　　　　　物	1,000

（*8）売却額5,000－売却簿価4,000＝1,000

② 減価償却による未実現利益の実現

（借）建 物	200	（貸）減 価 償 却 費	200 *9

（*9）未実現利益1,000（*8）÷S社耐用年数5年＝200

(6) 土地の未実現利益の消去（ダウン・ストリーム）

（借）有形固定資産売却益	2,000 *10	（貸）土 地	2,000

（*10）売却額3,000－売却簿価1,000＝2,000

(7) 追加取得（10％取得）

① 個別上の処理

（借）関 係 会 社 株 式	4,500 *11	（貸）現 金 預 金	4,500

（*11）追加投資額

② 連結上のあるべき処理

（借）非支配株主持分当期変動額	4,300 *12	（貸）現 金 預 金	4,500
資本剰余金当期変動額 （非支配株主との取引に係る親会社の持分変動）	200 *13		

（*12）X3年度末資本合計43,000×追加取得比率10％＝4,300

（*13）貸借差額又は，個別上の取得原価4,500（*11）－非支配株主持分減少額4,300（*12）＝200

③ 連結修正仕訳（②－①）

（借）非支配株主持分当期変動額	4,300	（貸）関 係 会 社 株 式	4,500
資本剰余金当期変動額 （非支配株主との取引に係る親会社の持分変動）	200		

🖉 子会社株式の追加取得

子会社株式の追加取得の場面において，連結上は経済的単一体説に基づき，子会社の非支配株主を企業集団の株主と考えている。そのため，子会社株式を追加取得した場合は，親会社と非支配株主との資本取引が行われたものと考え，資本取引から生じた差額を「資本剰余金当期変動額」で処理することになる。

🖉 親会社説と経済的単一体説

連結財務諸表の作成については，親会社説と経済的単一体説の2つの考え方がある。いずれの考え方においても，単一の指揮下にある企業集団全体の資産・負債と収益・費用を連結財務諸表に表示するという点では変わりはない。

しかし，親会社説では，企業集団の株主を親会社の株主のみと考えるのに対し，経済的単一体説では，企業集団の株主を親会社の株主のみならず子会社の非支配株主も含めて考えることから，例えば，子会社株式の追加取得や一部売却（売却後も支配は継続）などの親会社と子会社の非支配株主の取引においては，会計処理に相違が生じることになる。すなわち，親会社説では，親会社と非支配株主との損益取引と考え，損益が生じるのに対して，経済的単一体説では，親会社と非支配株主との資本取引と考えることから資本勘定（資本剰余金）が増減することになる。

Ⅱ．A社（関連会社）

1．個別財務諸表の修正

(1) 関連会社の資産・負債の時価評価（部分時価評価法）

（借）土 地	400	（貸）評 価 差 額	400 *1
（借）土 地	350	（貸）評 価 差 額	350 *2

（*1）（X1年度末時価4,000－帳簿価額2,000）×P社原始取得比率20％＝400

（*2）（X3年度末時価5,500－帳簿価額2,000）×P社持分増加比率10％＝350

２．タイム・テーブル

		X１年度末	20％	X２年度末	20％	X３年度末
Ｐ 社 比 率		＋20％				＋10％
資 本 金		9,000		9,000		9,000
資 本 剰 余 金		3,000		3,000		3,000
	Ｐ社持分		600		800 △200	
利 益 剰 余 金		2,000		5,000		8,000
合 計		14,000		17,000		20,000
持 分		2,800（20％）				2,000（10％）
評 価 差 額		（＊１）400				（＊２）350
Ｐ 社 持 分		3,200				2,350
取 得 原 価		5,000				2,500
の れ ん						150
の れ ん		1,800	△180	1,620	△180	1,440

３．連結修正仕訳

（1）開始仕訳

（借）関 係 会 社 株 式	420	（貸）利益剰余金当期首残高	420 ＊3

（＊3）Ｐ社に帰属する投資後利益剰余金600－のれん償却額180＝420

（2）のれんの償却

（借）持分法による投資損益	180 ＊4	（貸）関 係 会 社 株 式	180

（＊4）のれん1,800÷償却年数10年＝180

（3）当期純利益の認識

（借）関 係 会 社 株 式	800	（貸）持分法による投資損益	800 ＊5

（＊5）A社当期純利益4,000×Ｐ社持分比率20％＝800

（4）剰余金の配当

（借）受取利息及び配当金	200 ＊6	（貸）関 係 会 社 株 式	200

（＊6）剰余金の配当1,000×Ｐ社持分比率20％＝200

（5）追加取得（10％取得）

仕訳なし ＊7

（＊7）A社資本のうち追加取得した株式に対応する持分2,350（＊8）－追加投資額2,500＝のれん150
　　　のれんは投資勘定に含めて処理するため，のれんが生じる場合には「仕訳なし」となる。

（＊8）X３年度末資本合計20,000×Ｐ社追加取得比率10％＋評価差額350（＊2）＝2,350

> ✐ **関連会社株式の追加取得**
> 　関連会社株式を追加取得した場合には，親会社と非支配株主との資本取引に該当しないことから，投資会社と企業集団外部者との損益取引として処理される。具体的には，原始取得に準じて追加投資額と被投資会社の資本のうち追加取得した株式に対応する持分との差額を，のれん又は負ののれんとして処理する。関連会社に対する持分法の適用に際しては部分時価評価法が適用されるため，取得時ごとの評価差額に基づいて，のれん又は負ののれんの金額を算定することになる。なお，原始取得時と同様に，のれんは投資勘定に含めて処理することから，追加取得に際して，のれんが生じる場合には「仕訳なし」となる。

（6）勘定科目の変更

（借）投 資 有 価 証 券	8,340	（貸）関 係 会 社 株 式	8,340 ＊9

（＊9）個別上7,500＋連結修正仕訳840（420－180＋800－200）＝8,340
　　　若しくは，X３年度末資本合計20,000×Ｐ社持分比率30％＋評価差額（400＋350）
　　　　　　　　　　　　　　　　＋のれんの未償却残高（1,440＋150）＝8,340

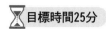

【問題②】

次の［資料］に基づいて，解答用紙のＸ３年度におけるＰ社の連結財務諸表を作成しなさい。なお，貸倒引当金，税金及び税効果会計は考慮せず，純資産の減少項目には金額の前に△を付すこと。また，のれんは発生年度の翌期から10年間で定額法により償却する。

［資料］

1．Ｘ２年度末において，Ｐ社はＳ社の発行済株式数の80％を35,000千円で取得し，同社を子会社とした。また，Ｘ３年度末において，Ｐ社はＳ社の発行済株式数の20％を10,000千円で売却した。

2．Ｘ２年度末において，Ｐ社はＡ社の発行済株式数の30％を7,500千円で取得し，同社を関連会社とした。また，Ｘ３年度末において，Ｐ社はＡ社の発行済株式数の10％を2,600千円で売却した。なお，連結貸借対照表上，持分法で評価したＡ社株式は投資有価証券勘定で表示する。

3．Ｘ２年度末において，Ｓ社の土地（簿価10,000千円）の時価は15,000千円であり，Ａ社の土地（簿価2,000千円）の時価は5,000千円であった。

4．Ｐ社はＸ３年度からＳ社へ商品の販売を開始しており，Ｐ社の売上高のうちＳ社に対するものは20,000千円である。また，Ｐ社のＸ３年度末の売掛金のうちＳ社に対するものが3,000千円あり，Ｘ３年度末のＳ社の棚卸資産のうちＰ社から仕入れたものが2,000千円存在する。なお，Ｐ社のＳ社に対する商品販売の売上利益率は20％である。

5．Ｘ３年度における各社の財務諸表は，次のとおりであった。

損 益 計 算 書 （単位：千円）

費　　用	Ｐ社	Ｓ社	Ａ社	収　　益	Ｐ社	Ｓ社	Ａ社
売 上 原 価	60,000	40,000	5,000	売 上 高	93,750	64,500	12,800
営 業 費	27,000	18,000	4,000	受取利息及び配当金	1,900	500	200
当期純利益	10,000	7,000	4,000	関係会社株式売却益	1,350	—	—
合　　計	97,000	65,000	13,000	合　　計	97,000	65,000	13,000

株主資本等変動計算書 （単位：千円）

借　　方	Ｐ社	Ｓ社	Ａ社	貸　　方	Ｐ社	Ｓ社	Ａ社
資本金当期末残高	30,000	20,000	9,000	資本金当期首残高	30,000	20,000	9,000
資本剰余金当期末残高	10,000	5,000	3,000	資本剰余金当期首残高	10,000	5,000	3,000
剰余金の配当	5,000	2,000	1,000	利益剰余金当期首残高	20,000	10,000	5,000
利益剰余金当期末残高	25,000	15,000	8,000	当 期 純 利 益	10,000	7,000	4,000

貸 借 対 照 表 （単位：千円）

資　　産	Ｐ社	Ｓ社	Ａ社	負債・純資産	Ｐ社	Ｓ社	Ａ社
現 金 預 金	8,750	15,000	8,000	買 掛 金	15,000	10,000	5,000
売 掛 金	5,000	15,000	7,000	資 本 金	30,000	20,000	9,000
棚 卸 資 産	15,000	10,000	8,000	資 本 剰 余 金	10,000	5,000	3,000
土 地	20,000	10,000	2,000	利 益 剰 余 金	25,000	15,000	8,000
関係会社株式	31,250	—	—				
合　　計	80,000	50,000	25,000	合　　計	80,000	50,000	25,000

【解答用紙】

(X3年度) 　　　　　　　　　　連 結 損 益 計 算 書 　　　　　　　(単位：千円)

費　　　用	金　　額	収　　　益	金　　額
売 上 原 価	（　　　　　）	売 上 高	（　　　　　）
営 業 費	（　　　　　）	受 取 利 息 及 び 配 当 金	（　　　　　）
の れ ん 償 却 額	（　　　　　）	持 分 法 に よ る 投 資 利 益	（　　　　　）
関 係 会 社 株 式 売 却 損	（　　　　　）		
非支配株主に帰属する当期純利益	（　　　　　）		
親会社株主に帰属する当期純利益	（　　　　　）		
	（　　　　　）		（　　　　　）

(X3年度) 　　　　　　　連 結 株 主 資 本 等 変 動 計 算 書 　　　　　(単位：千円)

	株主資本				非 支 配 株 主 持 分	純 資 産 合 計
	資本金	資本剰余金	利益剰余金	株主資本合計		
当期首残高						
当期変動額						
剰余金の配当						
非支配株主との取引に係る親会社の持分変動						
親会社株主に帰属する当期純利益						
株主資本以外の項目の当期変動額						
当期変動額合計						
当期末残高						

(X3年度末) 　　　　　　　　連 結 貸 借 対 照 表 　　　　　　　(単位：千円)

資　　　産	金　　額	負債・純資産	金　　額
現 金 預 金	（　　　　　）	買 掛 金	（　　　　　）
売 掛 金	（　　　　　）	資 本 金	（　　　　　）
棚 卸 資 産	（　　　　　）	資 本 剰 余 金	（　　　　　）
土 地	（　　　　　）	利 益 剰 余 金	（　　　　　）
の れ ん	（　　　　　）	非 支 配 株 主 持 分	（　　　　　）
投 資 有 価 証 券	（　　　　　）		
	（　　　　　）		（　　　　　）

（X3年度）　　　　　　　　連　結　損　益　計　算　書　　　　　　　（単位：千円）

費　　用	金　　額	収　　益	金　　額
売　上　原　価	（　　80,400　）	売　上　高	（　　138,250　）
営　　業　　費	（　　45,000　）	受取利息及び配当金	（　　　　500　）
の　れ　ん　償　却　額	（　　　　300　）	持分法による投資利益	（　　　1,050　）
関係会社株式売却損	（　　　　150　）		
非支配株主に帰属する当期純利益	（　　　1,400　）		
親会社株主に帰属する当期純利益	（　　12,550　）		
	（　　139,800　）		（　　139,800　）

（X3年度）　　　　　　連　結　株　主　資　本　等　変　動　計　算　書　　　　　（単位：千円）

	株主資本				非　支　配株　主　持　分	純　資　産合　　　計
	資本金	資本剰余金	利益剰余金	株主資本合計		
当期首残高	30,000	10,000	20,000	60,000	8,000	68,000
当期変動額						
剰余金の配当			△5,000	△5,000		△5,000
非支配株主との取引に係る親会社の持分変動		1,000		1,000		1,000
親会社株主に帰属する当期純利益			12,550	12,550		12,550
株主資本以外の項目の当期変動額					10,000	10,000
当期変動額合計	―	1,000	7,550	8,550	10,000	18,550
当期末残高	30,000	11,000	27,550	68,550	18,000	86,550

（X3年度末）　　　　　　　連　結　貸　借　対　照　表　　　　　　　（単位：千円）

資　　産	金　　額	負債・純資産	金　　額
現　　金　　預　　金	（　　23,750　）	買　　掛　　金	（　　22,000　）
売　　　掛　　　金	（　　17,000　）	資　　本　　金	（　　30,000　）
棚　　卸　　資　　産	（　　24,600　）	資　本　剰　余　金	（　　11,000　）
土　　　　　　　地	（　　35,000　）	利　益　剰　余　金	（　　27,550　）
の　　れ　　ん	（　　2,700　）	非　支　配　株　主　持　分	（　　18,000　）
投　資　有　価　証　券	（　　5,500　）		
	（　　108,550　）		（　　108,550　）

解説 （単位：千円）

Ⅰ．S社（連結子会社）

1．個別財務諸表の修正

(1) 子会社の資産・負債の時価評価（全面時価評価法）

（借）土　　　　地	5,000	（貸）評　価　差　額	5,000 *1

（＊1）X2年度末時価15,000－帳簿価額10,000＝5,000

2．タイム・テーブル

	X2年度末	80%	X3年度末
P　社　比　率	＋80％		△20％
資　本　金	20,000		20,000
資　本　剰　余　金	5,000		5,000
利　益　剰　余　金	10,000	P社持分 5,600 △1,600 非支配株主持分 1,400 △400	15,000
評　価　差　額	（＊1）5,000		（＊1）5,000
合　　計	40,000		45,000
P　社　持　分	32,000		（＊2）△9,000
取　得　原　価	35,000		（＊3）△8,750
売却損益の取消			△1,250
資　本　剰　余　金			1,000
の　　れ　　ん	3,000	△300	2,700

売却価額 10,000

（＊2）X3年度末資本合計45,000×売却比率20％＝9,000

（＊3）取得原価35,000×売却比率20％／売却前持分比率80％＝8,750

3．連結修正仕訳

(1) 開始仕訳

（借）資本金当期首残高	20,000	（貸）関係会社株式	35,000
資本剰余金当期首残高	5,000	非支配株主持分当期首残高	8,000 *5
利益剰余金当期首残高	10,000 *4		
評　価　差　額	5,000 *1		
の　　れ　　ん	3,000		

（＊4）支配獲得時利益剰余金10,000

（＊5）X2年度末資本合計40,000×非支配株主持分比率20％＝8,000

(2) のれんの償却

（借）のれん償却額	300 *6	（貸）の　　れ　　ん	300

（＊6）のれん3,000÷償却年数10年＝300

(3) 当期純利益の按分

（借）非支配株主に帰属する当期純損益	1,400 *7	（貸）非支配株主持分当期変動額	1,400

（＊7）S社当期純利益7,000×非支配株主持分比率20％＝1,400

(4) 剰余金の配当

（借）受取利息及び配当金	1,600 *8	（貸）利益剰余金当期変動額	2,000
非支配株主持分当期変動額	400 *9	（剰余金の配当）	

（＊8）剰余金の配当2,000×P社持分比率80％＝1,600

（＊9）剰余金の配当2,000×非支配株主持分比率20％＝400

(5) 売上高と仕入高の相殺消去

（借）売　　上　　高	20,000	（貸）売　上　原　価	20,000

(6) 棚卸資産の未実現利益の消去（ダウン・ストリーム）

（借）売　上　原　価	400 *10	（貸）棚　卸　資　産	400

（＊10）期末商品（P社より仕入分）2,000×売上利益率20％＝400

(7) 売掛金と買掛金の相殺消去

(借)買 掛 金	3,000	(貸)売 掛 金	3,000

(8) 一部売却（20％売却）

① 個別上の処理

(借)現 金 預 金	10,000	(貸)関 係 会 社 株 式	8,750 *3
		関係会社株式売却益	1,250

② 連結上のあるべき処理

(借)現 金 預 金	10,000	(貸)非支配株主持分当期変動額	9,000 *2
		資本剰余金当期変動額	1,000 *11
		(非支配株主との取引に係る親会社の持分変動)	

(*11) 貸借差額又は，売却価額10,000－非支配株主持分増加額9,000（*2）＝1,000

③ 連結修正仕訳（②－①）

(借)関 係 会 社 株 式	8,750	(貸)非支配株主持分当期変動額	9,000
関係会社株式売却益	1,250	資本剰余金当期変動額	1,000
		(非支配株主との取引に係る親会社の持分変動)	

🖉 **子会社株式の一部売却（売却後も支配は継続）**

　子会社株式を一部売却（売却後も支配は継続）する場面において，連結上は経済的単一体説に基づき，子会社の非支配株主を企業集団の株主と考えているため，連結上，損益取引として「関係会社株式売却損益」を計上するのではなく，親会社と非支配株主との資本取引から生じた差額を「資本剰余金当期変動額」で処理することになる。

🖉 **株式売却時におけるのれんの減額**

　連結においては，支配獲得後の追加取得時にはのれんが追加計上されないことから，この会計処理と整合させるため，子会社株式の一部売却時にのれんの減額は行わない。他方，持分法では，持分法適用後の追加取得時においても，のれんを追加計上することから，この会計処理と整合させるため，関連会社株式の一部売却時にのれんの減額を行うことになる。

Ⅱ．A社（関連会社）

1．個別財務諸表の修正

(1) 関連会社の資産・負債の時価評価（部分時価評価法）

(借)土 地	900	(貸)評 価 差 額	900 *1
(借)評 価 差 額	300 *2	(貸)土 地	300

(*1)（X2年度末時価5,000－帳簿価額2,000）×P社原始取得比率30％＝900

(*2) 900（*1）×売却比率10％／売却前持分比率30％＝300

2．タイム・テーブル

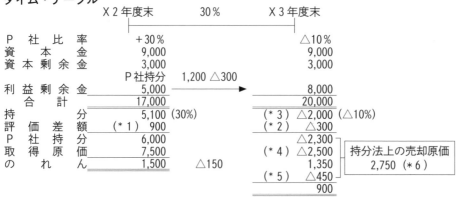

（＊3）Ｘ3年度末資本合計20,000×売却比率10％＝2,000

（＊4）取得原価7,500×売却比率10％ / 売却前持分比率30％＝2,500

（＊5）のれん未償却額1,350×売却比率10％ / 売却前持分比率30％＝450

3．連結修正仕訳

（1）　開始仕訳

仕訳なし

（2）　のれんの償却

（借）持分法による投資損益	150 *7	（貸）関 係 会 社 株 式	150

（＊7）のれん1,500÷償却年数10年＝150

（3）　当期純利益の認識

（借）関 係 会 社 株 式	1,200	（貸）持分法による投資損益	1,200 *8

（＊8）Ａ社当期純利益4,000×Ｐ社持分比率30％＝1,200

（4）　剰余金の配当

（借）受取利息及び配当金	300 *9	（貸）関 係 会 社 株 式	300

（＊9）剰余金の配当1,000×Ｐ社持分比率30％＝300

（5）　一部売却

① 　個別上の処理

（借）現 金 預 金	2,600	（貸）関 係 会 社 株 式	2,500 *4
		関係会社株式売却益	100 *10

（*10）売却価額2,600－個別上の売却原価2,500（＊4）＝個別上の売却益100

② 　持分法上のあるべき処理

（借）現 金 預 金	2,600	（貸）関 係 会 社 株 式	2,750 *6
関係会社株式売却損	150 *11		

（*11）売却価額2,600－持分法上の売却原価2,750（＊6）＝持分法上のあるべき売却損150

③ 　持分法修正仕訳（②－①）

（借）関係会社株式売却益	100	（貸）関 係 会 社 株 式	250
関係会社株式売却損	150		

追加取得と一部売却（連結と持分法の比較）

	連結（子会社）	持分法（関連会社）
取引の考え方	資本取引として処理	損益取引として処理
追加取得	追加取得持分と追加投資額との差額は，資本剰余金として処理する。	追加取得持分と追加投資額との差額は，のれん又は負ののれんとして処理する。
一部売却	売却持分と売却価額との差額は，資本剰余金として処理する。	売却持分と売却価額との差額は，関係会社株式売却損益として処理する。

（6）　勘定科目の変更

（借）投 資 有 価 証 券	5,500	（貸）関 係 会 社 株 式	5,500 *12

（*12）個別上5,000＋連結修正仕訳500（△150＋1,200－300－250）＝5,500

　　　　若しくは，Ｘ3年度末資本合計20,000×Ｐ社持分比率20％＋評価差額（900－300）

　　　　　　　　　　　　＋のれんの未償却残高（1,350－450）＝5,500

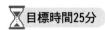

【問題③】

次の［資料］に基づいて，解答用紙のＸ３年度におけるＰ社の連結財務諸表を作成しなさい。なお，貸倒引当金，税金及び税効果会計は考慮せず，純資産の減少項目には金額の前に△を付すこと。また，のれんは発生年度の翌期から20年間で定額法により償却する。

［資料］

1．Ｘ０年度末において，Ｐ社はＳ１社の発行済株式数の15％（150株）を1,500千円（@10千円）で取得し，その他有価証券に分類した。その後，Ｘ１年度末において，Ｐ社はＳ１社（資本金5,000千円，利益剰余金4,000千円）の発行済株式数の45％（450株）を5,400千円（@12千円）で追加取得し，同社を子会社とした。

2．Ｘ２年度末において，Ｐ社はＳ２社（資本金15,000千円，利益剰余金8,000千円）の発行済株式数の20％（200株）を5,200千円（@26千円）で取得し，同社を関連会社とした。その後，Ｘ３年度末において，Ｐ社はＳ２社の発行済株式数の40％（400株）を14,400千円（@36千円）で追加取得し，同社を子会社とした。

3．Ｓ１社の土地（簿価3,000千円）のＸ１年度末の時価は4,000千円である。また，Ｓ２社の土地（簿価5,000千円）のＸ２年度末及びＸ３年度末の時価はそれぞれ6,000千円及び8,000千円である。

4．Ｘ３年度期首において，Ｓ１社はＰ社に対して建物（簿価1,000千円）を4,000千円で売却した。Ｐ社では，当該建物を残存価額ゼロ，耐用年数４年として定額法で減価償却している。

5．Ｘ３年度において，Ｓ１社はＰ社に対して土地（簿価500千円）を2,000千円で売却した。なお，当該土地はＸ３年度においてＳ１社が連結外部から取得したものである。

6．Ｘ３年度における各社の財務諸表は，次のとおりであった。

損 益 計 算 書　　　　　　　　　　（単位：千円）

費　　　用	Ｐ社	Ｓ１社	Ｓ２社	収　　　益	Ｐ社	Ｓ１社	Ｓ２社
売 上 原 価	67,500	59,000	7,000	売 上 高	90,000	68,500	15,800
営 業 費	12,000	10,000	3,000	受取利息及び配当金	1,500	1,000	200
減 価 償 却 費	3,000	1,000	500	有形固定資産売却益	1,000	4,500	500
当 期 純 利 益	10,000	4,000	6,000				
合　　　計	92,500	74,000	16,500	合　　　計	92,500	74,000	16,500

株主資本等変動計算書　　　　　　　（単位：千円）

借　　　方	Ｐ社	Ｓ１社	Ｓ２社	貸　　　方	Ｐ社	Ｓ１社	Ｓ２社
資本金当期末残高	20,000	5,000	15,000	資本金当期首残高	20,000	5,000	15,000
剰余金の配当	3,000	1,000	2,000	利益剰余金当期首残高	20,000	5,000	8,000
利益剰余金当期末残高	27,000	8,000	12,000	当 期 純 利 益	10,000	4,000	6,000

貸 借 対 照 表　　　　　　　　　　（単位：千円）

資　　　産	Ｐ社	Ｓ１社	Ｓ２社	負債・純資産	Ｐ社	Ｓ１社	Ｓ２社
現 金 預 金	2,000	10,000	9,000	買 掛 金	15,000	15,000	5,000
売 掛 金	3,000	4,000	7,000	資 本 金	20,000	5,000	15,000
棚 卸 資 産	7,000	6,000	8,000	利 益 剰 余 金	27,000	8,000	12,000
建 物	10,000	5,000	3,000				
土 地	13,500	3,000	5,000				
関係会社株式	26,500	—	—				
合　　　計	62,000	28,000	32,000	合　　　計	62,000	28,000	32,000

【解答用紙】

(X3年度) 　　　　連 結 損 益 計 算 書 　　　　(単位：千円)

費　　用	金　　額	収　　益	金　　額
売　上　原　価	(　　　　　)	売　上　高	(　　　　　)
営　業　費	(　　　　　)	受取利息及び配当金	(　　　　　)
減　価　償　却　費	(　　　　　)	持分法による投資利益	(　　　　　)
の　れ　ん　償　却　額	(　　　　　)	有形固定資産売却益	(　　　　　)
非支配株主に帰属する当期純利益	(　　　　　)	段階取得に係る差益	(　　　　　)
親会社株主に帰属する当期純利益	(　　　　　)		
	(　　　　　)		(　　　　　)

(X3年度) 　　　　連 結 株 主 資 本 等 変 動 計 算 書 　　　　(単位：千円)

	株主資本			非　支　配株　主　持　分	純　資　産合　　　計
	資本金	利益剰余金	株主資本合計		
当期首残高					
当期変動額					
剰余金の配当					
親会社株主に帰属する当期純利益					
株主資本以外の項目の当期変動額					
当期変動額合計					
当期末残高					

(X3年度末) 　　　　連 結 貸 借 対 照 表 　　　　(単位：千円)

資　　産	金　　額	負債・純資産	金　　額
現　金　預　金	(　　　　　)	買　掛　金	(　　　　　)
売　掛　金	(　　　　　)	資　本　金	(　　　　　)
棚　卸　資　産	(　　　　　)	利　益　剰　余　金	(　　　　　)
建　物	(　　　　　)	非　支　配　株　主　持　分	(　　　　　)
土　地	(　　　　　)		
の　れ　ん	(　　　　　)		
	(　　　　　)		(　　　　　)

（X3年度）　　　　　連　結　損　益　計　算　書　　　　（単位：千円）

費　　　　　用	金　　額	収　　　　　益	金　　額
売　上　原　価	(126,500)	売　　上　　高	(158,500)
営　　業　　費	(22,000)	受取利息及び配当金	(1,500)
減　価　償　却　費	(3,250)	持分法による投資利益	(1,180)
の　れ　ん　償　却　額	(60)	有形固定資産売却益	(1,000)
非支配株主に帰属する当期純利益	(100)	段階取得に係る差益	(1,220)
親会社株主に帰属する当期純利益	(11,490)		
	(163,400)		(163,400)

（X3年度）　　　　連　結　株　主　資　本　等　変　動　計　算　書　　　　（単位：千円）

	株主資本			非　支　配	純　資　産
	資本金	利益剰余金	株主資本合計	株主持分	合　　計
当期首残高	20,000	20,840	40,840	4,400	45,240
当期変動額					
剰余金の配当		△3,000	△3,000		△3,000
親会社株主に帰属する当期純利益		11,490	11,490		11,490
株主資本以外の項目の当期変動額				11,700	11,700
当期変動額合計	―	8,490	8,490	11,700	20,190
当期末残高	20,000	29,330	49,330	16,100	65,430

（X3年度末）　　　　　連　結　貸　借　対　照　表　　　　（単位：千円）

資　　　産	金　　額	負債・純資産	金　　額
現　金　預　金	(21,000)	買　　掛　　金	(35,000)
売　　掛　　金	(14,000)	資　　本　　金	(20,000)
棚　卸　資　産	(21,000)	利　益　剰　余　金	(29,330)
建　　　　物	(15,750)	非　支　配　株　主　持　分	(16,100)
土　　　　地	(24,000)		
の　　れ　　ん	(4,680)		
	(100,430)		(100,430)

解説 (単位：千円)

Ⅰ．S1社 (連結子会社)

1．個別財務諸表の修正

(1) 子会社の資産・負債の時価評価 (全面時価評価法)

(借) 土 地	1,000	(貸) 評 価 差 額	1,000 *1

(*1) X1年度末時価4,000 − 帳簿価額3,000 = 1,000

2．タイム・テーブル

	X1年度末	60％	X2年度末	60％	X3年度末
P 社 比 率		+60％ (15％+45％)			
資 本 金	5,000		5,000		5,000
		P社持分 600		2,400 △600	
利 益 剰 余 金	4,000	→	5,000	→	8,000
		非支配株主持分 400		1,600 △400	
評 価 差 額	(*1) 1,000		(*1) 1,000		(*1) 1,000
合 計	10,000		11,000		14,000
P 社 持 分	6,000				
取 得 原 価	1,500				
取 得 原 価	5,400				
段階取得に係る差益	(*2) 300				
の れ ん	1,200	△60	1,140	△60	1,080

連結上の取得原価 7,200 (*4)

(*2) 先行持分 (15％) の支配獲得時の時価1,800 (*3) − 先行持分の個別上の取得原価1,500 = 300

(*3) 支配獲得時の時価@12×150株 = 1,800

(*4) 支配獲得時の時価@12× (150株+450株) = 7,200

3．連結修正仕訳

(1) 開始仕訳

① S1社株式の時価評価

(借) 関 係 会 社 株 式	300	(貸) 利益剰余金当期首残高 (段階取得に係る差益)	300 *2

> **✎ 段階取得による子会社化**
>
> 　株式の取得を複数回行うことにより，ある会社を子会社化することを段階取得という。段階取得の場合でも一括取得と同様に，支配獲得日において子会社の資本と相殺する子会社に対する投資の額は支配獲得日の時価となる。そのため，支配獲得前に保有していた株式の取得原価 (又は，関連会社株式の場合は持分法による評価額) と当該株式の支配獲得日の時価との差額を，連結損益計算書において「段階取得に係る差損益」として特別損益に計上する。
>
> 　このような会計処理が行われるのは，段階取得によって支配を獲得したことにより，過去に所有していた投資の実態又は本質が変わったものとみなし，支配獲得時点でいったん投資が清算され，改めて投資を行ったと考えて，支配獲得時点での時価を新たな投資原価とするためである。

② 投資と資本の相殺消去

(借) 資本金当期首残高	5,000	(貸) 関 係 会 社 株 式	7,200 *4
利益剰余金当期首残高	4,460 *5	非支配株主持分当期首残高	4,400 *6
評 価 差 額	1,000 *1		
の れ ん	1,140		

(*5) 支配獲得時利益剰余金4,000
　　　+非支配株主に帰属する支配獲得後利益剰余金400+のれん償却額60 = 4,460

(*6) X2年度末資本合計11,000×非支配株主持分比率40％ = 4,400

(2) のれんの償却

（借）の れ ん 償 却 額	60 *7	（貸）の　れ　ん	60

（*7）のれん1,200÷償却年数20年＝60

(3) 当期純利益の按分

（借）非支配株主に帰属する当期純損益	1,600 *8	（貸）非支配株主持分当期変動額	1,600

（*8）S1社当期純利益4,000×非支配株主持分比率40％＝1,600

(4) 剰余金の配当

（借）受取利息及び配当金	600 *9	（貸）利益剰余金当期変動額	1,000
非支配株主持分当期変動額	400 *10	（剰 余 金 の 配 当）	

（*9）剰余金の配当1,000×P社持分比率60％＝600

（*10）剰余金の配当1,000×非支配株主持分比率40％＝400

(5) 建物の未実現利益の調整（アップ・ストリーム）

① 未実現利益の消去

（借）有形固定資産売却益	3,000 *11	（貸）建　　　　　物	3,000
（借）非支配株主持分当期変動額	1,200	（貸）非支配株主に帰属する当期純損益	1,200 *12

（*11）売却額4,000－売却簿価1,000＝3,000

（*12）未実現利益3,000（*11）×非支配株主持分比率40％＝1,200

② 減価償却による未実現利益の実現

（借）建　　　　　物	750	（貸）減 価 償 却 費	750 *13
（借）非支配株主に帰属する当期純損益	300 *14	（貸）非支配株主持分当期変動額	300

（*13）未実現利益3,000（*11）÷P社耐用年数4年＝750

（*14）減価償却による未実現利益の実現額750（*13）×非支配株主持分比率40％＝300

③ 土地の未実現利益の消去（アップ・ストリーム）

（借）有形固定資産売却益	1,500 *15	（貸）土　　　　　地	1,500
（借）非支配株主持分当期変動額	600	（貸）非支配株主に帰属する当期純損益	600 *16

（*15）売却額2,000－売却簿価500＝1,500

（*16）未実現利益1,500（*15）×非支配株主持分比率40％＝600

Ⅱ．S2社（関連会社→連結子会社）

1．個別財務諸表の修正

(1) 関連会社の資産・負債の時価評価（部分時価評価法）

（借）土　　　　　地	200	（貸）評　価　差　額	200 *1

（*1）（X2年度末時価6,000－帳簿価額5,000）×P社持分比率20％＝200

2．タイム・テーブル

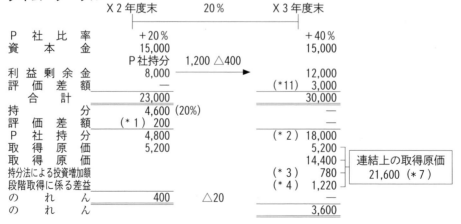

（＊2） X3年度末資本合計30,000×P社持分比率60％＝18,000

（＊3） 持分法適用による影響額：1,200－400－20＝780

（＊4） 先行持分の支配獲得時の時価7,200（＊5）－持分法による投資評価額5,980（＊6）＝1,220

（＊5） 支配獲得時時価＠36×200株＝7,200

（＊6） 個別上の取得原価5,200＋持分法による投資増加額780（＊3）＝5,980

（＊7） 支配獲得時時価＠36×（200株＋400株）＝21,600

🖉 S2社はX3年度末に子会社となったため，X3年度の期中は子会社として支配されていない。そのため，S2社のX3年度の財務諸表のうち，損益計算書，株主資本等変動計算書，キャッシュ・フロー計算書，包括利益計算書は連結せず，X3年度末の貸借対照表のみ連結する。

3．連結修正仕訳

（1） 当期純利益の認識

（借）関 係 会 社 株 式	1,200	（貸）持分法による投資損益	1,200 ＊8

（＊8） S2社当期純利益6,000×P社持分比率20％＝1,200

（2） のれんの償却

（借）持分法による投資損益	20 ＊9	（貸）関 係 会 社 株 式	20

（＊9） のれん400÷償却年数20年＝20

（3） 剰余金の配当

（借）受取利息及び配当金	400 ＊10	（貸）関 係 会 社 株 式	400

（*10） 剰余金の配当2,000×P社持分比率20％＝400

（4） 持分法から連結への移行

① 個別財務諸表の修正（子会社の資産・負債の時価評価（全面時価評価法））

（借）土　　　　　地	3,000	（貸）評 価 差 額	3,000 ＊11

（*11） X3年度末時価8,000－帳簿価額5,000＝3,000

🖉 X3年度末にS2社の支配を獲得したことから，全面時価評価法により時価評価をやり直す。

---

② 投資勘定の時価評価

（借）関 係 会 社 株 式	1,220	（貸）段階取得に係る差益	1,220 ＊4

③ 投資と資本の相殺消去

（借）資　　本　　金	15,000	（貸）関 係 会 社 株 式	21,600 ＊7
利 益 剰 余 金	12,000	非支配株主持分当期変動額	12,000 ＊12
評 価 差 額	3,000 ＊11		
の　　れ　　ん	3,600 ＊13		

（*12） X3年度末資本合計30,000×非支配株主持分比率40％＝12,000

（*13） P社持分18,000（＊2）－連結上の取得原価21,600（＊7）＝3,600

🖉 なお，持分法評価額に含まれていたのれんの未償却額380は，新たに計算されるのれん3,600の一部として含まれている。

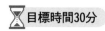

【問題④】

次の［資料］に基づいて，解答用紙のX3年度におけるP社の連結財務諸表を作成しなさい。なお，税金及び税効果会計は考慮せず，貸倒引当金及び純資産の減少項目には金額の前に△を付すこと。また，のれんは発生年度の翌期から10年間で定額法により償却し，負ののれんが生じる場合には，発生年度の利益として処理する。

［資料］

1．X1年度末において，P社はS社（資本金15,000千円，利益剰余金7,000千円，その他有価証券評価差額金1,000千円）の発行済株式数の80％を15,000千円で取得し，同社を子会社とした。

2．X1年度末において，P社はA社（資本金5,000千円，利益剰余金1,500千円，その他有価証券評価差額金2,000千円）の発行済株式数の40％を6,000千円で取得し，同社を関連会社とした。なお，連結貸借対照表上，持分法で評価したA社株式は投資有価証券勘定で表示する。

3．S社の土地（簿価5,000千円）のX1年度末の時価は3,000千円である。また，A社の土地（簿価2,000千円）のX1年度末の時価は5,000千円である。

4．S社のP社に対する販売取引

(1) S社は，X3年度よりP社に対して商品の掛販売を原価の40％増しの価格で行っており，X3年度中におけるS社のP社への売上高は5,500千円である。

(2) X3年度末におけるP社の棚卸資産のうち1,750千円がS社からの仕入分である。

(3) X3年度末におけるS社の売掛金の中には，P社に対するものが，2,000千円含まれている。なお，当該売掛金に対して5％の貸倒引当金を設定している。

5．X3年度における各社の財務諸表は，次のとおりであった。

損 益 計 算 書　　　　　（単位：千円）

費　　　用	P社	S社	A社	収　　　益	P社	S社	A社
売 上 原 価	60,000	40,000	6,000	売 上 高	90,000	55,000	10,000
営 業 費	25,850	10,700	1,400	受取利息及び配当金	4,000	1,000	500
貸倒引当金繰入額	150	300	100				
当 期 純 利 益	8,000	5,000	3,000				
合　　計	94,000	56,000	10,500	合　　計	94,000	56,000	10,500

株主資本等変動計算書　　　　　（単位：千円）

借　　　方	P社	S社	A社	貸　　　方	P社	S社	A社
資本金当期末残高	20,000	15,000	5,000	資本金当期首残高	20,000	15,000	5,000
剰余金の配当	8,000	3,000	2,000	利益剰余金当期首残高	20,000	8,000	4,000
利益剰余金当期末残高	20,000	10,000	5,000	当 期 純 利 益	8,000	5,000	3,000
その他有価証券評価差額金当期末残高	3,000	2,300	4,000	その他有価証券評価差額金当期首残高	2,000	1,500	2,500
				その他有価証券評価差額金当期変動額	1,000	800	1,500

貸 借 対 照 表　　　　　（単位：千円）

資　　　産	P社	S社	A社	負債・純資産	P社	S社	A社
現 金 預 金	2,000	15,400	4,000	買　　掛　　金	17,000	22,700	9,000
売 掛 金	5,000	8,000	2,000	資　　本　　金	20,000	15,000	5,000
貸倒引当金	△250	△400	△100	利 益 剰 余 金	20,000	10,000	5,000
棚 卸 資 産	7,000	10,000	5,100	その他有価証券評価差額金	3,000	2,300	4,000
土　　　地	17,250	5,000	2,000				
投資有価証券	8,000	12,000	10,000				
関係会社株式	21,000	—	—				
合　　計	60,000	50,000	23,000	合　　計	60,000	50,000	23,000

20

【解答用紙】

(X3年度) 　連 結 損 益 計 算 書　 (単位：千円)

費　　　用	金　　額	収　　　益	金　　額
売 上 原 価	（　　　　　）	売 上 高	（　　　　　）
営 業 費	（　　　　　）	受 取 利 息 及 び 配 当 金	（　　　　　）
貸 倒 引 当 金 繰 入 額	（　　　　　）	持 分 法 に よ る 投 資 利 益	（　　　　　）
非支配株主に帰属する当期純利益	（　　　　　）		
親会社株主に帰属する当期純利益	（　　　　　）		
	（　　　　　）		（　　　　　）

(X3年度) 　連 結 株 主 資 本 等 変 動 計 算 書　 (単位：千円)

	株主資本			その他有価証券評価差額金	非 支 配株 主 持 分	純 資 産合 　 計
	資本金	利益剰余金	株主資本合計			
当期首残高						
当期変動額						
剰余金の配当						
親会社株主に帰属する当期純利益						
株主資本以外の項目の当期変動額						
当期変動額合計						
当期末残高						

(X3年度末) 　連 結 貸 借 対 照 表　 (単位：千円)

資　　　産	金　　額	負債・純資産	金　　額
現 金 預 金	（　　　　　）	買 掛 金	（　　　　　）
売 掛 金	（　　　　　）	資 本 金	（　　　　　）
貸 倒 引 当 金	（　　　　　）	利 益 剰 余 金	（　　　　　）
棚 卸 資 産	（　　　　　）	その他有価証券評価差額金	（　　　　　）
土 地	（　　　　　）	非 支 配 株 主 持 分	（　　　　　）
投 資 有 価 証 券	（　　　　　）		
	（　　　　　）		（　　　　　）

(X3年度) 　連 結 包 括 利 益 計 算 書　 (単位：千円)

当期純利益	（　　　　　）
その他の包括利益	
その他有価証券評価差額金	（　　　　　）
持分法適用会社に対する持分相当額	（　　　　　）
その他の包括利益合計	（　　　　　）
包括利益	（　　　　　）
(内　訳)	
親会社株主に係る包括利益	（　　　　　）
非支配株主に係る包括利益	（　　　　　）

(X3年度) 　　　　　　　　連 結 損 益 計 算 書 　　　　　　（単位：千円）

費　　用	金　額	収　　益	金　額
売 上 原 価	(95,000)	売 上 高	(139,500)
営 業 費	(36,550)	受取利息及び配当金	(1,800)
貸 倒 引 当 金 繰 入 額	(350)	持分法による投資利益	(1,060)
非支配株主に帰属する当期純利益	920		
親会社株主に帰属する当期純利益	9,540		
	(142,360)		(142,360)

(X3年度) 　　　　　　連 結 株 主 資 本 等 変 動 計 算 書 　　　　（単位：千円）

	株主資本			その他有価証券評価差額金	非 支 配株 主 持 分	純 資 産合　　計
	資本金	利益剰余金	株主資本合計			
当期首残高	20,000	23,460	43,460	2,600	4,500	50,560
当期変動額						
剰余金の配当		△8,000	△8,000			△8,000
親会社株主に帰属する当期純利益		9,540	9,540			9,540
株主資本以外の項目の当期変動額				2,240	480	2,720
当期変動額合計	―	1,540	1,540	2,240	480	4,260
当期末残高	20,000	25,000	45,000	4,840	4,980	54,820

(X3年度末) 　　　　　　　連 結 貸 借 対 照 表 　　　　　　（単位：千円）

資　　産	金　額	負債・純資産	金　額
現 金 預 金	(17,400)	買 掛 金	(37,700)
売 掛 金	(11,000)	資 本 金	(20,000)
貸 倒 引 当 金	(△550)	利 益 剰 余 金	(25,000)
棚 卸 資 産	(16,500)	その他有価証券評価差額金	(4,840)
土 地	20,250	非 支 配 株 主 持 分	(4,980)
投 資 有 価 証 券	27,920		
	(92,520)		(92,520)

(X3年度)　　　連 結 包 括 利 益 計 算 書 　　（単位：千円）

当期純利益	(10,460)
その他の包括利益	
その他有価証券評価差額金	(1,800)
持分法適用会社に対する持分相当額	(600)
その他の包括利益合計	(2,400)
包括利益	(12,860)
（内 訳）	
親会社株主に係る包括利益	(11,780)
非支配株主に係る包括利益	(1,080)

解説 （単位：千円）

Ⅰ．S社（連結子会社）

1．個別財務諸表の修正

(1) 子会社の資産・負債の時価評価（全面時価評価法）

（借）評 価 差 額	2,000 *1	（貸）土　　　　地	2,000

（*1） X1年度末時価3,000 － 帳簿価額5,000 ＝ 2,000

2．タイム・テーブル

```
                      X1年度末      80％      X2年度末      80％      X3年度末
P 社 比 率           ＋80％
資 本 金            15,000                 15,000                 15,000
                      P社持分  800          4,000 △2,400
利 益 剰 余 金        7,000    ───────▶    8,000    ───────▶   10,000
                      非支配株主持分 200     1,000  △600
                      P社持分  400          640
その他有価証券評価差額金 1,000  ───────▶    1,500    ───────▶    2,300
                      非支配株主持分 100     160
評 価 差 額   (*1) △2,000        (*1) △2,000        (*1) △2,000
合 計              21,000                 22,500                 25,300
P 社 持 分         16,800
取 得 原 価        15,000
負ののれん発生益     1,800
```

3．連結修正仕訳

(1) 開始仕訳

（借）資本金当期首残高	15,000	（貸）関 係 会 社 株 式	15,000
利益剰余金当期首残高	7,200 *2	評 価 差 額	2,000 *1
その他有価証券評価差額金当期首残高	1,100 *3	非支配株主持分当期首残高	4,500 *4
		利益剰余金当期首残高	1,800 *5

（*2） 支配獲得時利益剰余金7,000 ＋非支配株主に帰属する支配獲得後利益剰余金200 ＝ 7,200

（*3） 支配獲得時その他有価証券評価差額金1,000
　　　　　＋非支配株主に帰属する支配獲得後その他有価証券評価差額金100 ＝ 1,100

（*4） X2年度末資本合計22,500×非支配株主持分比率20％ ＝ 4,500

（*5） 支配獲得時に生じた，負ののれん発生益

✎ 子会社が計上しているその他有価証券評価差額金の取扱い

支配獲得時の その他有価証券評価差額金	親会社持分	親会社の投資勘定と相殺消去 （連結貸借対照表に計上されない）
	非支配株主持分	「非支配株主持分」へ振替
支配獲得後に生じた その他有価証券評価差額金	親会社持分	「その他有価証券評価差額金」として 連結貸借対照表に計上
	非支配株主持分	「非支配株主持分」へ振替

※ 子会社が個別貸借対照表で計上している「繰延ヘッジ損益」も同様の取扱いとなる。

---

(2) 当期純利益の按分

（借）非支配株主に帰属する当期純損益	1,000 *6	（貸）非支配株主持分当期変動額	1,000

（*6） S社当期純利益5,000×非支配株主持分比率20％ ＝ 1,000

(3) 剰余金の配当

(借) 受取利息及び配当金	2,400	*7	(貸) 利益剰余金当期変動額	3,000
非支配株主持分当期変動額	600	*8	（剰余金の配当）	

（*7）剰余金の配当3,000×P社持分比率80％＝2,400

（*8）剰余金の配当3,000×非支配株主持分比率20％＝600

(4) その他有価証券評価差額金の按分

(借) その他有価証券評価差額金当期変動額	160	*9	(貸) 非支配株主持分当期変動額	160

（*9）（X3年度末2,300－X2年度末1,500）×非支配株主持分比率20％＝160

(5) S社売上高とP社仕入高の相殺消去

(借) 売　　上　　高	5,500	(貸) 売　上　原　価	5,500

(6) S社売掛金とP社買掛金の相殺消去

(借) 買　　掛　　金	2,000	(貸) 売　　掛　　金	2,000

(7) 貸倒引当金の修正

(借) 貸　倒　引　当　金	100	*10	(貸) 貸倒引当金繰入額	100	
(借) 非支配株主に帰属する当期純損益	20		(借) 非支配株主持分当期変動額	20	*11

（*10）X3年度末のP社に対する売掛金2,000×貸倒引当金繰入率5％＝100

（*11）100（*10）×非支配株主持分比率20％＝20

(8) 商品の未実現利益の消去（アップ・ストリーム）

(借) 売　上　原　価	500	*12	(貸) 棚　卸　資　産	500	
(借) 非支配株主持分当期変動額	100		(借) 非支配株主に帰属する当期純損益	100	*13

（*12）S社より仕入分：売価1,750－原価1,250（売価1,750÷1.4）＝500

（*13）未実現利益500（*12）×非支配株主持分比率20％＝100

Ⅱ．A社（関連会社）

1．個別財務諸表の修正

(1) 関連会社の資産・負債の時価評価（部分時価評価法）

(借) 土　　　　　地	1,200	(貸) 評　価　差　額	1,200	*1

（*1）（X1年度末時価5,000－帳簿価額2,000）×P社持分比率40％＝1,200

2．タイム・テーブル

	X1年度末	40％	X2年度末	40％	X3年度末
P　社　比　率	＋40％				
資　　本　　金	5,000		5,000		5,000
	P社持分	1,000 →		1,200 △800	
利　益　剰　余　金	1,500		4,000		5,000
	P社持分	200 →		600	
その他有価証券評価差額金	2,000 →		2,500 →		4,000
合　　　計	8,500		11,500		14,000
持　　　　　　分	3,400 (40％)				
評　価　差　額	(*1) 1,200				
P　社　持　分	4,600				
取　得　原　価	6,000				
の　　れ　　ん	1,400	△140	1,260	△140	1,120

3．連結修正仕訳

(1) 開始仕訳

（借）関 係 会 社 株 式	1,060	（貸）利益剰余金当期首残高	860 *2
		その他有価証券評価差額金当期首残高	200 *3

（*2）P社に帰属する投資後利益剰余金1,000−のれん償却額140＝860

（*3）（X2年度末2,500−X1年度末2,000）×P社持分比率40％＝200

> 🖊 持分法適用上，関連会社のその他有価証券評価差額金は，各期の増減額のうち投資会社持分比率分について計上し，投資勘定を増減させる。そのため，取得後利益剰余金と同様の取扱いをすることになる。

(2) のれんの償却

（借）持分法による投資損益	140 *4	（貸）関 係 会 社 株 式	140

（*4）のれん1,400÷償却年数10年＝140

(3) 当期純利益の認識

（借）関 係 会 社 株 式	1,200	（貸）持分法による投資損益	1,200 *5

（*5）A社当期純利益3,000×P社持分比率40％＝1,200

(4) 剰余金の配当

（借）受取利息及び配当金	800 *6	（貸）関 係 会 社 株 式	800

（*6）剰余金の配当2,000×P社持分比率40％＝800

(5) その他有価証券評価差額金の認識

（借）関 係 会 社 株 式	600	（貸）その他有価証券評価差額金当期変動額	600 *7

（*7）（X3年度末4,000−X2年度末2,500）×P社持分比率40％＝600

(6) 勘定科目の変更

（借）投 資 有 価 証 券	7,920	（貸）関 係 会 社 株 式	7,920 *8

（*8）個別上6,000＋連結修正仕訳1,920（860＋200−140＋1,200−800＋600）＝7,920

若しくは，X3年度末資本合計14,000×P社持分比率40％＋評価差額1,200（*1）

＋のれんの未償却残高1,120＝7,920

Ⅲ．連結包括利益計算書の内訳

		P社株主持分		非支配株主持分	
当期純利益	10,460	親会社株主に帰属する当期純利益	9,540	非支配株主に帰属する当期純利益	920
その他の包括利益					
その他有価証券評価差額金	1,800	P社発生 S社発生	1,000 640	S社発生	160
持分法適用会社に対する持分相当額	600	A社発生（持分法）	(*1) 600		
包括利益	12,860	親会社株主に係る包括利益	11,780	非支配株主に係る包括利益	1,080

（*1）その他有価証券評価差額金（X3年度末4,000−X2年度末2,500）×P社持分比率40％＝600

> 🖊 持分法を適用する被投資会社（A社）のその他の包括利益に対するP社の持分相当額は，連結包括利益計算書上，「その他有価証券評価差額金」，「繰延ヘッジ損益」，「為替換算調整勘定」等として表示せず，一括して「持分法適用会社に対する持分相当額」として区分表示する。

【問題⑤】

次の［資料］に基づいて，解答用紙のX3年度（X3年4月1日〜X4年3月31日）におけるP社の連結精算表を作成しなさい。なお，各社の決算日は3月末であり，税金及び税効果会計は考慮しないこと。また，のれんは発生年度の翌期から20年間で定額法により償却する。

［資料Ⅰ］子会社S社に関する事項

1. X1年度末において，P社はS社（資本金5,000千円，利益剰余金4,500千円）の発行済株式数の80％を15,000千円で取得し，同社を子会社とした。

2. S社の保有する土地（簿価3,000千円）のX1年度末の時価は5,500千円である。

3. P社はS社から商品の一部を掛けで仕入れている。X3年度におけるS社からP社への売上高は24,000千円であり，P社におけるS社からの仕入高は21,600千円であった。なお，X2年度末においては，商品の未達はなかった。

4. P社のX2年度末及びX3年度末における棚卸資産（未達分を含まない）には，S社から仕入れたものがそれぞれ1,200千円及び600千円含まれている。なお，S社は商品を毎期，原価の20％増しの価格でP社に販売している。

5. X3年度末におけるS社のP社に対する売掛金残高は5,000千円，P社のS社に対する買掛金残高は2,100千円である。P社はS社に対する掛代金500千円を決済したが，この報告がX3年度末においてS社に未達である。なお，X2年度末においては，掛代金の決済未達はなかった。

6. P社はS社に対する掛代金決済のために約束手形2,000千円を振り出した。S社はP社から受け取った当該約束手形のうち，100千円は当座預金で決済し，1,000千円は銀行にて割り引き，500千円は連結外部に裏書譲渡し，残りはX3年度末現在手許に保有している。なお，裏書譲渡及び割引に付した手形はいずれもX3年度末現在，支払期日未到来である。また，手形の割引料及び保証債務は考慮しないこと。

7. P社及びS社は，毎期売上債権の期末残高（割引手形及び裏書手形は含まない）に対して5％の貸倒引当金を差額補充法で計上している。なお，X2年度末のS社の売上債権のうち，P社に対するものは2,000千円であった。

8. S社はX3年10月1日にP社に対して6,000千円の貸付け（貸付期間：1年，年利率：4％，利払日：年2回，9月30日及び3月31日）を行った。

［資料Ⅱ］関連会社A社に関する事項

1. X2年度末において，P社はA社（資本金2,000千円，利益剰余金3,000千円）の発行済株式数の30％を3,300千円で取得し，同社を関連会社とした。なお，連結貸借対照表上，持分法で評価したA社株式は投資有価証券勘定で表示する。

2. A社の保有する土地（簿価2,000千円）のX2年度末の時価は3,000千円である。

3. X3年度におけるA社の当期純利益は1,000千円であり，また，X3年度に利益剰余金を原資とする剰余金の配当を500千円行っている。

4. X3年度末におけるA社の純資産項目は資本金2,000千円，利益剰余金3,500千円である。

5. X3年度よりP社はA社に売上利益率20％で商品販売を行っており，X3年度末におけるA社の棚卸資産には，P社から仕入れたものが400千円含まれている。

6. X4年1月1日に，A社はP社に対して建物（簿価500千円）を2,100千円で売却した。P社では，当該建物を定額法（耐用年数4年，残存価額ゼロ）で減価償却している。なお，未実現利益の減価償却による実現については，減価償却費勘定を調整する。

7. X3年度において，P社はA社に対して土地（簿価800千円）を1,500千円で売却した。

【解答用紙】

（単位：千円）

科　目	P社（親会社）		S社（子会社）		修正・消去		連結財務諸表	
貸借対照表								
現　金　預　金	19,700		4,500					
受　取　手　形	7,000		8,000					
売　　掛　　金	9,000		10,000					
貸倒引当金		800		900				
棚　卸　資　産	3,200		2,400					
短　期　貸付金	1,000		7,000					
建　　　　　物	14,000		8,000					
減価償却累計額		5,600		2,700				
土　　　　　地	8,200		3,000					
の　れ　ん								
投資有価証券	18,300							
関係会社株式								
支　払　手　形		6,000		8,000				
買　　掛　　金		12,000		11,600				
短　期　借入金		8,000		5,700				
資　　本　　金		30,000		5,000				
利　益　剰余金		18,000		9,000				
評　価　差　額								
非支配株主持分								
合　　　計	80,400	80,400	42,900	42,900				
損益計算書								
売　　上　　高		156,000		120,000				
売　上　原　価	140,400		100,000					
営　　業　　費	10,630		14,950					
減　価　償却費	1,100		650					
貸倒引当金繰入額	420		500					
のれん償却額								
受取利息及び配当金		4,200		1,200				
持分法による投資損益								
支　払　利　息	350		100					
有形固定資産売却益		700						
非支配株主に帰属する当期純利益								
当期純利益※	8,000		5,000					
合　　　計	160,900	160,900	121,200	121,200				

※ 連結財務諸表においては，「親会社株主に帰属する当期純利益」に読み替える。

27

科　　目	P社（親会社）		S社（子会社）		修正・消去		連結財務諸表	
株主資本等変動計算書								
資本金								
当期首残高		30,000		5,000				
当期変動額								
計	0	30,000	0	5,000				
当期末残高	30,000		5,000					
	30,000	30,000	5,000	5,000				
利益剰余金								
当期首残高		15,000		7,000				
当期変動額								
剰余金の配当	5,000		3,000					
当期純利益※		8,000		5,000				
計	5,000	23,000	3,000	12,000				
当期末残高	18,000		9,000					
	23,000	23,000	12,000	12,000				
非支配株主持分								
当期首残高								
当期変動額								
計								
当期末残高								

※ 連結財務諸表においては、「親会社株主に帰属する当期純利益」に読み替える。

解答

（単位：千円）

科　目	P社（親会社）		S社（子会社）		修正・消去		連結財務諸表	
貸借対照表								
現　金　預　金	19,700		4,500		500		24,700	
受　取　手　形	7,000		8,000			400	14,600	
売　　掛　　金	9,000		10,000			500 4,500	14,000	
貸　倒　引　当　金		800		900	100 170			1,430
棚　卸　資　産	3,200		2,400		2,400	500	7,500	
短　期　貸　付　金	1,000		7,000			6,000	2,000	
建　　　　物	14,000		8,000			480	21,520	
減価償却累計額		5,600		2,700	30			8,270
土　　　　地	8,200		3,000		2,500		13,700	
の　れ　ん					5,130	270	4,860	
投資有価証券					3,141		3,141	
関係会社株式	18,300				300	15,000 75 150 24 210 3,141		
支　払　手　形		6,000		8,000	400 1,000			12,600
買　　掛　　金		12,000		11,600	4,500	2,400		21,500
短　期　借　入　金		8,000		5,700	6,000	1,000		8,700
資　　本　　金		30,000		5,000	5,000			30,000
利　益　剰　余　金		18,000		9,000	6,733			20,267
評　価　差　額					2,500	2,500		
非支配株主持分						3,254		3,254
合　　　計	80,400	80,400	42,900	42,900	40,404	40,404	106,021	106,021
損益計算書								
売　　上　　高		156,000		120,000	24,000 24			251,976
売　　上　　原　　価	140,400		100,000		500	24,000 200	216,700	
営　　業　　費	10,630		14,950				25,580	
減　価　償　却　費	1,100		650			30	1,720	
貸倒引当金繰入額	420		500			170	750	
のれん償却額					270		270	
受取利息及び配当金		4,200		1,200	2,400 120 150			2,730
持分法による投資損益					75 480	300		255
支　払　利　息	350		100			120	330	
有形固定資産売却益		700			210			490
非支配株主に帰属する 当　期　純　利　益					1,000 40 34	100	974	
当　期　純　利　益※	8,000		5,000			4,383	8,617	
合　　　計	160,900	160,900	121,200	121,200	29,303	29,303	255,196	255,196

※ 連結財務諸表においては，「親会社株主に帰属する当期純利益」に読み替える。

科　　目	P社（親会社）		S社（子会社）		修正・消去		連結財務諸表	
株主資本等変動計算書								
資本金								
当期首残高		30,000		5,000	5,000			30,000
当期変動額								
計	0	30,000	0	5,000	5,000	0	0	30,000
当期末残高	30,000		5,000			5,000	30,000	
	30,000	30,000	5,000	5,000	5,000	5,000	30,000	30,000
利益剰余金								
当期首残高		15,000		7,000	5,270 200 20	40 100		16,650
当期変動額								
剰余金の配当	5,000		3,000			3,000	5,000	
当期純利益※		8,000		5,000	4,383			8,617
計	5,000	23,000	3,000	12,000	9,873	3,140	5,000	25,267
当期末残高	18,000		9,000			6,733	20,267	
	23,000	23,000	12,000	12,000	9,873	9,873	25,267	25,267
非支配株主持分								
当期首残高					40	2,900 20		2,880
当期変動額					600 100	1,000 40 34		374
計					740	3,994	0	3,254
当期末残高					3,254			3,254
					3,994	3,994	3,254	3,254

※ 連結財務諸表においては，「親会社株主に帰属する当期純利益」に読み替える。

解説 （単位：千円）

Ⅰ．S社（連結子会社）

1．個別財務諸表の修正

(1) 子会社の資産・負債の時価評価（全面時価評価法）

（借）土　　　　　地	2,500	（貸）評　価　差　額	2,500 *1

（＊1）X1年度末時価5,500－帳簿価額3,000＝2,500

2．タイム・テーブル

	X1年度末	80％	X2年度末	80％	X3年度末
P　社　比　率	＋80％				
資　本　金	5,000		5,000		5,000
	P社持分	2,000		4,000 △2,400	
利　益　剰　余　金	4,500	→	7,000		9,000
	非支配株主持分	500		1,000 △600	
評　価　差　額	(＊1) 2,500		(＊1) 2,500		(＊1) 2,500
合　　　計	12,000		14,500		16,500
P　社　持　分	9,600				
取　得　原　価	15,000				
の　れ　ん	5,400	△270	5,130	△270	4,860

3．連結修正仕訳

(1) 開始仕訳

（借）資本金当期首残高	5,000	（貸）関 係 会 社 株 式	15,000
利益剰余金当期首残高	5,270 *2	（貸）非支配株主持分当期首残高	2,900 *3
評　価　差　額	2,500 *1		
の　れ　ん	5,130		

（＊2）支配獲得時利益剰余金4,500
　　　＋非支配株主に帰属する支配獲得後利益剰余金500＋のれん償却額270＝5,270

（＊3）X2年度末資本合計14,500×非支配株主持分比率20％＝2,900

(2) のれんの償却

（借）の れ ん 償 却 額	270 *4	（貸）の　　れ　　ん	270

（＊4）のれん5,400÷償却年数20年＝270

(3) 当期純利益の按分

（借）非支配株主に帰属する当期純損益	1,000 *5	（貸）非支配株主持分当期変動額	1,000

（＊5）S社当期純利益5,000×非支配株主持分比率20％＝1,000

(4) 剰余金の配当

（借）受取利息及び配当金	2,400 *6	（貸）利益剰余金当期変動額	3,000
非支配株主持分当期変動額	600 *7	（剰 余 金 の 配 当）	

（＊6）剰余金の配当3,000×P社持分比率80％＝2,400

（＊7）剰余金の配当3,000×非支配株主持分比率20％＝600

(5) 期末商品の未達取引の修正

（借）棚　卸　資　産	2,400 *8	（貸）買　　掛　　金	2,400

（＊8）S社売上高24,000－P社仕入高21,600＝2,400

(6) S社売上高とP社仕入高の相殺消去

（借）売　　上　　高	24,000	（貸）売　上　原　価	24,000

(7) 商品の未実現利益の消去（アップ・ストリーム）

① 期首商品

（借）利益剰余金当期首残高	200		（貸）売　上　原　価	200	*9
（借）非支配株主持分当期首残高	40		（貸）利益剰余金当期首残高	40	*10
（借）非支配株主に帰属する当期純損益	40	*10	（貸）非支配株主持分当期変動額	40	

（*9）S社より仕入分：売価1,200－原価1,000（売価1,200÷1.2）＝200

（*10）未実現利益200（*9）×非支配株主持分比率20％＝40

② 期末商品

（借）売　上　原　価	500	*11	（貸）棚　卸　資　産	500	
（借）非支配株主持分当期変動額	100		（貸）非支配株主に帰属する当期純損益	100	*12

（*11）S社より仕入分：売価3,000（未達分以外600＋未達分2,400）－原価2,500（売価3,000÷1.2）＝500

（*12）未実現利益500（*11）×非支配株主持分比率20％＝100

(8) 期末決済未達

（借）現　金　預　金	500	（貸）売　掛　金	500

(9) S社売掛金とP社買掛金の相殺消去

（借）買　　掛　　金	4,500	（貸）売　　掛　　金	4,500	*13

（*13）S社売掛金：5,000－現金決済未達500＝4,500

　　　　P社買掛金：2,100＋仕入未達2,400＝4,500

(10) S社受取手形とP社支払手形の相殺

（借）支　払　手　形	400	（貸）受　取　手　形	400	*14

（*14）P社から受け取った手形2,000－決済分100－割引分1,000－裏書分500＝手許保有分400

(11) P社振出の支払手形に係る割引の修正

（借）支　払　手　形	1,000	（貸）短　期　借　入　金	1,000

(12) 貸倒引当金の修正

① 期首貸倒引当金の修正

（借）貸　倒　引　当　金	100	*15	（貸）利益剰余金当期首残高	100	
（借）利益剰余金当期首残高	20		（貸）非支配株主持分当期首残高	20	*16

（*15）X2年度末のP社に対する売上債権2,000×貸倒引当金繰入率5％＝100

（*16）100（*15）×非支配株主持分比率20％＝20

② 期末貸倒引当金の修正

（借）貸　倒　引　当　金	170	*17	（貸）貸倒引当金繰入額	170	
（借）非支配株主に帰属する当期純損益	34		（貸）非支配株主持分当期変動額	34	*19

（*17）（X3年度末のP社に対する売上債権5,400（*18）

　　　　　　－X2年度末のP社に対する売上債権2,000）×貸倒引当金繰入率5％＝170

（*18）決済未達考慮前の対P社売掛金5,000＋受取手形400（*14）＝5,400

（*19）170（*17）×非支配株主持分比率20％＝34

(13) 資金取引の修正

（借）短　期　借　入　金	6,000	（貸）短　期　貸　付　金	6,000	
（借）受取利息及び配当金	120	*20	（貸）支　払　利　息	120	

（*20）6,000×4％×6ヶ月（X3年10月1日～X4年3月31日）/12ヶ月＝120

Ⅱ．A社（関連会社）

1．個別財務諸表の修正

(1) 関連会社の資産・負債の時価評価（部分時価評価法）

（借）土 地	300	（貸）評 価 差 額	300 *1

（*1）（X2年度末時価3,000－帳簿価額2,000）×P社持分比率30％＝300

2．タイム・テーブル

```
              X2年度末      30％      X3年度末
P 社 比 率        ＋30％
資   本   金       2,000                 2,000
              P社持分  300 △150
利 益 剰 余 金     3,000     ──────→     3,500
  合    計        5,000                 5,500
持      分        1,500 (30％)
評 価 差 額   (*1)  300
P 社 持 分        1,800
取 得 原 価        3,300
の れ ん         1,500     △75         1,425
```

3．連結修正仕訳

(1) 開始仕訳

仕訳なし

(2) のれんの償却

（借）持分法による投資損益	75 *2	（貸）関 係 会 社 株 式	75

（*2）のれん1,500÷償却年数20年＝75

(3) 当期純利益の認識

（借）関 係 会 社 株 式	300	（貸）持分法による投資損益	300 *3

（*3）A社当期純利益1,000×P社持分比率30％＝300

(4) 剰余金の配当

（借）受取利息及び配当金	150 *4	（貸）関 係 会 社 株 式	150

（*4）剰余金の配当500×P社持分比率30％＝150

(5) 棚卸資産の未実現利益の消去（ダウン・ストリーム）

（借）売 上 高	24 *5	（貸）関 係 会 社 株 式	24

（*5）期末商品（P社より仕入分）400×売上利益率20％×P社持分比率30％＝24

(6) 建物の未実現利益の調整（アップ・ストリーム）

① 未実現利益の消去

（借）持分法による投資損益	480 *6	（貸）建 物	480

（*6）1,600（売却価額2,100－売却簿価500）×P社持分比率30％＝480

② 減価償却による未実現利益の実現

（借）減 価 償 却 累 計 額	30	（貸）減 価 償 却 費	30 *7

（*7）未実現利益480（*6）÷耐用年数4年×3ヶ月/12ヶ月＝30

(7) 土地の未実現利益の消去（ダウン・ストリーム）

（借）有形固定資産売却益	210 *8	（貸）関 係 会 社 株 式	210

（*8）（売却価額1,500－売却簿価800）×P社持分比率30％＝210

(8) 勘定科目の変更

（借）投 資 有 価 証 券	3,141	（貸）関 係 会 社 株 式	3,141 *9

（*9）個別上3,300＋連結修正仕訳△159（△75＋300＋△150＋△24＋△210）＝3,141

STEP Ⅱ

日商簿記検定 1 級（商業簿記・会計学）レベル

【問題①】

次の［資料］に基づいて，解答用紙のX3年度におけるP社の連結財務諸表を作成しなさい。なお，貸倒引当金は考慮せず，純資産の減少項目には金額の前に△を付すこと。また，のれんは発生年度の翌期から5年間で定額法により償却する。

［資料］

1．X1年度末において，P社はS1社（資本金3,000千円，利益剰余金2,500千円）の発行済株式数の75％を6,750千円で取得し，同社を子会社とした。また，X3年度末において，P社はS1社の発行済株式数の15％を1,500千円で売却した。なお，S1社株式の一部売却において，関連する法人税等は資本剰余金から控除すること。

2．X1年度末において，P社はS2社（資本金2,000千円，利益剰余金3,900千円）の発行済株式数の55％を6,000千円で取得し（証券会社への支払手数料300千円を含む），同社を子会社とした。

3．X1年度末において，S1社の土地（簿価2,000千円）の時価は4,500千円であった。

4．X1年度末において，S2社の建物（簿価1,800千円）の時価は4,800千円であった。当該建物は，残存価額ゼロ，定額法で減価償却を行っており，X1年度末における残存耐用年数は6年である。

5．X3年度期首において，P社はS1社に対して建物（簿価1,000千円）を1,400千円で売却した。S1社では，当該建物を定率法（耐用年数8年，年償却率25％，残存価額10％）で減価償却している。

6．税効果会計は子会社の建物と土地の時価評価差額，及び未実現損益の消去から生じる一時差異のみに適用し，P社の法定実効税率は毎期50％，S1社の法定実効税率は毎期40％，S2社の法定実効税率は毎期30％とする。

7．X3年度における各社の財務諸表は，次のとおりであった。

損 益 計 算 書　　　　　　（単位：千円）

費　　用	P社	S1社	S2社	収　　益	P社	S1社	S2社
売 上 原 価	44,000	46,000	6,850	売　上　高	76,650	77,200	11,400
営 業 費	13,800	27,150	3,400	受取利息及び配当金	1,450	800	600
減 価 償 却 費	1,200	350	300	有形固定資産売却益	2,750	―	―
法 人 税 等	10,000	2,000	400	関係会社株式売却益	150	―	―
当 期 純 利 益	12,000	2,500	1,050				
合　　計	81,000	78,000	12,000	合　　計	81,000	78,000	12,000

株 主 資 本 等 変 動 計 算 書　　　　　　（単位：千円）

借　　方	P社	S1社	S2社	貸　　方	P社	S1社	S2社
資本金当期末残高	30,000	3,000	2,000	資本金当期首残高	30,000	3,000	2,000
資本剰余金当期末残高	10,000	―	―	資本剰余金当期首残高	10,000	―	―
剰余金の配当	8,000	1,000	800	利益剰余金当期首残高	35,000	3,000	4,750
利益剰余金当期末残高	39,000	4,500	5,000	当 期 純 利 益	12,000	2,500	1,050

貸 借 対 照 表　　　　　　（単位：千円）

資　　産	P社	S1社	S2社	負債・純資産	P社	S1社	S2社
現 金 預 金	18,750	2,500	4,500	買 掛 金	6,000	4,500	2,800
売 掛 金	13,100	2,450	2,000	未払法人税等	5,000	1,000	200
棚 卸 資 産	20,250	5,000	2,300	資 本 金	30,000	3,000	2,000
建 物	6,500	1,050	1,200	資 本 剰 余 金	10,000	―	―
土 地	20,000	2,000	―	利 益 剰 余 金	39,000	4,500	5,000
関 係 会 社 株 式	11,400	―	―				
合　　計	90,000	13,000	10,000	合　　計	90,000	13,000	10,000

【解答用紙】

(X3年度) 連 結 損 益 計 算 書 (単位：千円)

費　　　　用	金　　額	収　　　　益	金　　額
売　上　原　価	(　　　　　)	売　　上　　高	(　　　　　)
営　　業　　費	(　　　　　)	受取利息及び配当金	(　　　　　)
減　価　償　却　費	(　　　　　)	有形固定資産売却益	(　　　　　)
の　れ　ん　償　却　額	(　　　　　)	法人税等調整額	(　　　　　)
法　　人　　税　　等	(　　　　　)		
非支配株主に帰属する当期純利益	(　　　　　)		
親会社株主に帰属する当期純利益	(　　　　　)		
	(　　　　　)		(　　　　　)

(X3年度) 連 結 株 主 資 本 等 変 動 計 算 書 (単位：千円)

	株主資本				非　支　配	純　資　産
	資本金	資本剰余金	利益剰余金	株主資本合計	株 主 持 分	合　　　計
当期首残高						
当期変動額						
剰余金の配当						
非支配株主との取引に係る親会社の持分変動						
親会社株主に帰属する当期純利益						
株主資本以外の項目の当期変動額						
当期変動額合計						
当期末残高						

(X3年度末) 連 結 貸 借 対 照 表 (単位：千円)

資　　　産	金　　額	負債・純資産	金　　額
現　金　預　金	(　　　　　)	買　　掛　　金	(　　　　　)
売　　掛　　金	(　　　　　)	未　払　法　人　税　等	(　　　　　)
棚　卸　資　産	(　　　　　)	繰　延　税　金　負　債	(　　　　　)
建　　　　物	(　　　　　)	資　　本　　金	(　　　　　)
土　　　　地	(　　　　　)	資　本　剰　余　金	(　　　　　)
の　　れ　　ん	(　　　　　)	利　益　剰　余　金	(　　　　　)
繰　延　税　金　資　産	(　　　　　)	非　支　配　株　主　持　分	(　　　　　)
	(　　　　　)		(　　　　　)

（X3年度） 連結損益計算書 （単位：千円）

費　用	金　額	収　益	金　額
売　上　原　価	（　96,850　）	売　上　高	（　165,250　）
営　業　費	（　44,350　）	受取利息及び配当金	（　1,660　）
減　価　償　却　費	（　2,250　）	有形固定資産売却益	（　2,350　）
の　れ　ん　償　却　額	（　560　）	法人税等調整額	（　300　）
法　人　税　等	（　12,325　）		
非支配株主に帰属する当期純利益	（　940　）		
親会社株主に帰属する当期純利益	（　12,285　）		
	（　169,560　）		（　169,560　）

（X3年度） 連結株主資本等変動計算書 （単位：千円）

	株主資本				非支配株主持分	純資産合計
	資本金	資本剰余金	利益剰余金	株主資本合計		
当期首残高	30,000	10,000	34,790	74,790	5,700	80,490
当期変動額						
剰余金の配当			△8,000	△8,000		△8,000
非支配株主との取引に係る親会社の持分変動		75		75		75
親会社株主に帰属する当期純利益			12,285	12,285		12,285
株主資本以外の項目の当期変動額					1,680	1,680
当期変動額合計	－	75	4,285	4,360	1,680	6,040
当期末残高	30,000	10,075	39,075	79,150	7,380	86,530

（X3年度末） 連結貸借対照表 （単位：千円）

資　産	金　額	負債・純資産	金　額
現　金　預　金	（　25,750　）	買　掛　金	（　13,300　）
売　掛　金	（　17,550　）	未　払　法　人　税　等	（　6,200　）
棚　卸　資　産	（　27,550　）	繰　延　税　金　負　債	（　1,600　）
建　物	（　10,450　）	資　本　金	（　30,000　）
土　地	（　24,500　）	資　本　剰　余　金	（　10,075　）
の　れ　ん	（　1,680　）	利　益　剰　余　金	（　39,075　）
繰　延　税　金　資　産	（　150　）	非　支　配　株　主　持　分	（　7,380　）
	（　107,630　）		（　107,630　）

解説 （単位：千円）

Ⅰ．S1社 （連結子会社）

1．個別財務諸表の修正

(1) 子会社の資産・負債の時価評価 （全面時価評価法）

（借）土 地	2,500 *1	（貸）繰延税金負債（S1社）	1,000 *2
		評 価 差 額	1,500 *3

（*1） X1年度末時価4,500－帳簿価額2,000＝2,500

（*2） 2,500（*1）×S1社の法定実効税率40％＝1,000

（*3） 2,500（*1）×（1－S1社の法定実効税率40％）＝1,500

2．タイム・テーブル

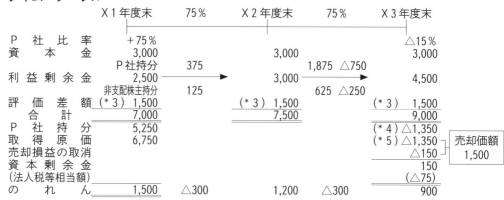

（*4） X3年度末資本合計9,000×売却比率15％＝1,350

（*5） 取得原価6,750×売却比率15％／売却前持分比率75％＝1,350

3．連結修正仕訳

(1) 開始仕訳

（借）資本金当期首残高	3,000	（貸）関 係 会 社 株 式	6,750
利益剰余金当期首残高	2,925 *6	非支配株主持分当期首残高	1,875 *7
評 価 差 額	1,500 *3		
の れ ん	1,200		

（*6） 支配獲得時利益剰余金2,500＋非支配株主に帰属する支配獲得後利益剰余金125

＋のれん償却額300＝2,925

（*7） X2年度末資本合計7,500×非支配株主持分比率25％＝1,875

(2) のれんの償却

（借）の れ ん 償 却 額	300 *8	（貸）の れ ん	300

（*8） のれん1,500÷償却年数5年＝300

(3) 当期純利益の按分

（借）非支配株主に帰属する当期純損益	625 *9	（貸）非支配株主持分当期変動額	625

（*9） S1社当期純利益2,500×非支配株主持分比率25％＝625

(4) 剰余金の配当

（借）受取利息及び配当金	750 *10	（貸）利益剰余金当期変動額	1,000
非支配株主持分当期変動額	250 *11	（剰 余 金 の 配 当）	

（*10） 剰余金の配当1,000×P社持分比率75％＝750

（*11） 剰余金の配当1,000×非支配株主持分比率25％＝250

(5) 一部売却（15％売却）

① 個別上の処理

（借）現 金 預 金	1,500	（貸）関 係 会 社 株 式	1,350 *5
		関係会社株式売却益	150
（借）法 人 税 等	75 *12	（貸）未 払 法 人 税 等	75

(*12) Ｓ１社株式売却益150×Ｐ社法定実効税率50％＝75

② 連結上のあるべき処理

（借）現 金 預 金	1,500	（貸）非支配株主持分当期変動額	1,350 *4
		資本剰余金当期変動額	150 *13
		（非支配株主との取引に係る親会社の持分変動）	
（借）資本剰余金当期変動額	75 *14	（貸）未 払 法 人 税 等	75 *15
（非支配株主との取引に係る親会社の持分変動）			

(*13) 貸借差額又は，売却価額1,500－非支配株主持分増加額1,350（＊４）＝150
(*14) 一部売却に係る資本剰余金150（*13）×Ｐ社法定実効税率50％＝75
(*15) Ｓ１社株式の一部売却から生じた，Ｐ社個別上の未払法人税等の金額

③ 連結修正仕訳（②－①）

（借）関 係 会 社 株 式	1,350	（貸）非支配株主持分当期変動額	1,350
関係会社株式売却益	150	資本剰余金当期変動額	150
		（非支配株主との取引に係る親会社の持分変動）	
（借）資本剰余金当期変動額	75	（貸）法 人 税 等	75
（非支配株主との取引に係る親会社の持分変動）			

🖉 **子会社株式の一部売却に関連する法人税等相当額の調整**

　　親会社の個別上では，関係会社株式売却益150に対応する法人税等が計上されている。しかし，連結上，子会社株式を一部売却（売却後も支配は継続）した場合，経済的単一体説に基づき，損益取引ではなく親会社と非支配株主との資本取引と考えるため，関係会社株式売却益は計上されず，減少する親会社持分と売却価額との差額を資本剰余金150として処理する。そのため，個別上で計上した法人税等の調整が必要となり，資本剰余金150に法定実効税率を乗じた額は，法人税等を相手勘定として，資本剰余金から控除する必要がある。

　　なお，資本剰余金から控除する法人税等相当額は，親会社の課税所得や税金支払額にかかわらず，原則として，親会社の持分変動による差額（子会社株式の一部売却から生じた資本剰余金）に親会社の税率を乗じて算定された額となる。

(6) 建物の未実現利益の調整（ダウン・ストリーム）

① 未実現利益の消去

| （借）有形固定資産売却益 | 400 *16 | （貸）建 物 | 400 |
| （借）繰延税金資産（Ｐ社） | 200 | （貸）法 人 税 等 調 整 額 | 200 *17 |

(*16) 売却額1,400－売却簿価1,000＝400
(*17) 未実現利益400（*16）×売却元Ｐ社法定実効税率50％＝200

② 減価償却による未実現利益の実現

| （借）建 物 | 100 | （貸）減 価 償 却 費 | 100 *18 |
| （借）法 人 税 等 調 整 額 | 50 *19 | （貸）繰延税金資産（Ｐ社） | 50 |

(*18) 未実現利益400（*16）×償却率25％＝100
(*19) 100（*18）×売却元Ｐ社法定実効税率50％＝50

Ⅱ．S 2 社 （連結子会社）

1．個別財務諸表の修正

(1) 子会社の資産・負債の時価評価 （全面時価評価法）

① 建物に係る評価差額の計上

（借）建 物	3,000 *1	（貸）繰延税金負債（S 2社）	900 *2
		評 価 差 額	2,100 *3

（*1） X 1 年度末時価4,800 － 帳簿価額1,800 ＝ 3,000

（*2） 3,000（*1） × S 2 社の法定実効税率30％ ＝ 900

（*3） 3,000（*1） × （1 － S 2 社の法定実効税率30％） ＝ 2,100

② 建物に係る評価差額の実現

（借）利益剰余金当期首残高	500 *4	（貸）建 物	500
（借）繰延税金負債（S 2社）	150	（貸）利益剰余金当期首残高	150 *5
（借）減 価 償 却 費	500 *4	（貸）建 物	500
（借）繰延税金負債（S 2社）	150	（貸）法 人 税 等 調 整 額	150 *5

（*4） 3,000（*1） ÷ 残存耐用年数 6 年 ＝ 500

（*5） 500（*4） × S 2 社の法定実効税率30％ ＝ 150

2．タイム・テーブル

	X 1 年度末	55％	X 2 年度末	55％	X 3 年度末
P 社 比 率	＋55％				
資 本 金	2,000		2,000		2,000
		P社持分 275		385 △440	
利 益 剰 余 金	3,900	→	（*6）4,400	→	（*7）4,300
		非支配株主持分 225		315 △360	
評 価 差 額	（*3）2,100		（*3）2,100		（*3）2,100
合 計	8,000		8,500		8,400
P 社 持 分	4,400	連結上の取得原価			
取 得 原 価	6,000	（*8）5,700			
取 得 関 連 費 用	△300				
の れ ん	1,300	△260	1,040	△260	780

（*6） 個別上4,750 － 評価差額の実現（500（*4） － 150（*5）） ＝ 4,400

（*7） 個別上5,000 － 評価差額の実現（500（*4） － 150（*5） ＋ 500（*4） － 150（*5）） ＝ 4,300

3．連結修正仕訳

(1) 取得関連費用の修正

（借）利益剰余金当期首残高	300	（貸）関 係 会 社 株 式	300

🖉 株式取得時の取得関連費用 （付随費用） の取扱い

	個別財務諸表	連結財務諸表	
子 会 社 株 式	取得原価に含める	費用処理（*1） （支払手数料等）	支配獲得時：販売費及び一般管理費 追加取得時：営業外費用
関 連 会 社 株 式		取得原価に含める	
上記以外の投資先			

（*1） 合併等の企業結合において， 企業の売主と買主の直接的な取引ではない取得関連費用は， 企業結合とは別個の取引と考え費用処理されている。 そして， 企業を支配するという経済的実態は企業結合と連結で等しいため， 子会社株式取得による連結上の取得関連費用も費用処理する。

(2) 開始仕訳

(借)資本金当期首残高	2,000		(貸)関 係 会 社 株 式	5,700 *8
利益剰余金当期首残高	4,385 *9		非支配株主持分当期首残高	3,825 *10
評 価 差 額	2,100 *3			
の れ ん	1,040			

(*9) 支配獲得時利益剰余金3,900

　　　　＋非支配株主に帰属する支配獲得後利益剰余金225＋のれん償却額260＝4,385

(*10) Ｘ2年度末資本合計8,500×非支配株主持分比率45％＝3,825

(3) のれんの償却

(借)の れ ん 償 却 額	260 *11	(貸)の れ ん	260

(*11) のれん1,300÷償却年数5年＝260

(4) 当期純利益の按分

(借)非支配株主に帰属する当期純損益	315 *12	(貸)非支配株主持分当期変動額	315

(*12) ｛Ｓ2社当期純利益1,050－評価差額の実現（500（*4）－150（*5））｝

　　　　　　　　　　　　　　　　　　　　　　　　　×非支配株主持分比率45％＝315

(5) 剰余金の配当

(借)受取利息及び配当金	440 *13	(貸)利益剰余金当期変動額	800
非支配株主持分当期変動額	360 *14	（剰余金の配当）	

(*13) 剰余金の配当800×Ｐ社持分比率55％＝440

(*14) 剰余金の配当800×非支配株主持分比率45％＝360

Column　連結会計の集計力を高める！──さらに上のステップを見据えた学習ポイント

　連結財務諸表の総合問題が出題された場合，一般的には，下書用紙に「タイム・テーブル」と「すべての連結修正仕訳」を書き起こし，単純合算した個別財務諸表の数値に，その連結修正仕訳の金額を集計することで連結財務諸表を作成していくことになります。総合問題を解き始めた段階では，まずはスピードよりも“正確性”を重視して，このような正規の手順に従って丁寧に解答できるように練習することが大切です。

　しかし，それでは問題の解答スピードが上がらず，仕訳の集計に必要以上に時間を要したり，集計漏れを起こしたり，また，電卓を叩く回数が多いため計算ミスが生じたりして時間内に解答が終わらない結果，なかなか思うように点数が伸びないこともあるでしょう。

　連結会計で学習する仕訳の多くは，単純合算した個別財務諸表に対しての修正消去仕訳です。取引高や債権債務の相殺消去，未実現利益の消去に代表されるように，その多くは消去され，最終的な連結財務諸表に表れません。

　受験上で問われる解答数値の多くは，最終的に連結財務諸表に表れる金額です。すなわち，消去する連結修正仕訳の金額ではなく，「消去後に残る金額」です。消去される連結修正仕訳を理解し，最終的に連結財務諸表に表れる金額がイメージできると，すべての連結修正仕訳をいちいち書き起こさなくても解答を導けるものが多く存在することに気がつくと思います。そのように解答スピードを上げることで，効率的に解答していくことが可能になるでしょう。

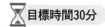

【問題②】

　次の［資料］に基づいて，解答用紙のＸ3年度におけるＰ社の連結財務諸表を作成しなさい。なお，貸倒引当金は考慮せず，純資産の減少項目には金額の前に△を付すこと。また，のれんは発生年度の翌期から10年間で定額法により償却し，負ののれんが生じる場合には，発生年度の利益として処理する。

［資料］

1．Ｘ1年度末において，Ｐ社はＳ社（資本金5,000千円，利益剰余金3,600千円）の発行済株式数の80％を10,000千円で取得し，同社を子会社とした。

2．Ｘ1年度末において，Ｐ社はＡ社（資本金10,000千円，利益剰余金4,500千円）の発行済株式数の40％を6,500千円で取得し，同社を関連会社とした。なお，連結貸借対照表上，持分法で評価したＡ社株式は投資有価証券勘定で表示する。

3．Ｓ社の土地（簿価4,000千円）のＸ1年度末の時価は8,000千円である。Ｘ3年度にＳ社は当該土地の半分（簿価2,000千円）を連結外部に5,000千円で売却した。

4．Ａ社の土地（簿価1,000千円）のＸ1年度末の時価は6,000千円である。

5．Ｐ社，Ｓ社及びＡ社は確定給付型の企業年金制度を採用しており，各年度末において，それぞれ以下のように未認識数理計算上の差異（税引前，全て不利差異）の残高が存在する。

	Ｘ1年度末	Ｘ2年度末	Ｘ3年度末
Ｐ社	6,000千円	4,800千円	3,600千円
Ｓ社	—	8,000千円	6,400千円
Ａ社	—	1,500千円	1,200千円

6．税効果会計は，子会社と関連会社の土地の時価評価差額及び退職給付に係る調整累計額のみに適用し，各社の法定実効税率は毎期40％とする。

7．Ｘ3年度における各社の財務諸表は，次のとおりであった。

損　益　計　算　書　　　　（単位：千円）

費　　用	Ｐ社	Ｓ社	Ａ社	収　　益	Ｐ社	Ｓ社	Ａ社
売 上 原 価	38,000	41,500	8,000	売 上 高	58,000	61,500	13,800
営 業 費	17,000	20,000	3,500	受取利息及び配当金	2,000	500	200
法 人 税 等	2,000	1,500	1,000	有形固定資産売却益	—	3,000	—
当 期 純 利 益	3,000	2,000	1,500				
合　　計	60,000	65,000	14,000	合　　計	60,000	65,000	14,000

株主資本等変動計算書　　　　（単位：千円）

借　　方	Ｐ社	Ｓ社	Ａ社	貸　　方	Ｐ社	Ｓ社	Ａ社
資本金当期末残高	20,000	5,000	10,000	資本金当期首残高	20,000	5,000	10,000
剰余金の配当	4,000	600	800	利益剰余金当期首残高	9,000	4,600	6,300
利益剰余金当期末残高	8,000	6,000	7,000	当 期 純 利 益	3,000	2,000	1,500

貸　借　対　照　表　　　　（単位：千円）

資　　産	Ｐ社	Ｓ社	Ａ社	負債・純資産	Ｐ社	Ｓ社	Ａ社
現 金 預 金	12,500	8,000	16,000	買 掛 金	11,000	3,700	1,500
売 掛 金	5,000	4,500	13,000	未払法人税等	1,000	800	500
棚 卸 資 産	6,000	7,000	10,000	退職給付引当金	15,000	6,000	21,000
土 地	15,000	2,000	1,000	資 本 金	20,000	5,000	10,000
関係会社株式	16,500	—	—	利 益 剰 余 金	8,000	6,000	7,000
合　　計	55,000	21,500	40,000	合　　計	55,000	21,500	40,000

【解答用紙】

(X3年度) 　　　　　連 結 損 益 計 算 書　　　　　(単位：千円)

費　　　用	金　　額	収　　　益	金　　額
売　上　原　価	(　　　　　)	売　上　高	(　　　　　)
営　　業　　費	(　　　　　)	受取利息及び配当金	(　　　　　)
の れ ん 償 却 額	(　　　　　)	持分法による投資利益	(　　　　　)
法　人　税　等	(　　　　　)	法 人 税 等 調 整 額	(　　　　　)
非支配株主に帰属する当期純利益	(　　　　　)	有形固定資産売却益	(　　　　　)
親会社株主に帰属する当期純利益	(　　　　　)		
	(　　　　　)		(　　　　　)

(X3年度) 　　　　連 結 株 主 資 本 等 変 動 計 算 書　　　　(単位：千円)

	株主資本			退職給付に係る調整累計額	非支配株主持分	純資産合計
	資本金	利益剰余金	株主資本合計			
当期首残高						
当期変動額						
剰余金の配当						
親会社株主に帰属する当期純利益						
株主資本以外の項目の当期変動額						
当期変動額合計						
当期末残高						

(X3年度末) 　　　　　連 結 貸 借 対 照 表　　　　　(単位：千円)

資　　　産	金　　額	負債・純資産	金　　額
現　金　預　金	(　　　　　)	買　掛　金	(　　　　　)
売　　掛　　金	(　　　　　)	未 払 法 人 税 等	(　　　　　)
棚　卸　資　産	(　　　　　)	退職給付に係る負債	(　　　　　)
土　　　　　地	(　　　　　)	資　　本　　金	(　　　　　)
の　　れ　　ん	(　　　　　)	利　益　剰　余　金	(　　　　　)
投 資 有 価 証 券	(　　　　　)	退職給付に係る調整累計額	(　　　　　)
繰 延 税 金 資 産	(　　　　　)	非 支 配 株 主 持 分	(　　　　　)
	(　　　　　)		(　　　　　)

(X3年度) 　連 結 包 括 利 益 計 算 書　(単位：千円)

当期純利益	(　　　　　)
その他の包括利益	
退職給付に係る調整額	(　　　　　)
持分法適用会社に対する持分相当額	(　　　　　)
その他の包括利益合計	(　　　　　)
包括利益	(　　　　　)
(内　訳)	
親会社株主に係る包括利益	(　　　　　)
非支配株主に係る包括利益	(　　　　　)

（X3年度）　　　　　　　　連 結 損 益 計 算 書　　　　　　（単位：千円）

費　　用	金　　額	収　　益	金　　額
売　上　原　価	（　79,500　）	売　上　高	（　119,500　）
営　業　費	（　37,000　）	受取利息及び配当金	（　1,700　）
の れ ん 償 却 額	（　120　）	持分法による投資利益	（　600　）
法　人　税　等	（　3,500　）	法 人 税 等 調 整 額	（　800　）
非支配株主に帰属する当期純利益	（　160　）	有形固定資産売却益	（　1,000　）
親会社株主に帰属する当期純利益	（　3,320　）		
	（　123,600　）		（　123,600　）

（X3年度）　　　　　　連 結 株 主 資 本 等 変 動 計 算 書　　　　（単位：千円）

	株主資本			退職給付に係る調整累計額	非 支 配 株 主 持 分	純 資 産 合 　 計
	資本金	利益剰余金	株主資本合計			
当期首残高	20,000	10,900	30,900	△7,080	1,440	25,260
当期変動額						
剰余金の配当		△4,000	△4,000			△4,000
親会社株主に帰属する当期純利益		3,320	3,320			3,320
株主資本以外の項目の当期変動額				1,560	232	1,792
当期変動額合計	—	△680	△680	1,560	232	1,112
当期末残高	20,000	10,220	30,220	△5,520	1,672	26,372

（X3年度末）　　　　　　　連 結 貸 借 対 照 表　　　　　　（単位：千円）

資　　産	金　　額	負債・純資産	金　　額
現　金　預　金	（　20,500　）	買　掛　金	（　14,700　）
売　掛　金	（　9,500　）	未 払 法 人 税 等	（　1,800　）
棚　卸　資　産	（　13,000　）	退職給付に係る負債	（　31,000　）
土　　地	（　19,000　）	資　本　金	（　20,000　）
の　れ　ん	（　960　）	利　益　剰　余　金	（　10,220　）
投 資 有 価 証 券	（　7,712　）	退職給付に係る調整累計額	（　△5,520　）
繰 延 税 金 資 産	（　3,200　）	非 支 配 株 主 持 分	（　1,672　）
	（　73,872　）		（　73,872　）

（X3年度）　　連 結 包 括 利 益 計 算 書　　（単位：千円）

当期純利益	（　3,480　）
その他の包括利益	
退職給付に係る調整額	（　1,680　）
持分法適用会社に対する持分相当額	（　72　）
その他の包括利益合計	（　1,752　）
包括利益	（　5,232　）
（内 訳）	
親会社株主に係る包括利益	（　4,880　）
非支配株主に係る包括利益	（　352　）

解説 （単位：千円）

Ⅰ．P社（親会社）

1．個別財務諸表の修正

(1) 退職給付

（借）退 職 給 付 引 当 金	15,000		（貸）退職給付に係る負債	15,000	
（借）退職給付に係る調整累計額当期首残高	4,800	*1	（貸）退職給付に係る負債	4,800	
（借）繰延税金資産（P社）	1,920		（貸）退職給付に係る調整累計額当期首残高	1,920	*2
（借）退職給付に係る負債	1,200		（貸）退職給付に係る調整累計額当期変動額	1,200	*3
（借）退職給付に係る調整累計額当期変動額	480	*4	（貸）繰延税金資産（P社）	480	

（*1）X2年度末未認識残高4,800（不利）

（*2）4,800（*1）×P社の法定実効税率40％＝1,920

（*3）X3年度末未認識残高3,600（不利）－X2年度末未認識残高4,800（不利）＝1,200

（*4）1,200（*3）×P社の法定実効税率40％＝480

> ✎ **連結上の退職給付会計**
>
> 　連結貸借対照表上，未認識数理計算上の差異及び未認識過去勤務費用については，税効果を調整の上，純資産の部におけるその他の包括利益累計額に「退職給付に係る調整累計額」等の適当な科目をもって計上する。そして，退職給付債務から年金資産の額を控除した額を「退職給付に係る負債（又は，退職給付に係る資産）」として計上する。
>
> 　また，連結包括利益計算書上，当期に発生した未認識数理計算上の差異及び未認識過去勤務費用並びに当期に費用処理された組替調整額については，その他の包括利益に「退職給付に係る調整額」等の適当な科目をもって，一括して計上する。
>
> 　なお，子会社及び関連会社の退職給付に係る調整累計額については，他の，その他の包括利益累計額と同様に会計処理する。
>
> | | 個別貸借対照表 | 連結貸借対照表 |
> |---|---|---|
> | 未認識の差異 | 計上されない | 退職給付に係る調整累計額 |
> | 表示科目 | 退職給付引当金
（前払年金費用） | 退職給付に係る負債
（退職給付に係る資産） |

Ⅱ．S社（連結子会社）

1．個別財務諸表の修正

(1) 子会社の資産・負債の時価評価（全面時価評価法），及び評価差額の実現

（借）土　　　　　地	4,000	*1	（貸）繰延税金負債（S社）	1,600	*2
			評　価　差　額	2,400	*3
（借）有形固定資産売却益	2,000	*4	（貸）土　　　　　地	2,000	
（借）繰延税金負債（S社）	800		（貸）法 人 税 等 調 整 額	800	*5

（*1）X1年度末時価8,000－帳簿価額4,000＝4,000

（*2）4,000（*1）×S社の法定実効税率40％＝1,600

（*3）4,000（*1）×（1－S社の法定実効税率40％）＝2,400

（*4）売却分のX1年度末時価4,000－売却分の帳簿価額2,000＝2,000

（*5）2,000（*4）×S社の法定実効税率40％＝800

(2) 退職給付

(借) 退職給付引当金	6,000		(貸) 退職給付に係る負債	6,000	
(借) 退職給付に係る調整累計額当期首残高	8,000	*6	(貸) 退職給付に係る負債	8,000	
(借) 繰延税金資産 (S社)	3,200		(貸) 退職給付に係る調整累計額当期首残高	3,200	*7
(借) 退職給付に係る負債	1,600		(貸) 退職給付に係る調整累計額当期変動額	1,600	*8
(借) 退職給付に係る調整累計額当期変動額	640	*9	(貸) 繰延税金資産 (S社)	640	

(*6) X2年度末未認識残高8,000（不利）

(*7) 8,000（*6）× S社の法定実効税率40% = 3,200

(*8) X3年度末未認識残高6,400（不利）－ X2年度末未認識残高8,000（不利）= 1,600

(*9) 1,600（*8）× S社の法定実効税率40% = 640

2．タイム・テーブル

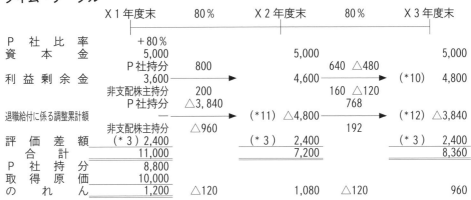

(*10) 個別上6,000 － 評価差額の実現（2,000（*4）－800（*5））= 4,800

(*11) △8,000（*6）＋3,200（*7）= △4,800

(*12) △4,800（*11）＋1,600（*8）＋△640（*9）= △3,840

3．連結修正仕訳

(1) 開始仕訳

(借) 資本金当期首残高	5,000		(貸) 関係会社株式	10,000	
利益剰余金当期首残高	3,920	*13	退職給付に係る調整累計額当期首残高	960	*14
評価差額	2,400	*3	非支配株主持分当期首残高	1,440	*15
のれん	1,080				

(*13) 支配獲得時利益剰余金3,600

　　　＋非支配株主に帰属する支配獲得後利益剰余金200＋のれん償却額120 = 3,920

(*14) 支配獲得時退職給付に係る調整累計額0

　　　＋非支配株主に帰属する支配獲得後退職給付に係る調整累計額△960 = △960

(*15) X2年度末資本合計7,200×非支配株主持分比率20% = 1,440

(2) のれんの償却

(借) のれん償却額	120	*16	(貸) のれん	120

(*16) のれん1,200÷償却年数10年 = 120

(3) 当期純利益の按分

(借) 非支配株主に帰属する当期純損益	160	*17	(貸) 非支配株主持分当期変動額	160

(*17) ｛S社当期純利益2,000－評価差額の実現（2,000（*4）－800（*5））｝

　　　　　　　　　　　　　　　　　　　　　　　　　×非支配株主持分比率20% = 160

(4) 剰余金の配当

（借）受取利息及び配当金	480 *18	（貸）利益剰余金当期変動額	600
非支配株主持分当期変動額	120 *19	（剰余金の配当）	

(*18) 剰余金の配当600×P社持分比率80％＝480

(*19) 剰余金の配当600×非支配株主持分比率20％＝120

(5) 退職給付に係る調整累計額の按分

（借）退職給付に係る調整累計額当期変動額	192 *20	（貸）非支配株主持分当期変動額	192

(*20) （X3年度末△3,840（*12） － X2年度末△4,800（*11））×非支配株主持分比率20％＝192

Ⅲ．A社（関連会社）

1．個別財務諸表の修正

(1) 関連会社の資産・負債の時価評価（部分時価評価法）

（借）土　　　　　地	2,000 *1	（貸）繰延税金負債（A社）	800 *2
		評　価　差　額	1,200 *3

(*1) （X1年度末時価6,000－帳簿価額1,000）×P社持分比率40％＝2,000

(*2) 2,000（*1）×A社の法定実効税率40％＝800

(*3) 2,000（*1）×（1－A社の法定実効税率40％）＝1,200

(2) 退職給付

（借）退職給付引当金	21,000	（貸）退職給付に係る負債	21,000
（借）退職給付に係る調整累計額当期首残高	1,500 *4	（貸）退職給付に係る負債	1,500
（借）繰延税金資産（A社）	600	（貸）退職給付に係る調整累計額当期首残高	600 *5
（借）退職給付に係る負債	300	（貸）退職給付に係る調整累計額当期変動額	300 *6
（借）退職給付に係る調整累計額当期変動額	120 *7	（貸）繰延税金資産（A社）	120

(*4) X2年度末未認識残高1,500（不利）

(*5) 1,500（*4）×A社の法定実効税率40％＝600

(*6) X3年度末未認識残高1,200（不利）－X2年度末未認識残高1,500（不利）＝300

(*7) 300（*6）×A社の法定実効税率40％＝120

2．タイム・テーブル

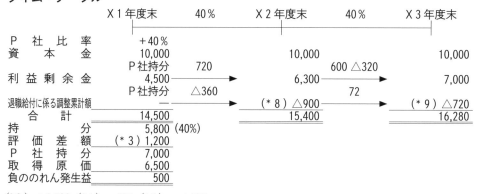

(*8) △1,500（*4）＋600（*5）＝△900

(*9) △900（*8）＋300（*6）＋△120（*7）＝△720

3．連結修正仕訳

(1) 開始仕訳

(借)関 係 会 社 株 式	860	(貸)利益剰余金当期首残高	1,220 *10
退職給付に係る調整累計額当期首残高	360 *11		

(*10) P社に帰属する投資後利益剰余金720＋負ののれん発生益500＝1,220

(*11) P社に帰属する投資後退職給付に係る調整累計額△360

(2) 当期純利益の認識

(借)関 係 会 社 株 式	600	(貸)持分法による投資損益	600 *12

(*12) A社当期純利益1,500×P社持分比率40％＝600

(3) 剰余金の配当

(借)受取利息及び配当金	320 *13	(貸)関 係 会 社 株 式	320

(*13) 剰余金の配当800×P社持分比率40％＝320

(4) 退職給付に係る調整累計額の認識

(借)関 係 会 社 株 式	72	(貸)退職給付に係る調整累計額当期変動額	72 *14

(*14) （X3年度末△720（*9）－X2年度末△900（*8））×P社持分比率40％＝72

(5) 勘定科目の変更

(借)投 資 有 価 証 券	7,712	(貸)関 係 会 社 株 式	7,712 *15

(*15) 個別上6,500＋連結修正仕訳1,212（860＋600－320＋72）＝7,712

　　　若しくは，X3年度末資本合計16,280×P社持分比率40％＋評価差額1,200（*3）＝7,712

Ⅳ．繰延税金資産と繰延税金負債の相殺

(借)繰延税金負債（S社）	800	(貸)繰延税金資産（S社）	800

同一納税主体の繰延税金資産と繰延税金負債は，双方を相殺して表示する。そのため，S社の繰延税金資産2,560とS社の繰延税金負債800を相殺する必要がある。

Ⅴ．連結包括利益計算書の内訳

		P社株主持分		非支配株主持分	
当期純利益	3,480	親会社株主に帰属する当期純利益	3,320	非支配株主に帰属する当期純利益	160
その他の包括利益					
退職給付に係る調整額	1,680	P社発生 S社発生	720 768	S社発生	192
持分法適用会社に対する持分相当額	72	A社発生（持分法）	(*1) 72		
包括利益	5,232	親会社株主に係る包括利益	4,880	非支配株主に係る包括利益	352

(*1)（X3年度末退職給付に係る調整累計額△720－X2年度末退職給付に係る調整累計額△900）

　　　　　　　　　　　　　　　　　　　　　　　　　　　　×P社持分比率40％＝72

【問題③】

次の［資料］に基づいて，解答用紙のＸ３年度におけるＰ社の連結財務諸表を作成しなさい。なお，貸倒引当金は考慮せず，純資産の減少項目には金額の前に△を付すこと。また，のれんは発生年度の翌期から10年間で定額法により償却する。

［資料］

1．Ｘ１年度末において，Ｐ社はＳ社（資本金25,000千円，利益剰余金6,000千円）の発行済株式数の60％を26,000千円で取得し，同社を子会社とした。

2．Ｘ１年度末において，Ｐ社はＡ社（資本金8,000千円，利益剰余金4,000千円）の発行済株式数の40％を8,000千円で取得し（証券会社への支払手数料400千円を含む），同社を関連会社とした。なお，連結貸借対照表上，持分法で評価したＡ社株式は投資有価証券勘定で表示する。

3．Ｓ社の土地（簿価5,000千円）のＸ１年度末の時価は4,000千円である。また，Ａ社の土地（簿価3,000千円）のＸ１年度末の時価は8,000千円である。

4．Ｘ３年度におけるＰ社のＡ社に対する商品売上高は9,000千円であり，Ｐ社の売上利益率は毎期10％である。なお，Ｘ３年度におけるＡ社の手許商品棚卸高の中には，Ｐ社から仕入れた商品が期首及び期末にそれぞれ3,000千円及び2,000千円含まれている。

5．Ｘ３年度期首において，Ｐ社はＡ社に対して建物（簿価4,000千円）を5,000千円で売却した。Ａ社では，当該建物を残存価額ゼロ，耐用年数５年として定額法で減価償却している。なお，未実現利益の減価償却による実現については，持分法による投資損益勘定を調整する。

6．Ｘ３年度において，Ｐ社はＡ社に対して土地（簿価1,000千円）を3,000千円で売却した。

7．税効果会計で適用する実効税率は，Ｐ社30％，Ｓ社35％，Ａ社40％で毎期同一とする。なお，税効果会計は，子会社と関連会社の土地の時価評価差額，及び未実現損益の消去から生じる一時差異のみに適用する。

8．Ｘ３年度における各社の財務諸表は，次のとおりであった。

損 益 計 算 書　　　　　　　　　　（単位：千円）

費　　　用	Ｐ社	Ｓ社	Ａ社	収　　　益	Ｐ社	Ｓ社	Ａ社
売 上 原 価	80,640	57,500	43,500	売 上 高	89,600	64,500	49,000
減 価 償 却 費	4,860	3,500	3,000	受取利息及び配当金	2,900	500	1,000
当 期 純 利 益	10,000	4,000	3,500	有形固定資産売却益	3,000	—	—
合　　　計	95,500	65,000	50,000	合　　　計	95,500	65,000	50,000

株主資本等変動計算書　　　　　　　　　（単位：千円）

借　　　方	Ｐ社	Ｓ社	Ａ社	貸　　　方	Ｐ社	Ｓ社	Ａ社
資本金当期末残高	30,000	25,000	8,000	資本金当期首残高	30,000	25,000	8,000
剰余金の配当	5,000	3,000	1,500	利益剰余金当期首残高	20,000	8,000	6,000
利益剰余金当期末残高	25,000	9,000	8,000	当 期 純 利 益	10,000	4,000	3,500

貸 借 対 照 表　　　　　　　　　　（単位：千円）

資　　　産	Ｐ社	Ｓ社	Ａ社	負債・純資産	Ｐ社	Ｓ社	Ａ社
現 金 預 金	2,000	14,000	22,000	買 掛 金	15,000	16,000	59,000
売 掛 金	5,000	15,000	7,000	資 本 金	30,000	25,000	8,000
棚 卸 資 産	7,000	10,000	30,000	利 益 剰 余 金	25,000	9,000	8,000
建 物	8,000	6,000	10,000				
土 地	14,000	5,000	6,000				
関 係 会 社 株 式	34,000	—	—				
合　　　計	70,000	50,000	75,000	合　　　計	70,000	50,000	75,000

【解答用紙】

(X3年度)　　　　　　　　連 結 損 益 計 算 書　　　　　　(単位：千円)

費　　　用	金　　額	収　　　益	金　　額
売　上　原　価	（　　　　　）	売　　上　　高	（　　　　　）
減 価 償 却 費	（　　　　　）	受 取 利 息 及 び 配 当 金	（　　　　　）
の れ ん 償 却 額	（　　　　　）	持 分 法 に よ る 投 資 利 益	（　　　　　）
非支配株主に帰属する当期純利益	（　　　　　）	有 形 固 定 資 産 売 却 益	（　　　　　）
親会社株主に帰属する当期純利益	（　　　　　）	法 人 税 等 調 整 額	（　　　　　）
	（　　　　　）		（　　　　　）

(X3年度)　　　　　　　連 結 株 主 資 本 等 変 動 計 算 書　　　　(単位：千円)

	株主資本			非　支　配	純　資　産
	資本金	利益剰余金	株主資本合計	株主持分	合　　計
当期首残高					
当期変動額					
剰余金の配当					
親会社株主に帰属する当期純利益					
株主資本以外の項目の当期変動額					
当期変動額合計					
当期末残高					

(X3年度末)　　　　　　　連 結 貸 借 対 照 表　　　　　　(単位：千円)

資　　　産	金　　額	負債・純資産	金　　額
現　金　預　金	（　　　　　）	買　　掛　　金	（　　　　　）
売　　掛　　金	（　　　　　）	資　　本　　金	（　　　　　）
棚　卸　資　産	（　　　　　）	利　益　剰　余　金	（　　　　　）
建　　　　物	（　　　　　）	非 支 配 株 主 持 分	（　　　　　）
土　　　　地	（　　　　　）		
の　　れ　　ん	（　　　　　）		
投 資 有 価 証 券	（　　　　　）		
繰 延 税 金 資 産	（　　　　　）		
	（　　　　　）		（　　　　　）

(X3年度)　　　　　　連 結 損 益 計 算 書　　　　　　（単位：千円）

費　　用	金　額	収　　益	金　額
売 上 原 価	(138,140)	売 上 高	(154,140)
減 価 償 却 費	(8,360)	受 取 利 息 及 び 配 当 金	(1,000)
の れ ん 償 却 額	(779)	持 分 法 に よ る 投 資 利 益	(1,280)
非支配株主に帰属する当期純利益	(1,600)	有 形 固 定 資 産 売 却 益	(1,800)
親会社株主に帰属する当期純利益	(9,665)	法 人 税 等 調 整 額	(324)
	(158,544)		(158,544)

(X3年度)　　　　　連 結 株 主 資 本 等 変 動 計 算 書　　　　（単位：千円）

	株主資本			非 支 配株 主 持 分	純 資 産合　　計
	資本金	利益剰余金	株主資本合計		
当期首残高	30,000	20,937	50,937	12,940	63,877
当期変動額					
剰余金の配当		△5,000	△5,000		△5,000
親会社株主に帰属する当期純利益		9,665	9,665		9,665
株主資本以外の項目の当期変動額				400	400
当期変動額合計	―	4,665	4,665	400	5,065
当期末残高	30,000	25,602	55,602	13,340	68,942

(X3年度末)　　　　　連 結 貸 借 対 照 表　　　　　（単位：千円）

資　　産	金　額	負債・純資産	金　額
現 金 預 金	(16,000)	買 掛 金	(31,000)
売 掛 金	(20,000)	資 本 金	(30,000)
棚 卸 資 産	(17,000)	利 益 剰 余 金	(25,602)
建 物	(14,000)	非 支 配 株 主 持 分	(13,340)
土 地	(18,000)		
の れ ん	(6,232)		
投 資 有 価 証 券	(8,000)		
繰 延 税 金 資 産	(710)		
	(99,942)		(99,942)

解説 （単位：千円）

Ⅰ．S社 （連結子会社）

1．個別財務諸表の修正

(1) 子会社の資産・負債の時価評価 （全面時価評価法）

（借）繰延税金資産（S社）	350	*2	（貸）土　　　　　地	1,000	*1
評　価　差　額	650	*3			

（*1） X1年度末時価4,000－帳簿価額5,000＝1,000

（*2） 1,000（*1）× S社の法定実効税率35％＝350

（*3） 1,000（*1）×（1－S社の法定実効税率35％）＝650

2．タイム・テーブル

	X1年度末	60％	X2年度末	60％	X3年度末
P 社 比 率	＋60％				
資 本 金	25,000		25,000		25,000
		P社持分 1,200		2,400 △1,800	
利 益 剰 余 金	6,000	→	8,000		9,000
		非支配株主持分 800		1,600 △1,200	
評 価 差 額	（*3）△650		（*3）△650		（*3）△650
合 計	30,350		32,350		33,350
P 社 持 分	18,210				
取 得 原 価	26,000				
の れ ん	7,790	△779	7,011	△779	6,232

3．連結修正仕訳

(1) 開始仕訳

（借）資本金当期首残高	25,000		（貸）関 係 会 社 株 式	26,000	
利益剰余金当期首残高	7,579	*4	評 価 差 額	650	*3
の れ ん	7,011		非支配株主持分当期首残高	12,940	*5

（*4） 支配獲得時利益剰余金6,000

　　　 ＋非支配株主に帰属する支配獲得後利益剰余金800＋のれん償却額779＝7,579

（*5） X2年度末資本合計32,350×非支配株主持分比率40％＝12,940

(2) のれんの償却

（借）の れ ん 償 却 額	779	*6	（貸）の れ ん	779

（*6） のれん7,790÷償却年数10年＝779

(3) 当期純利益の按分

（借）非支配株主に帰属する当期純損益	1,600	*7	（貸）非支配株主持分当期変動額	1,600

（*7） S社当期純利益4,000×非支配株主持分比率40％＝1,600

(4) 剰余金の配当

（借）受取利息及び配当金	1,800	*8	（貸）利益剰余金当期変動額	3,000
非支配株主持分当期変動額	1,200	*9	（剰 余 金 の 配 当）	

（*8） 剰余金の配当3,000×P社持分比率60％＝1,800

（*9） 剰余金の配当3,000×非支配株主持分比率40％＝1,200

Ⅱ．A社（関連会社）

1．個別財務諸表の修正

(1) 関連会社の資産・負債の時価評価（部分時価評価法）

（借）土　　　　　　地	2,000 *1	（貸）繰延税金負債（A社）	800 *2
		評　価　差　額	1,200 *3

(*1)（X1年度末時価8,000－帳簿価額3,000）×P社持分比率40％＝2,000

(*2) 2,000（*1）×A社の法定実効税率40％＝800

(*3) 2,000（*1）×（1－A社の法定実効税率40％）＝1,200

2．タイム・テーブル

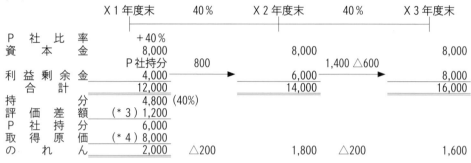

(*4) 関連会社株式の取得関連費用は，持分法適用上も取得原価に含める。

3．連結修正仕訳

(1) 開始仕訳

（借）関 係 会 社 株 式	600	（貸）利益剰余金当期首残高	600 *5

(*5) P社に帰属する投資後利益剰余金800－のれん償却額200＝600

(2) のれんの償却

（借）持法による投資損益	200 *6	（貸）関 係 会 社 株 式	200

(*6) のれん2,000÷償却年数10年＝200

(3) 当期純利益の認識

（借）関 係 会 社 株 式	1,400	（貸）持法による投資損益	1,400 *7

(*7) A社当期純利益3,500×P社持分比率40％＝1,400

(4) 剰余金の配当

（借）受取利息及び配当金	600 *8	（貸）関 係 会 社 株 式	600

(*8) 剰余金の配当1,500×P社持分比率40％＝600

(5) 棚卸資産の未実現利益の消去（ダウン・ストリーム）

① 期首商品

（借）利益剰余金当期首残高	120	（貸）売　　　上　　　高	120 *9
（借）法 人 税 等 調 整 額	36 *10	（貸）利益剰余金当期首残高	36

(*9) 期首商品（P社より仕入分）3,000×売上利益率10％×P社持分比率40％＝120

(*10) 未実現利益120（*9）×販売元P社の法定実効税率30％＝36

② 期末商品

（借）売　　　上　　　高	80 *11	（貸）関 係 会 社 株 式	80
（借）繰延税金資産（P社）	24	（貸）法 人 税 等 調 整 額	24 *12

(*11) 期末商品（P社より仕入分）2,000×売上利益率10％×P社持分比率40％＝80

(*12) 未実現利益80（*11）×販売元P社の法定実効税率30％＝24

(6) 建物の未実現利益の調整（ダウン・ストリーム）

① 未実現利益の消去

（借）有形固定資産売却益	400 *13	（貸）関 係 会 社 株 式	400	
（借）繰延税金資産（P社）	120	（貸）法 人 税 等 調 整 額	120 *14	

（*13）1,000（売却価額5,000 − 売却簿価4,000）× P社持分比率40％ = 400

（*14）未実現利益400（*13）× 売却元P社の法定実効税率30％ = 120

② 減価償却による実現

（借）関 係 会 社 株 式	80	（貸）持分法による投資損益	80 *15	
（借）法 人 税 等 調 整 額	24 *16	（貸）繰延税金資産（P社）	24	

（*15）未実現利益400（*13）÷ 耐用年数5年 = 80

（*16）80（*15）× 売却元P社の法定実効税率30％ = 24

(7) 土地の未実現利益の消去（ダウン・ストリーム）

（借）有形固定資産売却益	800 *17	（貸）関 係 会 社 株 式	800	
（借）繰延税金資産（P社）	240	（貸）法 人 税 等 調 整 額	240 *18	

（*17）2,000（売却価額3,000 − 売却簿価1,000）× P社持分比率40％ = 800

（*18）未実現利益800（*17）× 売却元P社の法定実効税率30％ = 240

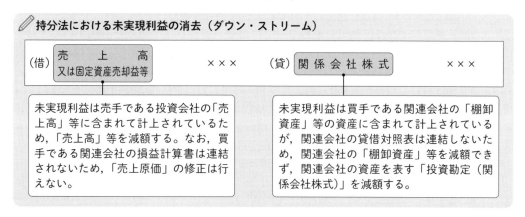

持分法における未実現利益の消去（ダウン・ストリーム）

（借）売　　上　　高 又は固定資産売却益等	×××	（貸）関 係 会 社 株 式	×××	

未実現利益は売手である投資会社の「売上高」等に含まれて計上されているため、「売上高」等を減額する。なお、買手である関連会社の損益計算書は連結されないため、「売上原価」の修正は行えない。

未実現利益は買手である関連会社の「棚卸資産」等の資産に含まれて計上されているが、関連会社の貸借対照表は連結しないため、関連会社の「棚卸資産」等を減額できず、関連会社の資産を表す「投資勘定（関係会社株式）」を減額する。

(8) 勘定科目の変更

（借）投 資 有 価 証 券	8,000	（貸）関 係 会 社 株 式	8,000 *19	

（*19）個別上8,000 + 連結修正仕訳0（600 − 200 + 1,400 − 600 − 80 − 400 + 80 − 800）= 8,000

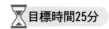

【問題④】

　次の〔資料〕に基づいて，解答用紙のX3年度におけるP社の連結財務諸表を作成しなさい。なお，貸倒引当金は考慮せず，純資産の減少項目には金額の前に△を付すこと。また，のれんは発生年度の翌期から5年間で定額法により償却する。

〔資料〕

1．X1年度末において，P社はS社（資本金25,000千円，利益剰余金6,000千円）の発行済株式数の70％を30,500千円で取得し（証券会社への支払手数料500千円を含む），同社を子会社とした。また，S社はX3年度末に株主割当増資10,000千円（1,000株発行，払込価格@10千円）を行った。

2．X1年度末において，P社はA社（資本金8,000千円，利益剰余金4,000千円）の発行済株式数の40％を5,000千円で取得し，同社を関連会社とした。なお，連結貸借対照表上，持分法で評価したA社株式は投資有価証券勘定で表示する。

3．S社の土地（簿価5,000千円）のX1年度末の時価は6,000千円である。なお，X1年度末においてA社が保有する資産及び負債に時価と簿価が乖離しているものはなかった。

4．X3年度におけるA社のP社に対する商品売上高は9,000千円であり，A社は原価に毎期25％の利益を付加して商品を販売している。なお，X3年度におけるP社の手許商品棚卸高の中には，A社から仕入れた商品が期首及び期末にそれぞれ3,000千円及び2,000千円含まれている。

5．X3年度期首において，A社はP社に対して建物（簿価4,000千円）を5,000千円で売却した。P社では，当該建物を定率法（耐用年数8年，年償却率25％，残存価額10％）で減価償却している。なお，未実現利益の減価償却による実現については，減価償却費勘定を調整する。

6．X3年度において，A社はP社に対して土地（簿価1,000千円）を3,000千円で売却した。

7．税効果会計で適用する実効税率は，各社とも35％で毎期同一とする。なお，税効果会計は，子会社の土地の時価評価差額，及び未実現損益の消去から生じる一時差異のみに適用する。

8．X3年度における各社の財務諸表は，次のとおりであった。

損　益　計　算　書　　　　　　　　（単位：千円）

費　　用	P社	S社	A社	収　　益	P社	S社	A社
売 上 原 価	71,680	50,000	39,200	売 上 高	89,600	64,500	46,000
減 価 償 却 費	3,620	11,000	6,300	受取利息及び配当金	5,400	1,500	1,000
当 期 純 利 益	20,700	5,000	4,500	有形固定資産売却益	1,000	―	3,000
合　　計	96,000	66,000	50,000	合　　計	96,000	66,000	50,000

株主資本等変動計算書　　　　　　　（単位：千円）

借　　　　方	P社	S社	A社	貸　　　　方	P社	S社	A社
資本金当期末残高	45,000	35,000	8,000	資本金当期首残高	30,000	25,000	8,000
				新 株 の 発 行	15,000	10,000	―
剰余金の配当	6,000	4,000	2,000	利益剰余金当期首残高	20,000	8,000	6,000
利益剰余金当期末残高	34,700	9,000	8,500	当 期 純 利 益	20,700	5,000	4,500

貸　借　対　照　表　　　　　　　　（単位：千円）

資　　産	P社	S社	A社	負債・純資産	P社	S社	A社
現 金 預 金	9,500	24,000	30,000	買 掛 金	14,300	16,000	58,500
売 掛 金	5,000	15,000	7,000	資 本 金	45,000	35,000	8,000
棚 卸 資 産	7,000	10,000	10,000	利 益 剰 余 金	34,700	9,000	8,500
建　　物	13,000	6,000	25,000				
土　　地	17,000	5,000	3,000				
関 係 会 社 株 式	42,500	―	―				
合　　計	94,000	60,000	75,000	合　　計	94,000	60,000	75,000

【解答用紙】

（X3年度）　　　　　　　　連 結 損 益 計 算 書　　　　　　（単位：千円）

費　用	金　額	収　益	金　額
売 上 原 価	（　　　　）	売 上 高	（　　　　）
減 価 償 却 費	（　　　　）	受 取 利 息 及 び 配 当 金	（　　　　）
の れ ん 償 却 額	（　　　　）	持 分 法 に よ る 投 資 利 益	（　　　　）
非支配株主に帰属する当期純利益	（　　　　）	有 形 固 定 資 産 売 却 益	（　　　　）
親会社株主に帰属する当期純利益	（　　　　）		
	（　　　　）		（　　　　）

（X3年度）　　　　　連 結 株 主 資 本 等 変 動 計 算 書　　　（単位：千円）

	株主資本			非 支 配株 主 持 分	純 資 産合 　 計
	資本金	利益剰余金	株主資本合計		
当期首残高					
当期変動額					
新株の発行					
剰余金の配当					
親会社株主に帰属する当期純利益					
株主資本以外の項目の当期変動額					
当期変動額合計					
当期末残高					

（X3年度末）　　　　　　　連 結 貸 借 対 照 表　　　　　　（単位：千円）

資　産	金　額	負債・純資産	金　額
現 金 預 金	（　　　　）	買 掛 金	（　　　　）
売 掛 金	（　　　　）	繰 延 税 金 負 債	（　　　　）
棚 卸 資 産	（　　　　）	資 本 金	（　　　　）
建 物	（　　　　）	利 益 剰 余 金	（　　　　）
土 地	（　　　　）	非 支 配 株 主 持 分	（　　　　）
の れ ん	（　　　　）		
投 資 有 価 証 券	（　　　　）		
	（　　　　）		（　　　　）

(X3年度) 　　　連　結　損　益　計　算　書　　　（単位：千円）

費　　用	金　　額	収　　益	金　　額
売　上　原　価	(121,680)	売　上　高	(154,100)
減　価　償　却　費	(14,520)	受取利息及び配当金	(3,300)
の　れ　ん　償　却　額	(1,569)	持分法による投資利益	(997)
非支配株主に帰属する当期純利益	(1,500)	有形固定資産売却益	(1,000)
親会社株主に帰属する当期純利益	(20,128)		
	(159,397)		(159,397)

(X3年度) 　　　連　結　株　主　資　本　等　変　動　計　算　書　　　（単位：千円）

	株主資本			非　支　配株　主　持　分	純　資　産合　　　計
	資本金	利益剰余金	株主資本合計		
当期首残高	30,000	19,935	49,935	10,095	60,030
当期変動額					
新株の発行	15,000		15,000		15,000
剰余金の配当		△6,000	△6,000		△6,000
親会社株主に帰属する当期純利益		20,128	20,128		20,128
株主資本以外の項目の当期変動額				3,300	3,300
当期変動額合計	15,000	14,128	29,128	3,300	32,428
当期末残高	45,000	34,063	79,063	13,395	92,458

(X3年度末) 　　　連　結　貸　借　対　照　表　　　（単位：千円）

資　　産	金　　額	負債・純資産	金　　額
現　金　預　金	(33,500)	買　掛　金	(30,300)
売　　掛　　金	(20,000)	繰延税金負債	(350)
棚　卸　資　産	(16,840)	資　本　金	(45,000)
建　　　　物	(18,700)	利　益　剰　余　金	(34,063)
土　　　　地	(22,200)	非支配株主持分	(13,395)
の　　れ　　ん	(4,707)		
投　資　有　価　証　券	(7,161)		
	(123,108)		(123,108)

解説 （単位：千円）

Ⅰ．S社（連結子会社）

1．個別財務諸表の修正

(1) 子会社の資産・負債の時価評価（全面時価評価法）

（借）土　　　　　　地	1,000 *1	（貸）繰延税金負債（S社）	350 *2
		評　価　差　額	650 *3

（*1）X1年度末時価6,000 − 帳簿価額5,000 = 1,000

（*2）1,000（*1）× S社の法定実効税率35% = 350

（*3）1,000（*1）×（1 − S社の法定実効税率35%）= 650

2．タイム・テーブル

	X1年度末	70%	X2年度末	70%	X3年度末
P　社　比　率	+70%				+0%
資　　本　　金	25,000		25,000	− +10,000→	35,000
		P社持分 1,400		3,500 △2,800	
利　益　剰　余　金	6,000	→	8,000		9,000
		非支配株主持分 600		1,500 △1,200	
評　価　差　額	（*3）650		（*3）650		（*3）650
合　　　計	31,650		33,650		44,650
P　社　持　分	22,155			（*4）7,000	0
取　得　原　価	30,500 ┐	連結上の取得原価		（*4）7,000	（*5）0
取得関連費用	△500 ┘	（*6）30,000			
資　本　剰　余　金					0
の　れ　ん	7,845	△1,569	6,276	△1,569	4,707

（*4）払込価額10,000× P社持分比率70% = 7,000

（*5）実際払込金額7,000（*4）− 7,000（*4）= 0

3．連結修正仕訳

(1) 取得関連費用の修正

（借）利益剰余金当期首残高	500	（貸）関 係 会 社 株 式	500

(2) 開始仕訳

（借）資本金当期首残高	25,000	（貸）関 係 会 社 株 式	30,000 *6
利益剰余金当期首残高	8,169 *7	非支配株主持分当期首残高	10,095 *8
評　価　差　額	650 *3		
の　　れ　　ん	6,276		

（*7）支配獲得時利益剰余金6,000

　　　　+非支配株主に帰属する支配獲得後利益剰余金600 + のれん償却額1,569 = 8,169

（*8）X2年度末資本合計33,650×非支配株主持分比率30% = 10,095

(3) のれんの償却

（借）の れ ん 償 却 額	1,569 *9	（貸）の　　れ　　ん	1,569

（*9）のれん7,845÷償却年数5年 = 1,569

(4) 当期純利益の按分

（借）非支配株主に帰属する当期純損益	1,500 *10	（貸）非支配株主持分当期変動額	1,500

（*10）S社当期純利益5,000×非支配株主持分比率30% = 1,500

(5) 剰余金の配当

（借）受取利息及び配当金	2,800 *11	（貸）利益剰余金当期変動額	4,000
非支配株主持分当期変動額	1,200 *12	（剰 余 金 の 配 当）	

（*11）剰余金の配当4,000× P社持分比率70% = 2,800

（*12）剰余金の配当4,000×非支配株主持分比率30% = 1,200

(6) 株主割当増資

（借）資本金当期変動額	10,000	（貸）関 係 会 社 株 式	7,000 *4
（新 株 の 発 行）		非支配株主持分当期変動額	3,000 *13

(*13) 払込価額10,000×非支配株主持分比率30％＝3,000

Ⅱ．A社 （関連会社）

1．タイム・テーブル

2．連結修正仕訳

(1) 開始仕訳

（借）関 係 会 社 株 式	760	（貸）利益剰余金当期首残高	760 *1

(*1) P社に帰属する投資後利益剰余金800－のれん償却額40＝760

(2) のれんの償却

（借）持分法による投資損益	40 *2	（貸）関 係 会 社 株 式	40

(*2) のれん200÷償却年数5年＝40

(3) 当期純利益の認識

（借）関 係 会 社 株 式	1,800	（貸）持分法による投資損益	1,800 *3

(*3) A社当期純利益4,500×P社持分比率40％＝1,800

(4) 剰余金の配当

（借）受取利息及び配当金	800 *4	（貸）関 係 会 社 株 式	800

(*4) 剰余金の配当2,000×P社持分比率40％＝800

(5) 棚卸資産の未実現利益の消去（アップ・ストリーム）

① 期首商品

（借）利益剰余金当期首残高	240	（貸）持分法による投資損益	240 *5
（借）持分法による投資損益	84 *6	（貸）利益剰余金当期首残高	84

(*5) 期首商品（A社より仕入分）3,000÷1.25×0.25×P社持分比率40％＝240

(*6) 未実現利益240（*5）×販売元A社の法定実効税率35％＝84

② 期末商品

（借）持分法による投資損益	160 *7	（貸）棚 卸 資 産	160
（借）関 係 会 社 株 式	56	（貸）持分法による投資損益	56 *8

(*7) 期末商品（A社より仕入分）2,000÷1.25×0.25×P社持分比率40％＝160

(*8) 未実現利益160（*7）×販売元A社の法定実効税率35％＝56

(6) 建物の未実現利益の調整（アップ・ストリーム）

① 未実現利益の消去

| （借）持分法による投資損益 | 400 *9 | （貸）建　　　　　物 | 400 |
| （借）関 係 会 社 株 式 | 140 | （貸）持分法による投資損益 | 140 *10 |

（*9）1,000（売却価額5,000−売却簿価4,000）×P社持分比率40％＝400

（*10）未実現利益400（*9）×売却元A社の法定実効税率35％＝140

② 減価償却による実現

| （借）建　　　　　物 | 100 *11 | （貸）減 価 償 却 費 | 100 *11 |
| （借）持分法による投資損益 | 35 *12 | （貸）関 係 会 社 株 式 | 35 |

（*11）未実現利益400（*9）×償却率25％＝100

（*12）100（*11）×売却元A社の法定実効税率35％＝35

(7) 土地の未実現利益の消去（アップ・ストリーム）

| （借）持分法による投資損益 | 800 *13 | （貸）土　　　　　地 | 800 |
| （借）関 係 会 社 株 式 | 280 | （貸）持分法による投資損益 | 280 *14 |

（*13）2,000（売却価額3,000−売却簿価1,000）×P社持分比率40％＝800

（*14）未実現利益800（*13）×売却元A社の法定実効税率35％＝280

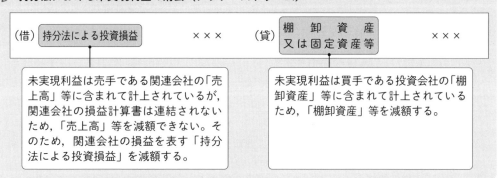

> ✎ **持分法における未実現利益の消去（アップ・ストリーム）**
>
> | （借）持分法による投資損益 | ×××　| （貸）棚 卸 資 産 又 は 固 定 資 産 等 | ××× |
>
> 未実現利益は売手である関連会社の「売上高」等に含まれて計上されているが，関連会社の損益計算書は連結されないため，「売上高」等を減額できない。そのため，関連会社の損益を表す「持分法による投資損益」を減額する。
>
> 未実現利益は買手である投資会社の「棚卸資産」等に含まれて計上されているため，「棚卸資産」等を減額する。

> ✎ **持分法における未実現損益の消去（アップ・ストリーム）に係る税効果の勘定科目**
>
> 　アップ・ストリームの場合には，関連会社で未実現損益が生じるため，売却元の関連会社で一時差異を認識し，関連会社の貸借対照表で繰延税金資産又は繰延税金負債が，損益計算書で法人税等調整額が計上されることとなる。しかし，関連会社の財務諸表は連結されないことから，繰延税金資産又は繰延税金負債，及び法人税等調整額を連結修正仕訳で計上できず，税効果による関連会社の純資産額の増減を反映させるために，関連会社に対する「投資勘定（関係会社株式）」と「持分法による投資損益」を用いて税効果の会計処理を行うことになる。

(8) 勘定科目の変更

| （借）投 資 有 価 証 券 | 7,161 | （貸）関 係 会 社 株 式 | 7,161 *15 |

（*15）個別上5,000＋連結修正仕訳2,161（760−40＋1,800−800＋56＋140−35＋280）＝7,161

【問題⑤】

次の［資料］に基づいて，解答用紙のX3年度におけるP社の連結損益計算書を作成しなさい。なお，税効果会計は子会社の資産の時価評価差額のみに適用し，各社の法定実効税率は毎期40%とする。法人税等調整額が貸方となる場合には，金額の前に△を付すこと。また，のれんは発生年度の翌期から10年間で定額法により償却し，負ののれんが生じる場合には，発生年度の利益として処理する。

［資料］

1．X1年度末において，P社はS1社（資本金20,000千円，資本剰余金10,000千円，利益剰余金8,600千円）の発行済株式数の70%を32,500千円で取得し（証券会社への支払手数料500千円を含む），同社を子会社とした。

2．X1年度末におけるS1社の資産のうち，帳簿価額と時価が乖離しているものは次のとおりである。

	帳簿価額	時　価	備　　考
商　　品	2,000千円	3,000千円	左記商品のうち半分をX2年度に1,800千円で，残りの半分をX3年度に2,100千円で連結外部に販売した。
建　　物	4,000千円	6,000千円	左記建物は，残存価額ゼロ，定額法により減価償却を行っており，X1年度末における残存耐用年数は5年である。
土　　地	5,000千円	4,000千円	X3年度に，左記の土地を連結外部に3,000千円で売却した。
商　標　権	0千円	2,000千円	左記の商標権は，自己創設したものであるため帳簿価額がゼロであるが，連結上，識別可能資産に該当するため，資産計上し，残存耐用年数4年，定額法により償却する。

3．P社はX3年度に商品をS1社に5,000千円で現金販売した（売上利益率は20%）。S1社は，このうち3,000千円の商品を広告宣伝用に消費し，残りは連結外部に販売した。

4．S1社のP社に対する販売取引

⑴　S1社は，P社に対して商品の掛販売を原価の25%増しの価額で行っており，X3年度中におけるS1社のP社への売上高は12,000千円であったが，そのうちS1社の仕入原価で1,200千円の商品がX3年度末現在P社へ未達である。なお，X2年度末には商品の未達取引は存在しない。

⑵　X2年度末におけるP社の商品のうち2,500千円，X3年度末における商品のうち3,750千円（ただし，⑴の未達分を除く）が，S1社からの仕入分である。

⑶　S1社の売上債権の中には，P社に対する売掛金がX2年度末には980千円（2%の貸倒引当金控除後），X3年度末には2,940千円（2%の貸倒引当金控除後）含まれている。なお，貸倒引当金の設定は差額補充法によっている。

5．X3年度末において，P社はS2社の発行済株式数の60%を23,000千円で取得し（証券会社への支払手数料1,000千円を含む），同社を子会社とした。X3年度末におけるS2社の識別可能純資産の時価は40,000千円であった。

6．X3年度において，S1社が支払った利益剰余金を原資とする配当金は800千円であった。

7．X3年度における各社の損益計算書は，次のとおりであった。

損　益　計　算　書　　　　　　　　　　（単位：千円）

費　　用	P社	S1社	S2社	収　　益	P社	S1社	S2社
売　上　原　価	40,000	32,000	5,000	売　　上　　高	95,000	70,000	15,000
広　告　宣　伝　費	13,000	12,000	1,500	受取利息及び配当金	3,000	1,000	500
支　払　手　数　料	10,000	2,000	1,000				
建　物　減　価　償　却　費	4,000	3,000	800				
貸倒引当金繰入額	5,000	4,000	700				
土　地　売　却　損	―	2,000	―				
法　人　税　等	11,000	6,000	2,500				
当　期　純　利　益	15,000	10,000	4,000				
合　　計	98,000	71,000	15,500	合　　計	98,000	71,000	15,500

【解答用紙】

（X3年度）　　　　　　連　結　損　益　計　算　書　　　　（単位：千円）

Ⅰ　売　　　　　上　　　　　高		（　　　　　　　　）
Ⅱ　売　　上　　原　　価		（　　　　　　　　）
売　上　総　利　益		（　　　　　　　　）
Ⅲ　販　売　費　及　び　一　般　管　理　費		
広　告　宣　伝　費	（　　　　　　　）	
支　払　手　数　料	（　　　　　　　）	
建　物　減　価　償　却　費	（　　　　　　　）	
商　標　権　償　却	（　　　　　　　）	
の　れ　ん　償　却　額	（　　　　　　　）	
貸　倒　引　当　金　繰　入　額	（　　　　　　　）	（　　　　　　　　）
営　　業　　利　　益		（　　　　　　　　）
Ⅳ　営　　業　　外　　収　　益		
受　取　利　息　及　び　配　当　金		（　　　　　　　　）
経　　常　　利　　益		（　　　　　　　　）
Ⅴ　特　　別　　利　　益		
（　　　　　　　　　　）		（　　　　　　　　）
Ⅵ　特　　別　　損　　失		
土　　地　　売　　却　　損		（　　　　　　　　）
税　金　等　調　整　前　当　期　純　利　益		（　　　　　　　　）
法　人　税，住　民　税　及　び　事　業　税	（　　　　　　　）	
法　人　税　等　調　整　額	（　　　　　　　）	（　　　　　　　　）
当　　期　　純　　利　　益		（　　　　　　　　）
非支配株主に帰属する当期純利益		（　　　　　　　　）
親会社株主に帰属する当期純利益		（　　　　　　　　）

（X3年度）	連 結 損 益 計 算 書		（単位：千円）
Ⅰ　売　　　　上　　　　高		（	148,000 ）
Ⅱ　売　　上　　原　　価		（	56,650 ）
売　上　総　利　益		（	91,350 ）
Ⅲ　販売費及び一般管理費			
広　告　宣　伝　費	（　　　24,400 ）		
支　払　手　数　料	（　　　13,000 ）		
建　物　減　価　償　却　費	（　　　　7,400 ）		
商　標　権　償　却	（　　　　　500 ）		
の　れ　ん　償　却　額	（　　　　　330 ）		
貸　倒　引　当　金　繰　入　額	（　　　　8,960 ）	（	54,590 ）
経　　常　　利　　益		（	36,760 ）
Ⅳ　営　業　外　収　益			
受　取　利　息　及　び　配　当　金		（	3,440 ）
経　　常　　利　　益		（	40,200 ）
Ⅴ　特　　別　　利　　益			
（負ののれん発生益）		（	2,000 ）
Ⅵ　特　　別　　損　　失			
土　地　売　却　損		（	1,000 ）
税金等調整前当期純利益		（	41,200 ）
法人税，住民税及び事業税	（　　　17,000 ）		
法　人　税　等　調　整　額	（　　　△160 ）	（	16,840 ）
当　期　純　利　益		（	24,360 ）
非支配株主に帰属する当期純利益		（	2,775 ）
親会社株主に帰属する当期純利益		（	21,585 ）

解説 （単位：千円）

Ⅰ．Ｓ１社（連結子会社）

1．個別財務諸表の修正

(1) 子会社の資産・負債の時価評価（全面時価評価法）

① 商品に係る評価差額の計上，及び販売による評価差額の実現

（借）商　　　　　品	1,000 *1	（貸）繰延税金負債（Ｓ１社）	400			
		評　価　差　額	600 *2			
（借）利益剰余金当期首残高	500 *3	（貸）商　　　　　品	500			
（借）繰延税金負債（Ｓ１社）	200	（貸）利益剰余金当期首残高	200 *4			
（借）売　上　原　価	500 *3	（貸）商　　　　　品	500			
（借）繰延税金負債（Ｓ１社）	200	（貸）法人税等調整額	200 *4			

（*1） Ｘ１年度末時価3,000－帳簿価額2,000＝1,000

（*2） 1,000（*1）×（1－Ｓ１社の法定実効税率40％）＝600

（*3） 1,000（*1）÷2＝500

（*4） 500（*3）×Ｓ１社の法定実効税率40％＝200

② 建物に係る評価差額の計上，及び減価償却による評価差額の実現

（借）建　　　　　物	2,000 *5	（貸）繰延税金負債（Ｓ１社）	800
		評　価　差　額	1,200 *6
（借）利益剰余金当期首残高	400 *7	（貸）減価償却累計額	400
（借）繰延税金負債（Ｓ１社）	160	（貸）利益剰余金当期首残高	160 *8
（借）建物減価償却費	400 *7	（貸）減価償却累計額	400
（借）繰延税金負債（Ｓ１社）	160	（貸）法人税等調整額	160 *8

（*5） Ｘ１年度末時価6,000－帳簿価額4,000＝2,000

（*6） 2,000（*5）×（1－Ｓ１社の法定実効税率40％）＝1,200

（*7） 2,000（*5）÷残存耐用年数5年＝400

（*8） 400（*7）×Ｓ１社の法定実効税率40％＝160

③ 土地に係る評価差額の計上，及び売却による評価差額の実現

（借）繰延税金資産（Ｓ１社）	400 *10	（貸）土　　　　　地	1,000 *9
評　価　差　額	600 *11		
（借）土　　　　　地	1,000	（貸）土　地　売　却　損	1,000 *9
（借）法人税等調整額	400 *10	（貸）繰延税金資産（Ｓ１社）	400

（*9） Ｘ１年度末時価4,000－帳簿価額5,000＝1,000

（*10） 1,000（*9）×Ｓ１社の法定実効税率40％＝400

（*11） 1,000（*9）×（1－Ｓ１社の法定実効税率40％）＝600

④ 商標権に係る評価差額の計上，及び償却による評価差額の実現

（借）商　　標　　権	2,000 *12	（貸）繰延税金負債（Ｓ１社）	800
		評　価　差　額	1,200 *13
（借）利益剰余金当期首残高	500 *14	（貸）商　　標　　権	500
（借）繰延税金負債（Ｓ１社）	200	（貸）利益剰余金当期首残高	200 *15
（借）商　標　権　償　却	500 *14	（貸）商　　標　　権	500
（借）繰延税金負債（Ｓ１社）	200	（貸）法人税等調整額	200 *15

（*12） Ｘ１年度末時価2,000－帳簿価額0＝2,000

（*13） 2,000（*12）×（1－Ｓ１社の法定実効税率40％）＝1,200

（*14） 2,000（*12）÷残存耐用年数4年＝500

（*15） 500（*14）×Ｓ１社の法定実効税率40％＝200

2．タイム・テーブル

	X1年度末	70％	X2年度末	70％	X3年度末
P 社 比 率	＋70％				
資 本 金	20,000		?		?
資 本 剰 余 金	10,000		?		?
利 益 剰 余 金	8,600		?		?
評 価 差 額	(*16) 2,400		(*16) 2,400		(*16) 2,400
合 計	41,000		?		?
P 社 持 分	28,700				
取 得 原 価	32,500				
取 得 関 連 費 用	△500				
の れ ん	3,300	△330	2,970	△330	2,640

連結上の取得原価（*17）32,000

(*16) 600（*2）＋1,200（*6）＋△600（*11）＋1,200（*13）＝2,400

3．連結修正仕訳

(1)　取得関連費用の修正

（借）利益剰余金当期首残高	500	（貸）関 係 会 社 株 式	500

> 🖊️ 子会社株式の取得関連費用は，連結上，子会社株式の取得原価に含めず，発生時の期間費用とする。ここでは，X1年度末に生じている過年度の費用であるため，「利益剰余金当期首残高」となる。

(2)　開始仕訳

（借）資本金当期首残高	?	（貸）関 係 会 社 株 式	32,000 *17
資本剰余金当期首残高	?	非支配株主持分当期首残高	?
利益剰余金当期首残高	?		
評 価 差 額	2,400 *16		
の れ ん	2,970		

(3)　のれんの償却

（借）の れ ん 償 却 額	330 *18	（貸）の れ ん	330

(*18)　のれん3,300÷償却年数10年＝330

(4)　当期純利益の按分

（借）非支配株主に帰属する当期純損益	2,928 *19	（貸）非支配株主持分当期変動額	2,928

(*19)　{S1社当期純利益10,000－評価差額の実現（500（*3）－200（*4）＋400（*7）－160（*8）－1,000（*9）＋400（*10）＋500（*14）－200（*15））}　×非支配株主持分比率30％＝2,928

(5)　剰余金の配当

（借）受取利息及び配当金	560 *20	（貸）利益剰余金当期変動額	800
非支配株主持分当期変動額	240 *21	（剰 余 金 の 配 当）	

(*20)　剰余金の配当800×P社持分比率70％＝560

(*21)　剰余金の配当800×非支配株主持分比率30％＝240

(6)　P社売上高とS1社仕入高の相殺消去

（借）売 上 高	5,000	（貸）売 上 原 価	5,000

(7) 商品の用途転用による未実現利益の消去（ダウン・ストリーム）

(借)売 上 原 価	600	(貸)広 告 宣 伝 費	600 [*22]

(*22) 広告宣伝費として消費した商品3,000×売上利益率20％＝600

(8) 期末商品の未達取引の修正

(借)商 品	1,500 [*23]	(貸)買 掛 金	1,500

(*23) 商品原価1,200×1.25＝1,500

(9) S1社売上高とP社仕入高の相殺消去

(借)売 上 高	12,000	(貸)売 上 原 価	12,000

(10) S1社売掛金とP社買掛金の相殺消去

(借)買 掛 金	3,000	(貸)売 掛 金	3,000 [*24]

(*24) 2,940÷（1－貸倒引当金繰入率2％）＝3,000

(11) 貸倒引当金の調整

(借)貸 倒 引 当 金	60 [*25]	(貸)利益剰余金当期首残高	20 [*26]
		貸倒引当金繰入額	40 [*27]
(借)利益剰余金当期首残高	6 [*28]	(貸)非支配株主持分当期首残高	6
(借)非支配株主に帰属する当期純損益	12 [*29]	(貸)非支配株主持分当期変動額	12

(*25) X3年度末貸倒引当金控除後の売掛金2,940÷（1－貸倒引当金繰入率2％）×2％＝60

(*26) X2年度末貸倒引当金控除後の売掛金980÷（1－貸倒引当金繰入率2％）×2％＝20

(*27) 貸借差額

(*28) 20（*26）×非支配株主持分比率30％＝6

(*29) 40（*27）×非支配株主持分比率30％＝12

(12) 商品の未実現利益の消去（アップ・ストリーム）

① 期首商品

(借)利益剰余金当期首残高	500	(貸)売 上 原 価	500 [*30]
(借)非支配株主持分当期首残高	150	(貸)利益剰余金当期首残高	150 [*31]
(借)非支配株主に帰属する当期純損益	150 [*31]	(貸)非支配株主持分当期変動額	150

(*30) 売価2,500－原価2,000（売価2,500÷1.25）＝500

(*31) 未実現利益500（*30）×非支配株主持分比率30％＝150

② 期末商品

(借)売 上 原 価	1,050 [*32]	(貸)商 品	1,050
(借)非支配株主持分当期変動額	315	(貸)非支配株主に帰属する当期純損益	315 [*33]

(*32) 売価5,250（未達分以外3,750＋未達分1,500）－原価4,200（売価5,250÷1.25）＝1,050

(*33) 未実現利益1,050（*32）×非支配株主持分比率30％＝315

Ⅱ．S2社（連結子会社）

1．タイム・テーブル

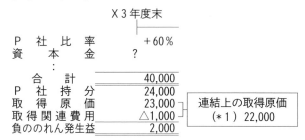

```
                        X3年度末
                         |
P  社  比  率           ＋60％
資   本   金            ？
        ：
   合    計            40,000
P  社  持  分          24,000
取   得   原   価      23,000 ┐   連結上の取得原価
取  得  関  連  費  用  △1,000 ┘   （*1）22,000
負ののれん発生益        2,000
```

2．連結修正仕訳

(1) 取得関連費用の修正

(借)支 払 手 数 料	1,000	(貸)関 係 会 社 株 式	1,000

(2) 投資と資本の相殺消去

(借)資 本 金 な ど	40,000 [*2]	(貸)関 係 会 社 株 式	22,000 [*1]
		非 支 配 株 主 持 分	16,000 [*3]
		負ののれん発生益	2,000

(*2) 識別可能純資産の時価

(*3) X 3年度末資本合計40,000×非支配株主持分比率40％＝16,000

Column	個別財務諸表の限界と連結財務諸表の必要性

　今日において，企業は国際化・多角化により国内外に多くの子会社を抱え，経済的実態としては個別企業ではなく企業集団として経営を行っていると考えられます。

　しかし，個別財務諸表では，専ら個別企業の状況しか明らかにならないため，企業集団としての経営状況が明らかにならず，また，親会社の個別財務諸表では，子会社への架空売上や押込み販売等によって利益操作が可能となることから，利害関係者が企業の業績に関して誤った判断を行う可能性があります。さらに，企業集団内の金銭の貸借を通じて，個別財務諸表上，企業の財務流動性を表面上よく見せることも可能になるという問題もあります。

　他方，連結財務諸表では，企業集団内部の取引や未実現利益は消去されるため，子会社を利用した利益操作を防止できます。また，支配従属関係にある企業集団を経済的に単一の組織体とみなして，その集団全体の財政状態及び経営成績を表す連結財務諸表を作成することで，企業集団の適切な財政状態と経営成績などに関する情報を提供できます。このことから，特に証券投資を行おうとする投資者が自己責任に基づき，より適切な投資判断を行うためにも連結財務諸表が必要であるといえます。

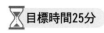
【問題⑥】

　次の［資料］に基づいて，解答用紙のＸ３年度におけるＰ社の連結財務諸表を作成しなさい。なお，貸倒引当金は考慮せず，純資産の減少項目には金額の前に△を付すこと。また，のれんは発生年度の翌期から５年間で定額法により償却する。

［資料］

1．Ｘ１年度末において，Ｐ社はＡ社（資本金9,000千円，利益剰余金5,000千円）の発行済株式数の40％を7,000千円で取得し，同社を関連会社とした。その後，Ｘ３年度末において，Ｐ社はＡ社の発行済株式数の20％を2,800千円で追加取得し，同社を子会社とした。

2．Ｘ１年度末において，Ｐ社はＳ社（資本金2,000千円，利益剰余金1,100千円）の発行済株式数の90％を4,500千円で取得し，同社を子会社とした。その後，Ｐ社はＸ３年度末においてＳ社の発行済株式数の60％を3,600千円で売却し，同社を関連会社とした。なお，連結貸借対照表上，持分法で評価したＳ社株式は投資有価証券勘定で表示する。

3．Ａ社の土地（簿価3,000千円）のＸ１年度末及びＸ３年度末の時価はそれぞれ8,000千円及び6,000千円である。また，Ｓ社の土地（簿価1,000千円）のＸ１年度末の時価は2,500千円である。

4．税効果会計は，子会社と関連会社の土地の時価評価差額のみに適用し，各社の法定実効税率は毎期40％とする。

5．Ｘ３年度における各社の財務諸表は，次のとおりであった。

損　益　計　算　書

（単位：千円）

費　用	Ｐ社	Ａ社	Ｓ社	収　益	Ｐ社	Ａ社	Ｓ社
売 上 原 価	59,000	10,000	29,000	売 上 高	70,600	12,900	40,500
営 業 費	10,000	3,500	9,000	受取利息及び配当金	2,800	100	500
法 人 税 等	2,000	—	1,000	関係会社株式売却益	600	—	—
当 期 純 利 益	3,000	△500	2,000				
合　計	74,000	13,000	41,000	合　計	74,000	13,000	41,000

株主資本等変動計算書

（単位：千円）

借　方	Ｐ社	Ａ社	Ｓ社	貸　方	Ｐ社	Ａ社	Ｓ社
資本金当期末残高	50,000	9,000	2,000	資本金当期首残高	50,000	9,000	2,000
剰余金の配当	1,200	800	1,000	利益剰余金当期首残高	8,000	4,000	2,600
利益剰余金当期末残高	9,800	2,700	3,600	当 期 純 利 益	3,000	△500	2,000

貸　借　対　照　表

（単位：千円）

資　産	Ｐ社	Ａ社	Ｓ社	負債・純資産	Ｐ社	Ａ社	Ｓ社
現 金 預 金	21,700	7,000	5,000	買 掛 金	4,200	5,300	1,900
売 掛 金	13,000	5,000	1,500	未払法人税等	1,000	—	500
棚 卸 資 産	14,000	2,000	500	資 本 金	50,000	9,000	2,000
土 地	5,000	3,000	1,000	利 益 剰 余 金	9,800	2,700	3,600
関係会社株式	11,300	—	—				
合　計	65,000	17,000	8,000	合　計	65,000	17,000	8,000

問題
⑥

(X3年度)　　　　　　　連　結　損　益　計　算　書　　　　　　（単位：千円）

費　用	金　額	収　益	金　額
売　上　原　価	（　　　　　）	売　上　高	（　　　　　）
営　業　費	（　　　　　）	受取利息及び配当金	（　　　　　）
の　れ　ん　償　却　額	（　　　　　）		
持分法による投資損失	（　　　　　）		
関　係　会　社　株　式　売　却　損	（　　　　　）		
段　階　取　得　に　係　る　差　損	（　　　　　）		
法　人　税　等	（　　　　　）		
非支配株主に帰属する当期純利益	（　　　　　）		
親会社株主に帰属する当期純利益	（　　　　　）		
	（　　　　　）		（　　　　　）

(X3年度)　　　　　連　結　株　主　資　本　等　変　動　計　算　書　　　　（単位：千円）

	株主資本			非　支　配株　主　持　分	純　資　産合　　　計
	資本金	利益剰余金	株主資本合計		
当期首残高					
当期変動額					
剰余金の配当					
親会社株主に帰属する当期純利益					
株主資本以外の項目の当期変動額					
当期変動額合計					
当期末残高					

(X3年度末)　　　　　　　連　結　貸　借　対　照　表　　　　　　（単位：千円）

資　産	金　額	負債・純資産	金　額
現　金　預　金	（　　　　　）	買　掛　金	（　　　　　）
売　掛　金	（　　　　　）	未　払　法　人　税　等	（　　　　　）
棚　卸　資　産	（　　　　　）	繰　延　税　金　負　債	（　　　　　）
土　　　地	（　　　　　）	資　本　金	（　　　　　）
の　れ　ん	（　　　　　）	利　益　剰　余　金	（　　　　　）
投　資　有　価　証　券	（　　　　　）	非　支　配　株　主　持　分	（　　　　　）
	（　　　　　）		（　　　　　）

(X3年度) 　　　　　　　　　連 結 損 益 計 算 書 　　　　　　　　（単位：千円）

費　　用	金　　額	収　　益	金　　額
売　上　原　価	(88,000)	売　　上　　高	(111,100)
営　　業　　費	(19,000)	受取利息及び配当金	(2,080)
の れ ん 償 却 額	(180)		
持分法による投資損失	(240)		
関 係 会 社 株 式 売 却 損	(660)		
段 階 取 得 に 係 る 差 損	(400)		
法　　人　　税　　等	(3,000)		
非支配株主に帰属する当期純利益	(200)		
親会社株主に帰属する当期純利益	(1,500)		
	(113,180)		(113,180)

(X3年度) 　　　　　　連 結 株 主 資 本 等 変 動 計 算 書 　　　　（単位：千円）

	株主資本			非　支　配	純 資 産
	資本金	利益剰余金	株主資本合計	株主持分	合　　　　計
当期首残高	50,000	8,730	58,730	550	59,280
当期変動額					
剰余金の配当		△1,200	△1,200		△1,200
親会社株主に帰属する当期純利益		1,500	1,500		1,500
株主資本以外の項目の当期変動額				4,850	4,850
当期変動額合計	―	300	300	4,850	5,150
当期末残高	50,000	9,030	59,030	5,400	64,430

(X3年度末) 　　　　　　　　連 結 貸 借 対 照 表 　　　　　　　（単位：千円）

資　　産	金　　額	負債・純資産	金　　額
現　金　預　金	(28,700)	買　　掛　　金	(9,500)
売　　掛　　金	(18,000)	未 払 法 人 税 等	(1,000)
棚　卸　資　産	(16,000)	繰 延 税 金 負 債	(1,200)
土　　　　　地	(11,000)	資　　本　　金	(50,000)
の　　れ　　ん	(300)	利　益　剰　余　金	(9,030)
投 資 有 価 証 券	(2,130)	非 支 配 株 主 持 分	(5,400)
	(76,130)		(76,130)

解説 （単位：千円）

Ⅰ．A社 （関連会社→連結子会社）

1．個別財務諸表の修正

(1) 関連会社の資産・負債の時価評価（部分時価評価法）

（借）土 地	2,000 *1	（貸）繰延税金負債（A社）	800 *2
		評 価 差 額	1,200 *3

(*1)（X 1 年度末時価8,000 － 帳簿価額3,000）× P 社持分比率40％＝2,000

(*2) 2,000（*1）× A 社の法定実効税率40％＝800

(*3) 2,000（*1）×（1 － A 社の法定実効税率40％）＝1,200

2．タイム・テーブル

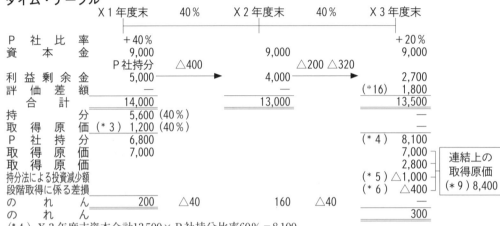

(*4) X 3 年度末資本合計13,500× P 社持分比率60％＝8,100

(*5) 持分法適用による影響額：△400＋△40＋△200＋△320＋△40＝△1,000

(*6) 先行持分の支配獲得時の時価5,600（*7）－持分法による投資評価額6,000（*8）＝△400

(*7) 2,800÷20％×40％＝5,600

(*8) 個別上の取得原価7,000＋持分法による投資減少額△1,000（*5）＝6,000

(*9) 2,800÷20％×60％＝8,400

> ✎ A社はX 3 年度末に子会社となったため，X 3 年度の期中は子会社として支配されていない。
> そのため，A社のX 3 年度の財務諸表のうち，損益計算書，株主資本等変動計算書，キャッシュ・
> フロー計算書，包括利益計算書は連結せず，X 3 年度末の貸借対照表のみ連結する。

3．連結修正仕訳

(1) 開始仕訳

（借）利益剰余金当期首残高	440 *10	（貸）関 係 会 社 株 式	440

(*10) P 社に帰属する投資後利益剰余金△400 － のれん償却額40＝△440

(2) 当期純損失の認識

（借）持分法による投資損益	200 *11	（貸）関 係 会 社 株 式	200

(*11) A 社当期純損失500× P 社持分比率40％＝200

(3) のれんの償却

（借）持分法による投資損益	40 *12	（貸）関 係 会 社 株 式	40

(*12) のれん200÷償却年数 5 年＝40

(4) 剰余金の配当

（借）受取利息及び配当金	320 *13	（貸）関 係 会 社 株 式	320

(*13) 剰余金の配当800× P 社持分比率40％＝320

(5) 持分法から連結への移行

① 個別財務諸表の修正（子会社の資産・負債の時価評価（全面時価評価法））

| （借）土　　　　　　　地 | 3,000 *14 | （貸）繰延税金負債（A社） | 1,200 *15 |
| | | 評　価　差　額 | 1,800 *16 |

（*14）X 3 年度末時価6,000 − 帳簿価額3,000 ＝ 3,000

（*15）3,000（*14）× A 社の法定実効税率40％ ＝ 1,200

（*16）3,000（*14）×（ 1 − A 社の法定実効税率40％）＝ 1,800

🖊 X 3 年度末に A 社の支配を獲得したことから，全面時価評価法により時価評価をやり直す。

② 投資勘定の時価評価

| （借）段階取得に係る差損 | 400 *6 | （貸）関 係 会 社 株 式 | 400 |

③ 投資と資本の相殺消去

（借）資　　　本　　　金	9,000	（貸）関 係 会 社 株 式	8,400 *9
利　益　剰　余　金	2,700	非支配株主持分当期変動額	5,400 *17
評　価　差　額	1,800 *16		
の　　れ　　ん	300		

（*17）X 3 年度末資本合計13,500×非支配株主持分比率40％ ＝ 5,400

🖊 なお，持分法評価額に含まれていたのれんの未償却額120は，新たに計算されるのれん300の一部として含まれている。

Ⅱ．S社（連結子会社 → 関連会社）

1．個別財務諸表の修正

(1) 子会社の資産・負債の時価評価（全面時価評価法）

| （借）土　　　　　　　地 | 1,500 *1 | （貸）繰延税金負債（S社） | 600 *2 |
| | | 評　価　差　額 | 900 *3 |

（* 1 ）X 1 年度末時価2,500 − 帳簿価額1,000 ＝ 1,500

（* 2 ）1,500（* 1 ）× S 社の法定実効税率40％ ＝ 600

（* 3 ）1,500（* 1 ）×（ 1 − S 社の法定実効税率40％）＝ 900

2．タイム・テーブル

	X 1 年度末	90％	X 2 年度末	90％	X 3 年度末
P　社　比　率	＋90％				△60％
資　　本　　金	2,000		2,000		2,000
		P社持分 1,350		1,800 △900	
利　益　剰　余　金	1,100	→	2,600	→	3,600
	非支配株主持分	150		200 △100	
評　価　差　額	（* 3 ） 900		（* 3 ） 900		（* 3 ） 900
合　　　　　計	4,000		5,500		6,500
P　社　持　分	3,600				（* 4 ） △3,900
取　得　原　価	4,500				（* 5 ） △3,000
の　れ　ん	900	△180	720	△180	540
					（* 6 ） △360
					180

（* 4 ）X 3 年度末資本合計6,500×売却比率60％ ＝ 3,900

（* 5 ）取得原価4,500×売却比率60％ / 売却前持分比率90％ ＝ 3,000

（* 6 ）のれん未償却残高540×売却比率60％ / 売却前持分比率90％ ＝ 360

3．連結修正仕訳

(1) 開始仕訳

(借) 資本金当期首残高	2,000	(貸) 関 係 会 社 株 式	4,500
利益剰余金当期首残高	1,430 *7	非支配株主持分当期首残高	550 *8
評 価 差 額	900 *3		
の れ ん	720		

(*7) 支配獲得時利益剰余金1,100

+非支配株主に帰属する支配獲得後利益剰余金150＋のれん償却額180＝1,430

(*8) X2年度末資本合計5,500×非支配株主持分比率10％＝550

(2) のれんの償却

| (借) の れ ん 償 却 額 | 180 *9 | (貸) の れ ん | 180 |

(*9) のれん900÷償却年数5年＝180

(3) 当期純利益の按分

| (借) 非支配株主に帰属する当期純損益 | 200 *10 | (貸) 非支配株主持分当期変動額 | 200 |

(*10) S社当期純利益2,000×非支配株主持分比率10％＝200

(4) 剰余金の配当

| (借) 受取利息及び配当金 | 900 *11 | (貸) 利益剰余金当期変動額 | 1,000 |
| 非支配株主持分当期変動額 | 100 *12 | （剰 余 金 の 配 当） | |

(*11) 剰余金の配当1,000×P社持分比率90％＝900

(*12) 剰余金の配当1,000×非支配株主持分比率10％＝100

(5) 支配の喪失を伴う子会社株式の売却（60％売却）

① 個別上の処理

| (借) 現 金 預 金 | 3,600 | (貸) 関 係 会 社 株 式 | 3,000 *5 |
| | | 関係会社株式売却益 | 600 |

② 連結上のあるべき処理

| (借) 現 金 預 金 | 3,600 | (貸) 非支配株主持分当期変動額 | 3,900 *4 |
| 関係会社株式売却損 | 660 | の れ ん | 360 *6 |

③ 連結修正仕訳（②−①）

(借) 関 係 会 社 株 式	3,000	(貸) 非支配株主持分当期変動額	3,900
関係会社株式売却益	600	の れ ん	360
関係会社株式売却損	660		

(6) 連結から持分法への移行

（借）買　掛　金	1,900 *13	（貸）現　金　預　金	5,000 *13
未 払 法 人 税 等	500 *13	売　　掛　　金	1,500 *13
繰延税金負債（Ｓ社）	600 *2	棚　卸　資　産	500 *13
関 係 会 社 株 式	2,130 *15	土　　　　　地	2,500 *14
非支配株主持分当期変動額	4,550 *16	の　　れ　　ん	180 *17

(*13) Ｘ３年度末のＳ社個別貸借対照表における金額

(*14) Ｘ３年度末のＳ社個別貸借対照表における金額1,000＋簿価修正額1,500（＊１）＝2,500

(*15) Ｘ３年度末の持分法評価額：Ｘ３年度末資本合計6,500×売却後Ｐ社持分比率30%
　　　　　　　　　　　　　　　　＋残存持分に係るのれん180（*17）＝2,130

(*16) 550＋200－100＋3,900＝4,550

　　　　若しくは，Ｘ３年度末資本合計6,500×売却後非支配株主持分比率70%＝4,550

(*17) のれん未償却残高540×売却後持分比率30% / 売却前持分比率90%＝180

> ✎ 支配の喪失を伴う子会社株式の売却は損益取引として処理する。連結手続により計上したのれん，非支配株主持分の残高は取り崩し，未売却の関係会社株式を持分法評価額で計上する。

(7) 勘定科目の変更

（借）投 資 有 価 証 券	2,130	（貸）関 係 会 社 株 式	2,130 *15

Column　連結範囲の決定

　連結の対象になる子会社とは，他の企業（親会社）に株主総会等の意思決定機関を支配されている企業をいいますが，「意思決定機関の支配」は，支配力基準という考え方に従って，実質的な支配関係の有無に基づいて決定されます。

　他の企業に議決権の過半数を所有されている場合はもちろんのこと，たとえば，他の企業が所有している議決権が40%以上，50%以下であっても，企業の重要な財務及び営業又は事業の方針の決定を支配する契約が存在する場合や，企業の資金調達額の総額の過半について融資を行っているような場合は，子会社に該当します。

　このように意思決定機関が他の企業に支配されているかどうかは，実質的に支配されている企業が連結の範囲から漏れることを防ぐために，所有する議決権の数だけではなく，議決権以外の事項も考慮して判定します。

【問題⑦】

次の［資料］に基づいて，解答用紙のX3年度におけるP社の連結財務諸表を作成しなさい。なお，貸倒引当金は考慮せず，純資産の減少項目には金額の前に△を付すこと。また，のれんは発生年度の翌期から5年間で定額法により償却する。

［資料］

1．X1年度末において，P社はS社（資本金600千ドル，利益剰余金220千ドル，その他有価証券評価差額金25千ドル）の発行済株式数の80％を72,000千円（720千ドル）で取得し，同社を子会社とした。

2．S社の土地（簿価100千ドル）のX1年度末の時価は150千ドルである。

3．X3年度におけるP社のS社からの商品仕入高は80千ドルであり（P社仕入計上時の為替相場125円／ドル），S社のP社に対する商品販売の売上利益率は毎期20％である。なお，X3年度におけるP社の手許商品棚卸高の中には，S社から仕入れた商品が期首及び期末にそれぞれ20千ドル（取引時の為替相場100円／ドル）及び30千ドル（取引時の為替相場125円／ドル）含まれている。また，X3年度末において，S社のP社に対する売掛金が20千ドル存在する。

4．税効果会計は，子会社の土地の時価評価差額及び未実現損益の消去から生じる一時差異のみに適用し，各社の法定実効税率は毎期40％とする。

5．X2年度以前に，S社は剰余金の配当を行っていない。

6．為替相場の状況は以下のとおりである。

	決算時	期中平均	S社配当決議時
X1年度	1ドル＝100円	―	―
X2年度	1ドル＝105円	1ドル＝102円	―
X3年度	1ドル＝110円	1ドル＝108円	1ドル＝106円

7．X3年度における各社の財務諸表（P社の単位：千円，S社の単位：千ドル）

損 益 計 算 書

費　用	P社	S社	収　益	P社	S社
売 上 原 価	62,000	500	売　上　高	87,500	900
営 業 費	19,000	360	受 取 利 息	100	50
支 払 利 息	1,000	10	受 取 配 当 金	2,400	―
法 人 税 等	3,000	30			
当 期 純 利 益	5,000	50			
合　計	90,000	950	合　計	90,000	950

株主資本等変動計算書

借　方	P社	S社	貸　方	P社	S社
資本金当期末残高	70,000	600	資本金当期首残高	70,000	600
剰余金の配当	2,000	20	利益剰余金当期首残高	20,000	250
利益剰余金当期末残高	23,000	280	当 期 純 利 益	5,000	50
その他有価証券評価差額金当期末残高	2,000	60	その他有価証券評価差額金当期首残高	1,500	40
			その他有価証券評価差額金当期変動額	500	20

貸 借 対 照 表

資　産	P社	S社	負債・純資産	P社	S社
現 金 預 金	5,000	550	買　掛　金	10,000	470
売　掛　金	20,000	150	短 期 借 入 金	13,500	125
棚 卸 資 産	8,000	500	未 払 法 人 税 等	1,500	25
土　　地	10,000	100	資　本　金	70,000	600
投 資 有 価 証 券	5,000	260	利 益 剰 余 金	23,000	280
関 係 会 社 株 式	72,000	―	その他有価証券評価差額金	2,000	60
合　計	120,000	1,560	合　計	120,000	1,560

【解答用紙】

(X3年度) 　　　　　　　連 結 損 益 計 算 書 　　　　(単位：千円)

費　用	金　額	収　益	金　額
売 上 原 価	(　　　　　)	売 上 高	(　　　　　)
営 業 費	(　　　　　)	受 取 利 息	(　　　　　)
の れ ん 償 却 額	(　　　　　)	受 取 配 当 金	(　　　　　)
支 払 利 息	(　　　　　)	法 人 税 等 調 整 額	(　　　　　)
為 替 差 損	(　　　　　)		
法 人 税 等	(　　　　　)		
非支配株主に帰属する当期純利益	(　　　　　)		
親会社株主に帰属する当期純利益	(　　　　　)		
	(　　　　　)		(　　　　　)

(X3年度) 　　　　　連 結 株 主 資 本 等 変 動 計 算 書 　　　(単位：千円)

	株主資本			その他有価証券評価差額金	為替換算調整勘定	非支配株主持分	純資産合計
	資 本 金	利 益 剰 余 金	株主資本合計				
当期首残高							
当期変動額							
剰余金の配当							
親会社株主に帰属する当期純利益							
株主資本以外の項目の当期変動額							
当期変動額合計							
当期末残高							

(X3年度末) 　　　　　　連 結 貸 借 対 照 表 　　　　(単位：千円)

資　産	金　額	負債・純資産	金　額
現 金 預 金	(　　　　　)	買 掛 金	(　　　　　)
売 掛 金	(　　　　　)	短 期 借 入 金	(　　　　　)
棚 卸 資 産	(　　　　　)	未 払 法 人 税 等	(　　　　　)
土 地	(　　　　　)	繰 延 税 金 負 債	(　　　　　)
の れ ん	(　　　　　)	資 本 金	(　　　　　)
投 資 有 価 証 券	(　　　　　)	利 益 剰 余 金	(　　　　　)
		その他有価証券評価差額金	(　　　　　)
		為 替 換 算 調 整 勘 定	(　　　　　)
		非 支 配 株 主 持 分	(　　　　　)
	(　　　　　)		(　　　　　)

(X3年度) 　　連 結 包 括 利 益 計 算 書 　　(単位：千円)

当期純利益	(　　　　　)
その他の包括利益	
その他有価証券評価差額金	(　　　　　)
為替換算調整勘定	(　　　　　)
その他の包括利益合計	(　　　　　)
包括利益	(　　　　　)
(内 訳)	
親会社株主に係る包括利益	(　　　　　)
非支配株主に係る包括利益	(　　　　　)

(X3年度)　　　　　連　結　損　益　計　算　書　　　　　（単位：千円）

費　用	金　額	収　益	金　額
売　上　原　価	（　106,350　）	売　上　高	（　176,060　）
営　業　費	（　57,880　）	受　取　利　息	（　5,500　）
の　れ　ん　償　却　額	（　432　）	受　取　配　当　金	（　704　）
支　払　利　息	（　2,080　）	法　人　税　等　調　整　額	（　140　）
為　替　差　損	（　1,360　）		
法　人　税　等	（　6,240　）		
非支配株主に帰属する当期純利益	（　1,038　）		
親会社株主に帰属する当期純利益	（　7,024　）		
	（　182,404　）		（　182,404　）

(X3年度)　　　　連　結　株　主　資　本　等　変　動　計　算　書　　　　（単位：千円）

	株主資本			その他有価証券評価差額金	為替換算調整勘定	非支配株主持分	純資産合計
	資　本　金	利　益剰　余　金	株主資本合　計				
当期首残高	70,000	21,848	91,848	2,860	3,560	19,272	117,540
当期変動額							
剰余金の配当		△2,000	△2,000				△2,000
親会社株主に帰属する当期純利益		7,024	7,024				7,024
株主資本以外の項目の当期変動額				2,420	3,608	1,978	8,006
当期変動額合計	―	5,024	5,024	2,420	3,608	1,978	13,030
当期末残高	70,000	26,872	96,872	5,280	7,168	21,250	130,570

(X3年度末)　　　　　連　結　貸　借　対　照　表　　　　　（単位：千円）

資　産	金　額	負債・純資産	金　額
現　金　預　金	（　65,500　）	買　掛　金	（　59,500　）
売　掛　金	（　34,300　）	短　期　借　入　金	（　27,250　）
棚　卸　資　産	（　62,250　）	未　払　法　人　税　等	（　4,250　）
土　地	（　26,500　）	繰　延　税　金　負　債	（　1,900　）
の　れ　ん	（　1,320　）	資　本　金	（　70,000　）
投　資　有　価　証　券	（　33,600　）	利　益　剰　余　金	（　26,872　）
		その他有価証券評価差額金	（　5,280　）
		為　替　換　算　調　整　勘　定	（　7,168　）
		非　支　配　株　主　持　分	（　21,250　）
	（　223,470　）		（　223,470　）

(X3年度)　　連　結　包　括　利　益　計　算　書　　（単位：千円）

当期純利益	（　8,062　）
その他の包括利益	
その他有価証券評価差額金	（　2,900　）
為替換算調整勘定	（　4,492　）
その他の包括利益合計	（　7,392　）
包括利益	（　15,454　）
（内　訳）	
親会社株主に係る包括利益	（　13,052　）
非支配株主に係る包括利益	（　2,402　）

解説 （単位：千円）

Ⅰ．S社（連結子会社）

1．個別財務諸表の修正

(1) 子会社の資産・負債の時価評価（全面時価評価法）

（借）土	地	50千ドル *1		（貸）繰延税金負債（S社）		20千ドル *2	
				評 価 差 額		30千ドル *3	

（*1）X1年度末時価150千ドル－帳簿価額100千ドル＝50千ドル

（*2）50千ドル（*1）×S社の法定実効税率40％＝20千ドル

（*3）50千ドル（*1）×（1－S社の法定実効税率40％）＝30千ドル

2．在外子会社の財務諸表項目の換算（外貨の単位：千ドル，円貨の単位：千円）

(1) 損益計算書（X3年度）の換算

科目	外貨	為替相場	円貨	科目	外貨	為替相場	円貨
売 上 原 価	500	AR108	54,000	売上高（P社以外）	(*5)820	AR108	88,560
営 業 費	360	AR108	38,880	売上高（P社）	80	HR125	10,000
支 払 利 息	10	AR108	1,080	受 取 利 息	50	AR108	5,400
為 替 差 損	―	―	(*4)1,360				
法 人 税 等	30	AR108	3,240				
当 期 純 利 益	50	AR108	5,400				
合 計	950		103,960	合 計	950		103,960

（*4）貸借差額又は，売上高（P社）80千ドル×（HR125－AR108）＝1,360

（*5）売上高900千ドル－売上高（P社）80千ドル＝820千ドル

📝 **在外子会社の損益計算書項目の換算**

収益及び費用	原 則	AR換算	
	容 認	CR換算	
	親会社との取引により生じた収益及び費用	親会社が換算に用いる為替相場（HR）で換算	
	当期純利益	収益及び費用の換算に用いた為替相場で換算（原則：AR換算，容認：CR換算）	
	損益計算書の換算差額	「為替差損益」勘定で処理	

(2) 株主資本等変動計算書（利益剰余金のみ）（X3年度）の換算

科目	外貨	為替相場	円貨	科目	外貨	為替相場	円貨
剰余金の配当	20	HR106	2,120	利益剰余金当期首残高	250	―	(*6)25,060
利益剰余金当期末残高	280	―	28,340	当 期 純 利 益	50	AR108	5,400
合 計	300		30,460	合 計	300		30,460

（*6）X1年度末利益剰余金220千ドル×HR100円＋X2年度当期純利益30千ドル（*7）×AR102円＝25,060

（*7）X2年度末利益剰余金250千ドル－X1年度末利益剰余金220千ドル＝30千ドル

(3) 貸借対照表（X3年度末）の換算

科目	外貨	為替相場	円貨	科目	外貨	為替相場	円貨
現 金 預 金	550	CR110	60,500	買 掛 金	470	CR110	51,700
売 掛 金	150	CR110	16,500	短 期 借 入 金	125	CR110	13,750
棚 卸 資 産	500	CR110	55,000	未払法人税等	25	CR110	2,750
土 地	(*8)150	CR110	16,500	繰延税金負債	(*2)20	CR110	2,200
投資有価証券	260	CR110	28,600	資 本 金	600	HR100	60,000
				利 益 剰 余 金	280	―	(*9)28,340
				評 価 差 額	(*3)30	HR100	3,000
				その他有価証券評価差額金	60	CR110	6,600
				為替換算調整勘定	―	―	(*10)8,760
合 計	1,610		177,100	合 計	1,610		177,100

（*8）X1年度末時価評価後：100千ドル＋50千ドル（*1）＝150千ドル

（*9）株主資本等変動計算書の利益剰余金当期末残高の金額　　（*10）貸借差額

資産及び負債			CR 換算
子会社の資本	支配獲得時における項目	株主資本	支配獲得時の為替相場（HR）により換算
		評価・換算差額等	
		評価差額	
	支配獲得後に生じた項目	株主資本	当該項目の発生時の為替相場により換算（*1）
		評価・換算差額等	CR 換算（*2）
新株予約権			HR 換算（*3）
貸借対照表の換算差額			その他の包括利益累計額に「為替換算調整勘定」勘定として計上

（*1） 支配獲得後に生じた株主資本の増減額のうち，利益剰余金の増減額は次のように換算する。
　　① 剰余金の配当：配当決議日における為替相場（HR）
　　② 当期純利益：収益及び費用の換算に用いた為替相場（原則：AR 換算，容認：CR 換算）
（*2） 評価・換算差額等は，決算時の決算整理仕訳で発生すると考えられるため，当該項目の発生時の為替相場（HR）は，決算時の為替相場（CR）となる。
（*3） 発生時の為替相場（HR）で換算するが，新株予約権に係る為替換算調整勘定は新株予約権に含めて表示するため，実質的には決算日の為替相場により換算した結果と等しくなる。

3. タイム・テーブル

	X1年度末	80%	X2年度末	80%	X3年度末
	HR100円	AR102円	CR105円	AR108円	CR110円
P 社 比 率	+80%				
資 本 金	60,000		60,000		(*11) 60,000
		P社持分 2,448		4,320 △1,696	
利 益 剰 余 金	22,000	→	(*6) 25,060	→	(*11) 28,340
		非支配株主持分 612		1,080 △424	
評 価 差 額	3,000		3,000		(*11) 3,000
		P社持分 1,360		1,920	
その他有価証券評価差額金	2,500	→	4,200	→	(*11) 6,600
		非支配株主持分 340		480	
		P社持分 3,472		3,536	
為替換算調整勘定	—	→	(*12) 4,340	→	(*13) 8,760
		非支配株主持分 868		884	
合 計	87,500 (875千ドル)		96,600 (920千ドル)		106,700 (970千ドル)
P 社 持 分	70,000 (700千ドル)				
取 得 原 価	72,000 (720千ドル)				
のれん (CR換算前)	2,000 (20千ドル)	(*14) △408 (△4千ドル)	(*15) 1,592 (16千ドル)	(*17) △432 (△4千ドル)	(*18) 1,160 (12千ドル)
		88		72	
為替換算調整勘定	—	→	88	→	160
のれん (CR換算後)	2,000		(*16) 1,680		(*19) 1,320

(*11) 2.（3）貸借対照表（X3年度末）の換算より
(*12) 96,600（920千ドル×CR105円）−（60,000＋25,060＋3,000＋4,200）＝4,340
(*13)（*10）より　又は，106,700（970千ドル×CR110円）−（60,000＋28,340＋3,000＋6,600）＝8,760
(*14) 外貨建のれん20千ドル÷償却年数5年×AR102＝408
(*15) 2,000−408（*14）＝1,592
(*16) 外貨建のれん残高16千ドル×CR105＝1,680
(*17) 外貨建のれん20千ドル÷償却年数5年×AR108＝432
(*18) 1,592（*15）−432（*17）＝1,160
(*19) 外貨建のれん残高12千ドル×CR110＝1,320

4．連結修正仕訳

(1) 開始仕訳

（借）資本金当期首残高	60,000		（貸）関係会社株式	72,000
利益剰余金当期首残高	23,020	*20	非支配株主持分当期首残高	19,320 *23
評 価 差 額	3,000			
その他有価証券評価差額金当期首残高	2,840	*21		
為替換算調整勘定当期首残高	780	*22		
の れ ん	1,680			

(*20) 支配獲得時利益剰余金22,000
　　　　＋非支配株主に帰属する支配獲得後利益剰余金612＋のれん償却額408＝23,020

(*21) 支配獲得時その他有価証券評価差額金2,500
　　　　＋非支配株主に帰属する支配獲得後その他有価証券評価差額金340＝2,840

(*22) 資本合計分868－のれん分88＝780

(*23) Ｘ２年度末資本合計96,600×非支配株主持分比率20％＝19,320

(2) のれんの償却

（借）の れ ん 償 却 額	432	*17	（貸）の れ ん	432

(3) のれんに係る為替換算調整勘定の計上

（借）の れ ん	72	*24	（貸）為替換算調整勘定当期変動額	72

(*24) （のれん（CR換算後）1,320（*19）－のれん（CR換算前）1,160（*18））－88＝72

外貨建のれんの換算

支配獲得時	支配獲得時の為替相場（HR）
のれん償却額	収益及び費用の換算に用いた為替相場で換算 （原則：AR換算，容認：CR換算）
貸借対照表計上額	CR換算

　のれんは在外子会社の超過収益力であり，在外子会社の資産と考えられることから，他の資産項目の換算方法と同様に，決算時においてCR換算する。また，のれん償却額は他の費用項目に係る換算方法と同様に原則としてAR換算する。したがって，のれんに係る為替換算調整勘定は，のれんの期末残高とのれん償却額の両方の換算から生じるが，のれんの換算から生じる為替換算調整勘定は，親会社持分に係るものであるため，非支配株主持分には振り替えない。

(4) 当期純利益の按分

（借）非支配株主に帰属する当期純損益	1,080	*25	（貸）非支配株主持分当期変動額	1,080

(*25) Ｓ社当期純利益5,400×非支配株主持分比率20％＝1,080

(5) 剰余金の配当

（借）受 取 配 当 金	1,696	*26	（貸）利益剰余金当期変動額	2,120
非支配株主持分当期変動額	424	*27	（ 剰 余 金 の 配 当 ）	

(*26) 剰余金の配当2,120×Ｐ社持分比率80％＝1,696

(*27) 剰余金の配当2,120×非支配株主持分比率20％＝424

(6) その他有価証券評価差額金の按分

（借）その他有価証券評価差額金当期変動額	480	*28	（貸）非支配株主持分当期変動額	480

(*28) （Ｘ３年度末6,600－Ｘ２年度末4,200）×非支配株主持分比率20％＝480

(7) 為替換算調整勘定の按分

（借）為替換算調整勘定当期変動額	884	*29	（貸）非支配株主持分当期変動額	884

(*29) 資本合計分（Ｘ３年度末8,760（*13）－Ｘ２年度末4,340（*12））×非支配株主持分比率20％＝884

(8) 売上高と仕入高の相殺消去

(借)売　上　高	10,000	(貸)売　上　原　価	10,000 [*30]

(*30) 内部取引高80千ドル×P社が換算に用いた為替相場 HR125円＝10,000

(9) 棚卸資産の未実現利益の消去（アップ・ストリーム）

① 期首商品

(借)利益剰余金当期首残高	400	(貸)売　上　原　価	400 [*31]
(借)法人税等調整額	160 [*32]	(貸)利益剰余金当期首残高	160
(借)非支配株主持分当期首残高	48	(貸)利益剰余金当期首残高	48 [*33]
(借)非支配株主に帰属する当期純損益	48 [*34]	(貸)非支配株主持分当期変動額	48

(*31) 期首商品（S社より仕入分）20千ドル×売上利益率20%× HR100円＝400

(*32) 未実現利益400（*31）×販売元S社の法定実効税率40%＝160

(*33) 利益剰余金当期首残高240（400（*31）－160（*32））×非支配株主持分比率20%＝48

(*34) （売上原価400（*31）－法人税等調整額160（*32））×非支配株主持分比率20%＝48

② 期末商品

(借)売　上　原　価	750 [*35]	(貸)棚　卸　資　産	750
(借)繰延税金資産（S社）	300	(貸)法人税等調整額	300 [*36]
(借)非支配株主持分当期変動額	90	(貸)非支配株主に帰属する当期純損益	90 [*37]

(*35) 期末商品（S社より仕入分）30千ドル×売上利益率20%× HR125円＝750

(*36) 未実現利益750（*35）×販売元S社の法定実効税率40%＝300

(*37) （売上原価750（*35）－法人税等調整額300（*36））×非支配株主持分比率20%＝90

> 🖉 未実現利益の金額は，売却時に売却側で発生し確定しているため，消去すべき未実現利益は，発生時の為替相場（HR）により換算する。

(10) 売掛金と買掛金の相殺消去

(借)買　掛　金	2,200	(貸)売　掛　金	2,200 [*38]

(*38) S社のP社に対する売掛金残高20千ドル× CR110円＝2,200

(11) 繰延税金資産と繰延税金負債の相殺表示

(借)繰延税金負債（S社）	300	(貸)繰延税金資産（S社）	300

Ⅱ．連結包括利益計算書の内訳

		P社株主持分		非支配株主持分	
当期純利益	8,062	親会社株主に帰属する当期純利益	7,024	非支配株主に帰属する当期純利益	1,038
その他の包括利益					
その他有価証券評価差額金	2,900	P社発生 S社発生	500 1,920	S社発生	480
為替換算調整勘定	4,492	S社発生（資本合計分） S社発生　（のれん分）	3,536 72	S社発生（資本合計分）	884
包括利益	15,454	親会社株主に係る包括利益	13,052	非支配株主に係る包括利益	2,402

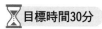

【問題⑧】

次の［資料］に基づいて，解答用紙のＸ３年度におけるＰ社の連結財務諸表を作成しなさい。なお，貸倒引当金は考慮せず，純資産の減少項目には金額の前に△を付すこと。また，のれんは発生年度の翌期から４年間で定額法により償却する。

［資料］

1．Ｘ１年度末において，Ｐ社はＳ社（資本金4,000千円，資本剰余金1,200千円，利益剰余金2,500千円）の発行済株式数の70％を7,800千円で取得し（証券会社への支払手数料300千円を含む），同社を子会社とした。また，Ｘ３年度末において，Ｐ社はＳ社の発行済株式数の10％を2,800千円で追加取得した（証券会社への支払手数料250千円を含む）。

2．Ｘ１年度末において，Ｐ社はＡ社（資本金70千ドル，資本剰余金20千ドル，利益剰余金90千ドル）の発行済株式数の30％を11,000千円（100千ドル）で取得し，同社を関連会社とした。

3．Ｓ社の土地（簿価3,000千円）のＸ１年度末の時価は5,000千円である。また，Ａ社の土地（簿価500千ドル）のＸ１年度末の時価は600千ドルである。

4．税効果会計は，子会社と関連会社の土地の時価評価差額のみに適用する。Ｐ社の法定実効税率は毎期45％，Ｓ社の法定実効税率は毎期35％，Ａ社の法定実効税率は毎期40％とする。

5．Ｘ２年度以前に，Ａ社は剰余金の配当を行っていない。

6．為替相場の状況は以下のとおりである。

	決算時	期中平均	Ａ社配当決議時
Ｘ１年度	１ドル＝110円	―	―
Ｘ２年度	１ドル＝100円	１ドル＝105円	―
Ｘ３年度	１ドル＝ 90円	１ドル＝ 95円	１ドル＝ 94円

7．Ｘ３年度における各社の財務諸表（Ｐ社及びＳ社の単位：千円，Ａ社の単位：千ドル）

損 益 計 算 書

費　　用	Ｐ社	Ｓ社	Ａ社	収　　益	Ｐ社	Ｓ社	Ａ社
売 上 原 価	30,000	3,500	660	売 上 高	52,000	8,000	900
営 業 費	12,000	2,000	300	受取利息及び配当金	3,000	500	100
法 人 税 等	5,000	1,000	10				
当 期 純 利 益	8,000	2,000	30				
合　　計	55,000	8,500	1,000	合　　計	55,000	8,500	1,000

株主資本等変動計算書

借　　方	Ｐ社	Ｓ社	Ａ社	貸　　方	Ｐ社	Ｓ社	Ａ社
資本金当期末残高	10,000	4,000	70	資本金当期首残高	10,000	4,000	70
資本剰余金当期末残高	1,000	1,200	20	資本剰余金当期首残高	1,000	1,200	20
剰余金の配当	3,000	1,000	20	利益剰余金当期首残高	15,000	3,000	120
利益剰余金当期末残高	20,000	4,000	130	当 期 純 利 益	8,000	2,000	30

貸 借 対 照 表

資　　産	Ｐ社	Ｓ社	Ａ社	負債・純資産	Ｐ社	Ｓ社	Ａ社
現 金 預 金	7,400	5,000	400	買 掛 金	6,000	2,300	870
売 掛 金	3,000	1,500	50	未払法人税等	3,000	500	10
棚 卸 資 産	2,000	2,500	150	資 本 金	10,000	4,000	70
土 地	6,000	3,000	500	資 本 剰 余 金	1,000	1,200	20
関係会社株式	21,600	―	―	利 益 剰 余 金	20,000	4,000	130
合　　計	40,000	12,000	1,100	合　　計	40,000	12,000	1,100

（X3年度）　　　　　　　　連 結 損 益 計 算 書　　　　　（単位：千円）

費　　用	金　額	収　　益	金　額
売　上　原　価	（　　　　　）	売　　上　　高	（　　　　　）
営　　業　　費	（　　　　　）	受取利息及び配当金	（　　　　　）
の れ ん 償 却 額	（　　　　　）	持分法による投資利益	（　　　　　）
支 払 手 数 料	（　　　　　）		
法　人　税　等	（　　　　　）		
非支配株主に帰属する当期純利益	（　　　　　）		
親会社株主に帰属する当期純利益	（　　　　　）		
	（　　　　　）		（　　　　　）

（X3年度）　　　　　　　連 結 株 主 資 本 等 変 動 計 算 書　　　　（単位：千円）

	株主資本				為替換算調整勘定	非 支 配株主持分	純 資 産合　　計
	資 本 金	資　　本剰 余 金	利　　益剰 余 金	株主資本合　　計			
当期首残高							
当期変動額							
剰余金の配当							
非支配株主との取引に係る親会社の持分変動							
利益剰余金による資本剰余金の補填							
親会社株主に帰属する当期純利益							
株主資本以外の項目の当期変動額							
当期変動額合計							
当期末残高							

（X3年度末）　　　　　　　連 結 貸 借 対 照 表　　　　　（単位：千円）

資　　産	金　額	負債・純資産	金　額
現　金　預　金	（　　　　　）	買　　掛　　金	（　　　　　）
売　　掛　　金	（　　　　　）	未 払 法 人 税 等	（　　　　　）
棚　卸　資　産	（　　　　　）	繰 延 税 金 負 債	（　　　　　）
土　　　　　地	（　　　　　）	資　　本　　金	（　　　　　）
の　　れ　　ん	（　　　　　）	資　本　剰　余　金	（　　　　　）
投 資 有 価 証 券	（　　　　　）	利　益　剰　余　金	（　　　　　）
		為替換算調整勘定	（　　　　　）
		非 支 配 株 主 持 分	（　　　　　）
	（　　　　　）		（　　　　　）

（X3年度）　　連 結 包 括 利 益 計 算 書　　（単位：千円）

当期純利益　　　　　　　　　　　　　　（　　　　　）
その他の包括利益
　　持分法適用会社に対する持分相当額　（　　　　　）
　　その他の包括利益合計　　　　　　　（　　　　　）
包括利益　　　　　　　　　　　　　　　（　　　　　）
（内　訳）
　　親会社株主に係る包括利益　　　　　（　　　　　）
　　非支配株主に係る包括利益　　　　　（　　　　　）

（X3年度）　　　　　　　連 結 損 益 計 算 書　　　　　（単位：千円）

費　　用	金　　額	収　　益	金　　額
売 上 原 価	（　33,500　）	売 上 高	（　60,000　）
営 業 費	（　14,000　）	受取利息及び配当金	（　2,236　）
の れ ん 償 却 額	（　300　）	持分法による投資利益	（　190　）
支 払 手 数 料	（　250　）		
法 人 税 等	（　6,000　）		
非支配株主に帰属する当期純利益	（　600　）		
親会社株主に帰属する当期純利益	（　7,776　）		
	（　62,426　）		（　62,426　）

（X3年度）　　　　　連 結 株 主 資 本 等 変 動 計 算 書　　　　（単位：千円）

	株主資本				為替換算調整勘定	非 支 配株主持分	純 資 産合　　計
	資 本 金	資　　本剰 余 金	利　　益剰 余 金	株主資本合　　計			
当期首残高	10,000	1,000	14,960	25,960	△1,010	2,850	27,800
当期変動額							
剰余金の配当			△3,000	△3,000			△3,000
非支配株主との取引に係る親会社の持分変動		△1,500		△1,500			△1,500
利益剰余金による資本剰余金の補填		500	△500	0			0
親会社株主に帰属する当期純利益			7,776	7,776			7,776
株主資本以外の項目の当期変動額					△1,006	△750	△1,756
当期変動額合計	―	△1,000	4,276	3,276	△1,006	△750	1,520
当期末残高	10,000	0	19,236	29,236	△2,016	2,100	29,320

（X3年度末）　　　　　連 結 貸 借 対 照 表　　　　　（単位：千円）

資　　産	金　　額	負債・純資産	金　　額
現 金 預 金	（　12,400　）	買 掛 金	（　8,300　）
売 掛 金	（　4,500　）	未 払 法 人 税 等	（　3,500　）
棚 卸 資 産	（　4,500　）	繰 延 税 金 負 債	（　700　）
土 地	（　11,000　）	資 本 金	（　10,000　）
の れ ん	（　600　）	資 本 剰 余 金	（　0　）
投 資 有 価 証 券	（　8,820　）	利 益 剰 余 金	（　19,236　）
		為 替 換 算 調 整 勘 定	（　△2,016　）
		非 支 配 株 主 持 分	（　2,100　）
	（　41,820　）		（　41,820　）

（X3年度）　　連 結 包 括 利 益 計 算 書　　（単位：千円）

当期純利益	（　8,376　）
その他の包括利益	
持分法適用会社に対する持分相当額	（　△1,006　）
その他の包括利益合計	（　△1,006　）
包括利益	（　7,370　）
（内　訳）	
親会社株主に係る包括利益	（　6,770　）
非支配株主に係る包括利益	（　600　）

Ⅰ．S社（連結子会社）

1．個別財務諸表の修正

(1) 子会社の資産・負債の時価評価（全面時価評価法）

（借）土　　　　　地	2,000 *1	（貸）繰延税金負債（S社）	700 *2
		評　価　差　額	1,300 *3

（*1）X1年度末時価5,000－帳簿価額3,000＝2,000

（*2）2,000（*1）×S社の法定実効税率35％＝700

（*3）2,000（*1）×（1－S社の法定実効税率35％）＝1,300

2．タイム・テーブル

	X1年度末	70%	X2年度末	70%	X3年度末
P　社　比　率	＋70％				＋10％
資　　本　　金	4,000		4,000		4,000
資　本　剰　余　金	1,200		1,200		1,200
	P社持分	350		1,400　△700	
利　益　剰　余　金	2,500	→	3,000	→	4,000
	非支配株主持分	150		600　△300	
評　価　差　額	（*3）1,300		（*3）1,300		（*3）1,300
合　　　　　計	9,000		9,500		10,500
P　社　持　分	6,300				（*4）1,050
取　得　原　価	7,800	連結上の取得原価			2,800
取　得　関　連　費　用	△300	（*5）7,500			△250
資　本　剰　余　金					△1,500
の　　れ　　ん	1,200	△300	900	△300	600

（*4）X3年度末資本合計10,500×追加取得比率10％＝1,050

3．連結修正仕訳

(1) 取得関連費用の修正

（借）利益剰余金当期首残高	300	（貸）関 係 会 社 株 式	300

> 🖉 子会社株式の取得関連費用は，連結上，子会社株式の取得原価に含めず，発生時の期間費用とする。なお，支配獲得時の取得関連費用は，「支払手数料」等の勘定科目で販売費及び一般管理費に計上するが，本問では，過年度の費用であるため，「利益剰余金当期首残高」となる。

(2) 開始仕訳

（借）資本金当期首残高	4,000	（貸）関 係 会 社 株 式	7,500 *5
資本剰余金当期首残高	1,200	非支配株主持分当期首残高	2,850 *7
利益剰余金当期首残高	2,950 *6		
評　価　差　額	1,300 *3		
の　　れ　　ん	900		

（*6）支配獲得時利益剰余金2,500

　　　　＋非支配株主に帰属する支配獲得後利益剰余金150＋のれん償却額300＝2,950

（*7）X2年度末資本合計9,500×非支配株主持分比率30％＝2,850

(3) のれんの償却

（借）の れ ん 償 却 額	300 *8	（貸）の　　れ　　ん	300

（*8）のれん1,200÷償却年数4年＝300

(4) 当期純利益の按分

（借）非支配株主に帰属する当期純損益	600 *9	（貸）非支配株主持分当期変動額	600

（*9）S社当期純利益2,000×非支配株主持分比率30％＝600

(5) 剰余金の配当

| (借)受取利息及び配当金 | 700 | *10 | (貸)利益剰余金当期変動額 | 1,000 |
| 非支配株主持分当期変動額 | 300 | *11 | （剰余金の配当） | |

(*10) 剰余金の配当1,000×P社持分比率70%＝700

(*11) 剰余金の配当1,000×非支配株主持分比率30%＝300

(6) 追加取得（10%取得）

① 個別上の処理

| (借)関 係 会 社 株 式 | 2,800 | *12 | (貸)現 金 預 金 | 2,800 |

(*12) 追加投資額（取得関連費用は，個別上，子会社株式の取得原価に含まれる。）

② 連結上のあるべき処理

(借)支 払 手 数 料	250		(貸)現 金 預 金	250
(借)非支配株主持分当期変動額	1,050	*4	(貸)現 金 預 金	2,550
資本剰余金当期変動額	1,500	*13		
（非支配株主との取引に係る親会社の持分変動）				

(*13) 貸借差額又は，個別上の取得原価2,800（*12）－取得関連費用250

　　　　　　　　　　　　　　　　－非支配株主持分減少額1,050（*4）＝1,500

> 🖉 子会社株式の取得関連費用は，連結上，子会社株式の取得原価に含めず，発生時の期間費用とする。なお，追加取得時の取得関連費用は，「支払手数料」等の勘定科目で営業外費用に計上する。

③ 連結修正仕訳（②－①）

(借)支 払 手 数 料	250	(貸)関 係 会 社 株 式	250
(借)非支配株主持分当期変動額	1,050	(貸)関 係 会 社 株 式	2,550
資本剰余金当期変動額	1,500		
（非支配株主との取引に係る親会社の持分変動）			

(7) 利益剰余金による，負の残高となった資本剰余金の補填

| (借)利益剰余金当期変動額 | 500 | (貸)資本剰余金当期変動額 | 500 | *14 |
| （利益剰余金による資本剰余金の補填） | | （利益剰余金による資本剰余金の補填） | | |

(*14) P社1,000＋S社1,200－開始仕訳1,200－子会社株式の追加取得1,500＝△500

> 🖉 子会社株式の追加取得や一部売却の結果，連結会計年度末において資本剰余金が負の値となる場合には，資本剰余金をゼロとし，当該負の値を利益剰余金から減額する。

Ⅱ．A社（関連会社）

1．個別財務諸表の修正

(1) 関連会社の資産・負債の時価評価（部分時価評価法）

| (借)土　　　　　地 | 30千ドル | *1 | (貸)繰延税金負債（A社） | 12千ドル | *2 |
| | | | 評 価 差 額 | 18千ドル | *3 |

(*1)（X1年度末時価600千ドル－帳簿価額500千ドル）×P社持分比率30%＝30千ドル

(*2) 30千ドル（*1）×A社の法定実効税率40%＝12千ドル

(*3) 30千ドル（*1）×（1－A社の法定実効税率40%）＝18千ドル

2．在外関連会社の財務諸表項目の換算（外貨の単位：千ドル，円貨の単位：千円）

持分法では関連会社の財務諸表を合算しないため，関連会社の財務諸表は連結財務諸表に直接反映されないが，参考のために下記の(1)～(3)を示す。

(1) 損益計算書（X3年度）の換算

科目	外貨	為替相場	円貨	科目	外貨	為替相場	円貨
売　上　原　価	660	AR 95	62,700	売　　上　　高	900	AR 95	85,500
営　　業　　費	300	AR 95	28,500	受取利息及び配当金	100	AR 95	9,500
法　人　税　等	10	AR 95	950				
当　期　純　利　益	30	AR 95	2,850				
合　　　　計	1,000		95,000	合　　　　計	1,000		95,000

(2) 株主資本等変動計算書（利益剰余金のみ）（X3年度）の換算

科目	外貨	為替相場	円貨	科目	外貨	為替相場	円貨
剰余金の配当	20	HR 94	1,880	利益剰余金当期首残高	120	—	(*4)13,050
利益剰余金当期末残高	130	—	14,020	当　期　純　利　益	30	AR 95	2,850
合　　　　計	150		15,900	合　　　　計	150		15,900

(*4) X1年度末利益剰余金90千ドル×HR110円＋X2年度当期純利益30千ドル（*5）× AR105円＝13,050

(*5) X2年度末利益剰余金120千ドル－X1年度末利益剰余金90千ドル＝30千ドル

(3) 貸借対照表（X3年度末）の換算

科目	外貨	為替相場	円貨	科目	外貨	為替相場	円貨
現　金　預　金	400	CR 90	36,000	買　　掛　　金	870	CR 90	78,300
売　　掛　　金	50	CR 90	4,500	未払法人税等	10	CR 90	900
棚　卸　資　産	150	CR 90	13,500	繰延税金負債	(*2) 12	CR 90	1,080
土　　　　地	(*6) 530	CR 90	47,700	資　　本　　金	70	HR110	7,700
				資　本　剰　余　金	20	HR110	2,200
				利　益　剰　余　金	130	—	(*7)14,020
				評　価　差　額	(*3) 18	HR110	1,980
				為替換算調整勘定	—	—	(*8)△4,480
合　　　　計	1,130		101,700	合　　　　計	1,130		101,700

(*6) X1年度末の時価評価後：500千ドル＋30千ドル（*1）＝530千ドル

(*7) 株主資本等変動計算書の利益剰余金当期末残高の金額

(*8) 貸借差額

> 🖉 在外関連会社の財務諸表項目の換算は，在外子会社の財務諸表項目の換算と同様に行う。

3. タイム・テーブル

	X1年度末	30%	X2年度末	30%	X3年度末
	HR110円	AR105円	CR100円	AR95円	CR90円
P　社　比　率	＋30%				
資　　本　　金	7,700		7,700		7,700
資　本　剰　余　金	2,200		2,200		2,200
	P社持分 945			855 △564	
利　益　剰　余　金	9,900 →		(*4) 13,050 →		(*7) 14,020
	P社持分 △585			△651	
為替換算調整勘定	— →		△1,950 →		△4,120
合　　　　計	19,800		21,000		19,800
	(180千ドル)		(210千ドル)		(220千ドル)
持　　　　分	5,940 (30%)				
	(54千ドル)				
評　価　差　額	1,980				
	(18千ドル)	△180		△180	
為替換算調整勘定	— →		(*9) △180 →		(*10) △360
P　社　持　分	7,920				
	(72千ドル)				
取　得　原　価	11,000				
	(100千ドル)				
のれん（CR換算前）	3,080	△735	2,345	△665	1,680
	(28千ドル)	(△7千ドル)	(21千ドル)	(△7千ドル)	(14千ドル)
		△245		△175	
為替換算調整勘定	— →		△245 →		△420
のれん（CR換算後）	3,080		2,100		1,260

(*9)（評価差額18千ドル×CR100円）－1,980＝△180

(*10)（評価差額18千ドル×CR90円）－1,980＝△360

4．連結修正仕訳

(1) 開始仕訳

（借）関 係 会 社 株 式	210	（貸）利益剰余金当期首残高	210 *11
（借）為替換算調整勘定当期首残高	1,010 *12	（貸）関 係 会 社 株 式	1,010

(*11) P社に帰属する投資後利益剰余金945－のれん償却額735＝210

(*12) 資本合計分△585＋評価差額分△180＋のれん分△245＝△1,010

> 🖉 在外関連会社の財務諸表項目の換算から生じる「為替換算調整勘定」は，投資会社の持分相当額について，連結株主資本等変動計算書及び連結貸借対照表上，「為替換算調整勘定」として計上する。

(2) のれんの償却

（借）持分法による投資損益	665 *13	（貸）関 係 会 社 株 式	665

(*13) のれん28千ドル÷償却年数4年×AR95円＝665

(3) 当期純利益の認識

（借）関 係 会 社 株 式	855	（貸）持分法による投資損益	855 *14

(*14) A社当期純利益30千ドル×P社持分比率30％×AR95円＝855

(4) 剰余金の配当

（借）受取利息及び配当金	564 *15	（貸）関 係 会 社 株 式	564

(*15) 剰余金の配当20千ドル×P社持分比率30％×HR94円＝564

(5) 為替換算調整勘定の認識

（借）為替換算調整勘定当期変動額	1,006 *16	（貸）関 係 会 社 株 式	1,006

(*16) 資本合計分△651＋評価差額分△180＋のれん分△175＝△1,006

(6) 勘定科目の変更

（借）投 資 有 価 証 券	8,820	（貸）関 係 会 社 株 式	8,820 *17

(*17) 個別上11,000＋連結修正仕訳△2,180（210－1,010－665＋855－564－1,006）＝8,820

若しくは，X3年度末資本合計19,800×P社持分比率30％＋評価差額（1,980－為調360）

＋のれんの未償却残高1,260＝8,820

Ⅲ．連結包括利益計算書の内訳

		P社株主持分		非支配株主持分	
当期純利益	8,376	親会社株主に帰属する当期純利益	7,776	非支配株主に帰属する当期純利益	600
その他の包括利益					
持分法適用会社に対する持分相当額	△1,006	A社発生（持分法）	(*1)△1,006		
包括利益	7,370	親会社株主に係る包括利益	6,770	非支配株主に係る包括利益	600

(*1) 為替換算調整勘定△1,006（資本合計分△651＋評価差額分△180＋のれん分△175）

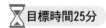

【問題⑨】

　次の［資料］に基づいて，解答用紙のＸ３年度におけるＰ社の連結財務諸表を作成しなさい。なお，貸倒引当金は考慮せず，純資産の減少項目には金額の前に△を付すこと。また，のれんは発生年度の翌期から10年間で定額法により償却し，負ののれんが生じる場合には，発生年度の利益として処理する。

［資料］

1．Ｘ１年度末において，Ｐ社はＳ社（資本金5,000千円，資本剰余金5,000千円，利益剰余金2,800千円）の発行済株式数100株の80％にあたる80株を16,000千円で取得し，同社を子会社とした。

2．Ｘ３年度末において，Ｓ社は発行価格＠140千円，発行株式数25株の第三者割当増資を行い，発行価格のうち＠100千円を資本金に組み入れた。なお，Ｐ社はＳ社が発行した25株の全てを引き受けている。

3．Ｘ１年度末において，Ｐ社はＡ社（資本金10,000千円，利益剰余金1,400千円）の発行済株式数100株の40％にあたる40株を5,800千円で取得し，同社を関連会社とした。なお，連結貸借対照表上，持分法で評価したＡ社株式は投資有価証券勘定で表示する。

4．Ｘ３年度末において，Ａ社は発行価格＠120千円，発行株式数60株の第三者割当増資を行い，発行価格の全額を資本金に組み入れた。なお，連結外部の第三者がＡ社の発行した60株の全てを引き受けている。

5．Ｓ社の土地（簿価4,000千円）のＸ１年度末の時価は6,000千円である。また，Ａ社の土地（簿価1,000千円）のＸ１年度末及びＸ３年度末の時価は，それぞれ2,000千円及び2,500千円である。

6．税効果会計は，子会社と関連会社の土地の時価評価差額のみに適用し，各社の法定実効税率は毎期40％とする。

7．Ｘ３年度における各社の財務諸表は，次のとおりであった。

損　益　計　算　書　　　　　　　　　（単位：千円）

費　　用	Ｐ社	Ｓ社	Ａ社	収　　益	Ｐ社	Ｓ社	Ａ社
売 上 原 価	76,000	54,000	9,200	売 上 高	90,000	64,500	12,800
営 業 費	12,000	10,000	3,000	受取利息及び配当金	2,000	500	200
当 期 純 利 益	4,000	1,000	800				
合　　計	92,000	65,000	13,000	合　　計	92,000	65,000	13,000

株主資本等変動計算書　　　　　　　　（単位：千円）

借　　方	Ｐ社	Ｓ社	Ａ社	貸　　方	Ｐ社	Ｓ社	Ａ社
資本金当期末残高	25,000	7,500	17,200	資本金当期首残高	20,000	5,000	10,000
				新 株 の 発 行	5,000	2,500	7,200
資本剰余金当期末残高	15,000	6,000	―	資本剰余金当期首残高	10,000	5,000	―
				新 株 の 発 行	5,000	1,000	―
剰 余 金 の 配 当	3,000	1,500	500	利益剰余金当期首残高	8,000	5,400	2,000
利益剰余金当期末残高	9,000	4,900	2,300	当 期 純 利 益	4,000	1,000	800

貸　借　対　照　表　　　　　　　　　（単位：千円）

資　　産	Ｐ社	Ｓ社	Ａ社	負債・純資産	Ｐ社	Ｓ社	Ａ社
現 金 預 金	8,700	8,000	6,000	買 掛 金	11,000	5,600	1,500
売 掛 金	5,000	5,000	9,000	資 本 金	25,000	7,500	17,200
棚 卸 資 産	6,000	7,000	5,000	資 本 剰 余 金	15,000	6,000	―
土 地	15,000	4,000	1,000	利 益 剰 余 金	9,000	4,900	2,300
関 係 会 社 株 式	25,300	―	―				
合　　計	60,000	24,000	21,000	合　　計	60,000	24,000	21,000

【解答用紙】

(X3年度) 連 結 損 益 計 算 書 (単位：千円)

費　用	金　額	収　益	金　額
売 上 原 価	（　　　　　）	売 上 高	（　　　　　）
営 業 費	（　　　　　）	受取利息及び配当金	（　　　　　）
の れ ん 償 却 額	（　　　　　）	持分法による投資利益	（　　　　　）
持 分 変 動 損 失	（　　　　　）		
非支配株主に帰属する当期純利益	（　　　　　）		
親会社株主に帰属する当期純利益	（　　　　　）		
	（　　　　　）		（　　　　　）

(X3年度) 連 結 株 主 資 本 等 変 動 計 算 書 (単位：千円)

	株主資本				非 支 配株 主 持 分	純 資 産合 　 計
	資本金	資本剰余金	利益剰余金	株主資本合計		
当期首残高						
当期変動額						
新株の発行						
剰余金の配当						
連結子会社の増資による持分の増減						
親会社株主に帰属する当期純利益						
株主資本以外の項目の当期変動額						
当期変動額合計						
当期末残高						

(X3年度末) 連 結 貸 借 対 照 表 (単位：千円)

資　産	金　額	負債・純資産	金　額
現 金 預 金	（　　　　　）	買 掛 金	（　　　　　）
売 掛 金	（　　　　　）	繰 延 税 金 負 債	（　　　　　）
棚 卸 資 産	（　　　　　）	資 本 金	（　　　　　）
土 地	（　　　　　）	資 本 剰 余 金	（　　　　　）
の れ ん	（　　　　　）	利 益 剰 余 金	（　　　　　）
投 資 有 価 証 券	（　　　　　）	非 支 配 株 主 持 分	（　　　　　）
	（　　　　　）		（　　　　　）

（X3年度） 連 結 損 益 計 算 書 （単位：千円）

費　　用	金　額	収　益	金　額
売 上 原 価	（ 130,000 ）	売 上 高	（ 154,500 ）
営 業 費	（ 22,000 ）	受取利息及び配当金	（ 1,100 ）
の れ ん 償 却 額	（ 480 ）	持分法による投資利益	（ 220 ）
持 分 変 動 損 失	（ 435 ）		
非支配株主に帰属する当期純利益	（ 200 ）		
親会社株主に帰属する当期純利益	（ 2,705 ）		
	（ 155,820 ）		（ 155,820 ）

（X3年度） 連 結 株 主 資 本 等 変 動 計 算 書 （単位：千円）

	株主資本				非 支 配	純 資 産
	資本金	資本剰余金	利益剰余金	株主資本合計	株 主 持 分	合　　計
当期首残高	20,000	10,000	9,740	39,740	3,320	43,060
当期変動額						
新株の発行	5,000	5,000		10,000		10,000
剰余金の配当			△3,000	△3,000		△3,000
連結子会社の増資による持分の増減		84		84		84
親会社株主に帰属する当期純利益			2,705	2,705		2,705
株主資本以外の項目の当期変動額					△184	△184
当期変動額合計	5,000	5,084	△295	9,789	△184	9,605
当期末残高	25,000	15,084	9,445	49,529	3,136	52,665

（X3年度末） 連 結 貸 借 対 照 表 （単位：千円）

資　　産	金　額	負債・純資産	金　額
現 金 預 金	（ 16,700 ）	買 掛 金	（ 16,600 ）
売 掛 金	（ 10,000 ）	繰 延 税 金 負 債	（ 800 ）
棚 卸 資 産	（ 13,000 ）	資 本 金	25,000
土 地	（ 21,000 ）	資 本 剰 余 金	15,084
の れ ん	（ 3,840 ）	利 益 剰 余 金	9,445
投 資 有 価 証 券	（ 5,525 ）	非 支 配 株 主 持 分	3,136
	（ 70,065 ）		（ 70,065 ）

解説 （単位：千円）

Ⅰ．S社 （連結子会社）

1．個別財務諸表の修正

(1) 子会社の資産・負債の時価評価 （全面時価評価法）

（借）土　　　　　　　地	2,000 *1	（貸）繰延税金負債（S社）	800 *2
		評　価　差　額	1,200 *3

（*1）X1年度末時価6,000 − 帳簿価額4,000 ＝ 2,000

（*2）2,000（*1）× S社の法定実効税率40% ＝ 800

（*3）2,000（*1）×（1 − S社の法定実効税率40%）＝ 1,200

2．増資に伴う持分の変動

	増資前		増資後		持分変動
	株数	持分	株数	持分	
P　　社	80株	80%	105株	84%	＋4%
他の株主	20株	20%	20株	16%	△4%
合　　計	100株	100%	125株	100%	

3．タイム・テーブル

	X1年度末	80%	X2年度末	80%	X3年度末
P 社 比 率	＋80%				＋4%
資 本 金	5,000		5,000 —— ＋2,500 —→		7,500
資 本 剰 余 金	5,000		5,000 —— ＋1,000 —→		6,000
		P社持分 2,080		800 △1,200	
利 益 剰 余 金	2,800	→→	5,400 ——		4,900
	非支配株主持分 520			200 △300	
評 価 差 額	（*3）1,200		（*3）1,200		（*3）1,200
合　　計	14,000		16,600		19,600
P 社 持 分	11,200			（*4）2,800	（*5）784
取 得 原 価	16,000			（*4）2,800	（*6）700
資 本 剰 余 金					84
の れ ん	4,800	△480	4,320	△480	3,840

（*4）払込金額@140千円×25株×増資前P社持分比率80% ＝ 2,800

（*5）X3年度末増資後資本合計19,600×P社持分増加比率4% ＝ 784

（*6）P社の実際払込金額@140千円×25株 − みなし割当時のS社株式2,800（*4）＝ 700

4．連結修正仕訳

(1) 開始仕訳

（借）資本金当期首残高	5,000	（貸）関 係 会 社 株 式	16,000
資本剰余金当期首残高	5,000	非支配株主持分当期首残高	3,320 *8
利益剰余金当期首残高	3,800 *7		
評 価 差 額	1,200 *3		
の れ ん	4,320		

（*7）支配獲得時利益剰余金2,800

　　　　＋非支配株主に帰属する支配獲得後利益剰余金520 ＋ のれん償却額480 ＝ 3,800

（*8）X2年度末資本合計16,600×非支配株主持分比率20% ＝ 3,320

(2) のれんの償却

（借）の れ ん 償 却 額	480 *9	（貸）の　　れ　　ん	480

（*9）のれん4,800÷償却年数10年 ＝ 480

(3) 当期純利益の按分

(借) 非支配株主に帰属する当期純損益	200 *10	(貸) 非支配株主持分当期変動額	200

(*10) S社当期純利益1,000×非支配株主持分比率20%＝200

(4) 剰余金の配当

(借) 受取利息及び配当金	1,200 *11	(貸) 利益剰余金当期変動額	1,500
非支配株主持分当期変動額	300 *12	（剰 余 金 の 配 当）	

(*11) 剰余金の配当1,500×P社持分比率80%＝1,200

(*12) 剰余金の配当1,500×非支配株主持分比率20%＝300

(5) 時価発行増資

① みなし割当（増資前の持分比率で新株を取得したものとみなす）

(借) 資本金当期変動額	2,500	(貸) 関 係 会 社 株 式	2,800 *4
（ 新 株 の 発 行 ）			
資本剰余金当期変動額	1,000	非支配株主持分当期変動額	700 *13
（ 新 株 の 発 行 ）			

(*13) 払込金額@140千円×25株×増資前非支配株主持分比率20%＝700

② みなし取得（増加比率分（4%）の追加取得があったものとみなす）

(借) 非支配株主持分当期変動額	784 *5	(貸) 関 係 会 社 株 式	700 *6
		資本剰余金当期変動額	84 *14
		(連結子会社の増資による持分の増減)	

(*14) 784（*5）−700（*6）＝84

✎ 持分比率が変動する子会社又は関連会社の増資

持分比率の増減	会計処理	増資会社	払込額と持分の増減額との差額
親会社又は投資会社の持分比率が増加	株式の追加取得が行われたとみなして処理	子 会 社	資本剰余金
		関連会社	のれん又は負ののれん
親会社又は投資会社の持分比率が減少	株式の一部売却が行われたとみなして処理	子 会 社	資本剰余金
		関連会社	原則：持分変動損益（特別損益） 容認：利害関係者の判断を著しく誤らせるおそれがあると認められる場合には，当該持分変動損益を利益剰余金に直接加減することができる。

Ⅱ．A社（関連会社）

1．個別財務諸表の修正

(1) 関連会社の資産・負債の時価評価（部分時価評価法）

(借) 土 地	400 *1	(貸) 繰延税金負債（A社）	160 *2
		評 価 差 額	240 *3
(借) 繰延税金負債（A社）	60 *5	(貸) 土 地	150 *4
評 価 差 額	90 *6		

(*1)（X1年度末時価2,000−帳簿価額1,000）×P社原始取得比率40%＝400

(*2) 400（*1）×A社の法定実効税率40%＝160

(*3) 400（*1）×（1−A社の法定実効税率40%）＝240

(*4) 400（*1）×P社持分減少比率15%／増資前P社持分比率40%＝150

(*5) 160（*2）×P社持分減少比率15%／増資前P社持分比率40%＝60

(*6) 240（*3）×P社持分減少比率15%／増資前P社持分比率40%＝90

2．増資に伴う持分の変動

	増資前		増資後		持分変動
	株数	持分	株数	持分	
P　　　社	40株	40%	40株	25%	△15%
他 の 株 主	60株	60%	120株	75%	＋15%
合　　　計	100株	100%	160株	100%	

3．タイム・テーブル

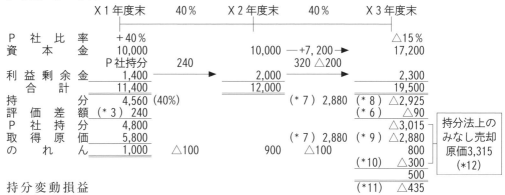

持 分 変 動 損 益

(＊7) 払込金額@120千円×60株×増資前P社持分比率40％＝2,880

(＊8) X3年度末増資後資本合計19,500×P社持分減少比率△15％＝△2,925

(＊9) P社の実際払込金額0－2,880（＊7）＝△2,880

(*10) のれん未償却額800×P社持分減少比率15％／増資前P社持分比率40％＝△300

(*11) 2,880（＊9）－3,315（*12）＝△435

4．連結修正仕訳

(1) 開始仕訳

(借)関 係 会 社 株 式	140	(貸)利益剰余金当期首残高	140 *13

(*13) P社に帰属する投資後利益剰余金240－のれん償却額100＝140

(2) のれんの償却

(借)持分法による投資損益	100 *14	(貸)関 係 会 社 株 式	100

(*14) のれん1,000÷償却年数10年＝100

(3) 当期純利益の認識

(借)関 係 会 社 株 式	320	(貸)持分法による投資損益	320 *15

(*15) A社当期純利益800×P社持分比率40％＝320

(4) 剰余金の配当

(借)受取利息及び配当金	200 *16	(貸)関 係 会 社 株 式	200

(*16) 剰余金の配当500×P社持分比率40％＝200

(5) 時価発行増資

① 個別上の処理

仕訳なし

② 連結上のあるべき処理

a. みなし割当

(借)関 係 会 社 株 式	2,880 *7	(貸)現 金 預 金	2,880

b. みなし売却

| (借) 現　金　預　金 | 2,880 *9 | (貸) 関 係 会 社 株 式 | 3,315 *12 |
| 持 分 変 動 損 益 | 435 *11 | | |

③　連結修正仕訳（②−①）

| (借) 持 分 変 動 損 益 | 435 | (貸) 関 係 会 社 株 式 | 435 |

(6)　勘定科目の変更

| (借) 投 資 有 価 証 券 | 5,525 | (貸) 関 係 会 社 株 式 | 5,525 *17 |

(*17)　個別上5,800＋連結修正仕訳△275（140−100＋320−200−435）＝5,525

　　　　若しくは，X3年度末資本合計19,500×P社持分比率25％＋評価差額（240（＊3）−90（＊6））

　　　　　　　　　　　　　　　　　　　　　　　　　＋のれんの未償却残高500＝5,525

Column　セグメント情報の有用性

　連結財務諸表の注記情報として「セグメント情報」が開示されています。セグメント情報とは，企業集団の売上や利益，資産等の財務情報について，多角化，国際化した事業内容に関する詳細な情報を提供するために，事業別・地域別などに区分し，作成された会計情報をいいます。

　多くの企業集団は多角化，国際化が進み，収益性，成長性，リスクの程度が異なる事業又は地域で活動をしています。ところが，連結財務諸表では好業績の事業と不採算事業の業績が相殺されて企業集団全体の業績が示されるにすぎません。

　したがって，財務諸表利用者が企業集団の業績を的確に把握し，評価するためには，連結財務諸表に加えて，セグメント情報を開示することが必要となります。

【セグメント情報の開示例】

	自動車部品	船舶	ソフトウェア	電子	その他	調整額	連結財務諸表計上額
売上高							
外部顧客への売上高	3,000	5,000	9,500	12,000	1,000	−	30,500
セグメント間の内部売上高又は振替高	−	−	3,000	1,500	−	△4,500	−
計	3,000	5,000	12,500	13,500	1,000	△4,500	30,500
セグメント利益又は損失（△）	200	70	900	2,300	100	△2,050	1,520
セグメント資産	2,000	5,000	3,000	12,000	2,000	500	24,500
セグメント負債	1,050	3,000	1,800	8,000	−	5,000	18,850
その他の項目							
減価償却費	200	100	50	1,000	50	50	1,450
有形固定資産及び無形固定資産の増加額	300	700	500	800	−	1,000	3,300

【問題⑩】

次の［資料］に基づいて，解答用紙のＸ３年度におけるＰ社の連結財務諸表を作成しなさい。なお，貸倒引当金は考慮せず，純資産の減少項目には金額の前に△を付すこと。また，のれんは発生年度の翌期から５年間で定額法により償却する。

［資料］

1．Ｘ１年度末において，Ｐ社はＳ社（資本金100千ドル，資本剰余金80千ドル，利益剰余金160千ドル）の発行済株式数の60％を25,200千円（280千ドル）で取得し，同社を子会社とした。また，Ｘ３年度末において，Ｐ社はＳ社の発行済株式数の20％を9,350千円（85千ドル）で追加取得した。

2．Ｘ１年度末において，Ｐ社はＡ社（資本金90千ドル，資本剰余金10千ドル，利益剰余金80千ドル）の発行済株式数の20％を6,300千円（70千ドル）で取得し，同社を関連会社とした。また，Ｘ３年度末において，Ｐ社はＡ社の発行済株式数の10％を6,050千円（55千ドル）で追加取得した。

3．Ｓ社の土地（簿価700千ドル）のＸ１年度末の時価は800千ドルである。また，Ａ社の土地（簿価500千ドル）のＸ１年度末及びＸ３年度末の時価は，それぞれ700千ドル及び1,000千ドルである。

4．税効果会計は，子会社と関連会社の土地の時価評価差額のみに適用し，各社の法定実効税率は毎期40％とする。

5．Ｘ２年度以前に，Ｓ社及びＡ社は剰余金の配当を行っていない。

6．為替相場の状況は以下のとおりである。

	決算時	期中平均	Ｓ社配当決議時	Ａ社配当決議時
Ｘ１年度	１ドル＝ 90円	―	―	―
Ｘ２年度	１ドル＝100円	１ドル＝ 95円	―	―
Ｘ３年度	１ドル＝110円	１ドル＝105円	１ドル＝106円	１ドル＝108円

7．Ｘ３年度における各社の財務諸表（Ｐ社の単位：千円，Ｓ社及びＡ社の単位：千ドル）

損 益 計 算 書

費　　用	Ｐ社	Ｓ社	Ａ社	収　　益	Ｐ社	Ｓ社	Ａ社
売 上 原 価	47,000	1,100	670	売 上 高	80,000	1,200	900
営 業 費	8,000	300	300	受取利息及び配当金	5,000	300	100
法 人 税 等	10,000	50	10				
当 期 純 利 益	20,000	50	20				
合　　計	85,000	1,500	1,000	合　　計	85,000	1,500	1,000

株主資本等変動計算書

借　　方	Ｐ社	Ｓ社	Ａ社	貸　　方	Ｐ社	Ｓ社	Ａ社
資本金当期末残高	20,000	100	90	資本金当期首残高	20,000	100	90
資本剰余金当期末残高	10,000	80	10	資本剰余金当期首残高	10,000	80	10
剰余金の配当	15,000	40	10	利益剰余金当期首残高	30,000	200	100
利益剰余金当期末残高	35,000	210	110	当 期 純 利 益	20,000	50	20

貸 借 対 照 表

資　　産	Ｐ社	Ｓ社	Ａ社	負債・純資産	Ｐ社	Ｓ社	Ａ社
現 金 預 金	11,100	300	400	買 掛 金	10,000	760	880
売 掛 金	5,000	50	50	未払法人税等	5,000	50	10
棚 卸 資 産	7,000	150	150	資 本 金	20,000	100	90
土 地	10,000	700	500	資 本 剰 余 金	10,000	80	10
関係会社株式	46,900	―	―	利 益 剰 余 金	35,000	210	110
合　　計	80,000	1,200	1,100	合　　計	80,000	1,200	1,100

（X3年度）　　　　　　　連　結　損　益　計　算　書　　　　　　（単位：千円）

費　　用	金　　額	収　　益	金　　額
売　上　原　価	（　　　　　）	売　　上　　高	（　　　　　）
営　　業　　費	（　　　　　）	受取利息及び配当金	（　　　　　）
の　れ　ん　償　却　額	（　　　　　）	持分法による投資利益	（　　　　　）
法　　人　　税　　等	（　　　　　）		
非支配株主に帰属する当期純利益	（　　　　　）		
親会社株主に帰属する当期純利益	（　　　　　）		
	（　　　　　）		（　　　　　）

（X3年度）　　　　　連　結　株　主　資　本　等　変　動　計　算　書　　　　　（単位：千円）

	株主資本				為替換算調整勘定	非支配株主持分	純資産合計
	資本金	資　本剰　余　金	利　益剰　余　金	株主資本合　　計			
当期首残高							
当期変動額							
剰余金の配当							
非支配株主との取引に係る親会社の持分変動							
親会社株主に帰属する当期純利益							
株主資本以外の項目の当期変動額							
当期変動額合計							
当期末残高							

（X3年度末）　　　　　　　連　結　貸　借　対　照　表　　　　　　（単位：千円）

資　産	金　　額	負債・純資産	金　　額
現　金　預　金	（　　　　　）	買　　掛　　金	（　　　　　）
売　　掛　　金	（　　　　　）	未　払　法　人　税　等	（　　　　　）
棚　卸　資　産	（　　　　　）	繰　延　税　金　負　債	（　　　　　）
土　　　　地	（　　　　　）	資　　本　　金	（　　　　　）
の　　れ　　ん	（　　　　　）	資　本　剰　余　金	（　　　　　）
投　資　有　価　証　券	（　　　　　）	利　益　剰　余　金	（　　　　　）
		為　替　換　算　調　整　勘　定	（　　　　　）
		非　支　配　株　主　持　分	（　　　　　）
	（　　　　　）		（　　　　　）

（X3年度）　　　連　結　包　括　利　益　計　算　書　　　（単位：千円）

当期純利益	（　　　　　）
その他の包括利益	
為替換算調整勘定	（　　　　　）
持分法適用会社に対する持分相当額	（　　　　　）
その他の包括利益合計	（　　　　　）
包括利益	（　　　　　）
（内　訳）	
親会社株主に係る包括利益	（　　　　　）
非支配株主に係る包括利益	（　　　　　）

(X3年度) 　連 結 損 益 計 算 書　 （単位：千円）

費　　用	金　　額	収　　益	金　　額
売　上　原　価	(162,500)	売　　上　　高	(206,000)
営　　業　　費	(39,500)	受取利息及び配当金	(33,740)
の れ ん 償 却 額	(840)	持分法による投資利益	(210)
法　人　税　等	(15,250)		
非支配株主に帰属する当期純利益	(2,100)		
親会社株主に帰属する当期純利益	(19,760)		
	(239,950)		(239,950)

(X3年度) 　連 結 株 主 資 本 等 変 動 計 算 書　 （単位：千円）

	株主資本				為替換算調整勘定	非支配株主持分	純資産合計
	資 本 金	資 本 剰 余 金	利 益 剰 余 金	株主資本合計			
当期首残高	20,000	10,000	31,710	61,710	3,590	17,600	82,900
当期変動額							
剰余金の配当			△15,000	△15,000			△15,000
非支配株主との取引に係る親会社の持分変動		550		550			550
親会社株主に帰属する当期純利益			19,760	19,760			19,760
株主資本以外の項目の当期変動額					3,700	△7,700	△4,000
当期変動額合計	―	550	4,760	5,310	3,700	△7,700	1,310
当期末残高	20,000	10,550	36,470	67,020	7,290	9,900	84,210

(X3年度末) 　連 結 貸 借 対 照 表　 （単位：千円）

資　　産	金　　額	負債・純資産	金　　額
現　金　預　金	(44,100)	買　　掛　　金	(93,600)
売　　掛　　金	(10,500)	未 払 法 人 税 等	(10,500)
棚　卸　資　産	(23,500)	繰 延 税 金 負 債	(4,400)
土　　　　　地	(98,000)	資　　本　　金	(20,000)
の　　れ　　ん	(2,640)	資　本　剰　余　金	(10,550)
投 資 有 価 証 券	(13,970)	利　益　剰　余　金	(36,470)
		為 替 換 算 調 整 勘 定	(7,290)
		非 支 配 株 主 持 分	(9,900)
	(192,710)		(192,710)

(X3年度) 　連 結 包 括 利 益 計 算 書　 （単位：千円）

当期純利益	(	21,860)
その他の包括利益		
為替換算調整勘定	(	4,770)
持分法適用会社に対する持分相当額	(	726)
その他の包括利益合計	(	5,496)
包括利益	(	27,356)
（内　訳）		
親会社株主に係る包括利益	(	23,460)
非支配株主に係る包括利益	(	3,896)

解説 （単位：千円）

Ｉ．Ｓ社 （連結子会社）

1．個別財務諸表の修正

(1) 子会社の資産・負債の時価評価（全面時価評価法）

（借）土 地	100千ドル *1	（貸）繰延税金負債（Ｓ社）	40千ドル *2
		評 価 差 額	60千ドル *3

（*1）Ｘ１年度末時価800千ドル－帳簿価額700千ドル＝100千ドル

（*2）100千ドル（*1）×Ｓ社の法定実効税率40％＝40千ドル

（*3）100千ドル（*1）×（1－Ｓ社の法定実効税率40％）＝60千ドル

2．在外子会社の財務諸表項目の換算 （外貨の単位：千ドル，円貨の単位：千円）

(1) 損益計算書（Ｘ３年度）の換算

科目	外貨	為替相場	円貨	科目	外貨	為替相場	円貨
売 上 原 価	1,100	AR105	115,500	売 上 高	1,200	AR105	126,000
営 業 費	300	AR105	31,500	受取利息及び配当金	300	AR105	31,500
法 人 税 等	50	AR105	5,250				
当 期 純 利 益	50	AR105	5,250				
合 計	1,500		157,500	合 計	1,500		157,500

(2) 株主資本等変動計算書（利益剰余金のみ）（Ｘ３年度）の換算

科目	外貨	為替相場	円貨	科目	外貨	為替相場	円貨
剰余金の配当	40	HR106	4,240	利益剰余金当期首残高	200	－	(*4)18,200
利益剰余金当期末残高	210	－	19,210	当 期 純 利 益	50	AR105	5,250
合 計	250		23,450	合 計	250		23,450

（*4）Ｘ１年度末利益剰余金160千ドル×HR90円＋Ｘ２年度当期純利益40千ドル（*5）×AR95円＝18,200

（*5）Ｘ２年度末利益剰余金200千ドル－Ｘ１年度末利益剰余金160千ドル＝40千ドル

(3) 貸借対照表（Ｘ３年度末）の換算

科目	外貨	為替相場	円貨	科目	外貨	為替相場	円貨
現 金 預 金	300	CR110	33,000	買 掛 金	760	CR110	83,600
売 掛 金	50	CR110	5,500	未払法人税等	50	CR110	5,500
棚 卸 資 産	150	CR110	16,500	繰延税金負債	(*2) 40	CR110	4,400
土 地	(*6) 800	CR110	88,000	資 本 金	100	HR 90	9,000
				資 本 剰 余 金	80	HR 90	7,200
				利 益 剰 余 金	210	－	(*7)19,210
				評 価 差 額	(*3) 60	HR 90	5,400
				為替換算調整勘定	－	－	(*8)8,690
合 計	1,300		143,000	合 計	1,300		143,000

（*6）Ｘ１年度末時価評価後：700千ドル＋100千ドル（*1）＝800千ドル

（*7）株主資本等変動計算書の利益剰余金当期末残高の金額

（*8）貸借差額

3．タイム・テーブル

	X1年度末	60%	X2年度末	60%	X3年度末
	HR90円	AR95円	CR100円	AR105円	CR110円
P 社 比 率	+60%				+20%
資 本 金	9,000		9,000		9,000
資 本 剰 余 金	7,200		7,200		7,200
	P社持分	2,280		3,150 △2,544	
利 益 剰 余 金	14,400	→	(＊4) 18,200		(＊7) 19,210
	非支配株主持分 1,520			2,100 △1,696	
評 価 差 額	5,400		5,400		5,400
	P社持分 2,520			2,694	
為替換算調整勘定	—	→	(＊9) 4,200	→	(＊8) 8,690
	非支配株主持分 1,680			1,796	
合 計	36,000		44,000		49,500
	(400千ドル)		(440千ドル)		(450千ドル)
P 社 持 分	21,600				9,900
	(240千ドル)				(90千ドル)
取 得 原 価	25,200				9,350
	(280千ドル)				(85千ドル)
資 本 剰 余 金					550
のれん (CR換算前)	3,600	△760	2,840	△840	2,000
	(40千ドル)	(△8千ドル)	(32千ドル)	(△8千ドル)	(24千ドル)
		360		280	
為替換算調整勘定	—	→	360	→	640
のれん (CR換算後)	3,600		3,200		2,640

(＊9) 44,000（440千ドル×CR100円）－（9,000＋7,200＋18,200＋5,400）＝4,200

4．連結修正仕訳

（1） 開始仕訳

（借）資本金当期首残高	9,000	（貸）関 係 会 社 株 式	25,200
資本剰余金当期首残高	7,200	非支配株主持分当期首残高	17,600 *12
利益剰余金当期首残高	16,680 *10		
評 価 差 額	5,400		
為替換算調整勘定当期首残高	1,320 *11		
の れ ん	3,200		

(*10) 支配獲得時利益剰余金14,400
＋非支配株主に帰属する支配獲得後利益剰余金1,520＋のれん償却額760＝16,680

(*11) 資本合計分1,680－のれん分360＝1,320

(*12) X2年度末資本合計44,000×非支配株主持分比率40％＝17,600

（2） のれんの償却

（借）の れ ん 償 却 額	840 *13	（貸）の れ ん	840

(*13) 外貨建てのれん40千ドル÷償却年数5年×AR105＝840

（3） のれんに係る為替換算調整勘定の計上

（借）の れ ん	280 *14	（貸）為替換算調整勘定当期変動額	280

(*14) （のれん（CR換算後）2,640－のれん（CR換算前）2,000）－360＝280

（4） 当期純利益の按分

（借）非支配株主に帰属する当期純損益	2,100 *15	（貸）非支配株主持分当期変動額	2,100

(*15) S社当期純利益5,250×非支配株主持分比率40％＝2,100

（5） 剰余金の配当

（借）受取利息及び配当金	2,544 *16	（貸）利益剰余金当期変動額	4,240
非支配株主持分当期変動額	1,696 *17	（ 剰 余 金 の 配 当 ）	

(*16) 剰余金の配当4,240×P社持分比率60％＝2,544

(*17) 剰余金の配当4,240×非支配株主持分比率40％＝1,696

(6) 為替換算調整勘定の按分

（借）為替換算調整勘定当期変動額	1,796 *18	（貸）非支配株主持分当期変動額	1,796

（*18) 資本合計分（X 3 年度末8,690（*8）－X 2 年度末4,200（*9））×非支配株主持分比率40％＝1,796

(7) 追加取得（20％取得）

① 個別上の処理

（借）関 係 会 社 株 式	9,350 *19	（貸）現 金 預 金	9,350

（*19) 追加投資額

② 連結上のあるべき処理

（借）非支配株主持分当期変動額	9,900 *20	（貸）現 金 預 金	9,350
		資本剰余金当期変動額	550 *21
		（非支配株主との取引に係る親会社の持分変動）	

（*20) X 3 年度末資本合計49,500×追加取得比率20％＝9,900

（*21) 貸借差額又は，非支配株主持分減少額9,900（*20）－個別上の取得原価9,350（*19）＝550

③ 連結修正仕訳（②－①）

（借）非支配株主持分当期変動額	9,900	（貸）関 係 会 社 株 式	9,350
		資本剰余金当期変動額	550
		（非支配株主との取引に係る親会社の持分変動）	

Ⅱ．A社（関連会社）

1．個別財務諸表の修正

(1) 関連会社の資産・負債の時価評価（部分時価評価法）

（借）土　　　　　　地	40千ドル *1	（貸）繰延税金負債（A社）	16千ドル *2
		評 価 差 額	24千ドル *3
（借）土　　　　　　地	50千ドル *4	（貸）繰延税金負債（A社）	20千ドル *5
		評 価 差 額	30千ドル *6

（*1）（X 1 年度末時価700千ドル－帳簿価額500千ドル）×P 社原始取得比率20％＝40千ドル

（*2）40千ドル（*1）×A 社の法定実効税率40％＝16千ドル

（*3）40千ドル（*1）×（1－A 社の法定実効税率40％）＝24千ドル

（*4）（X 3 年度末時価1,000千ドル－帳簿価額500千ドル）×P 社持分増加比率10％＝50千ドル

（*5）50千ドル（*4）×A 社の法定実効税率40％＝20千ドル

（*6）50千ドル（*4）×（1－A 社の法定実効税率40％）＝30千ドル

2．在外関連会社の財務諸表項目の換算（外貨の単位：千ドル，円貨の単位：千円）

持分法では関連会社の財務諸表を合算しないため，関連会社の財務諸表は連結財務諸表に直接反映されないが，参考のために下記の(1)〜(3)を示す。

(1) 損益計算書（X 3 年度）の換算

科目	外貨	為替相場	円貨	科目	外貨	為替相場	円貨
売 上 原 価	670	AR105	70,350	売 上 高	900	AR105	94,500
営 業 費	300	AR105	31,500	受取利息及び配当金	100	AR105	10,500
法 人 税 等	10	AR105	1,050				
当 期 純 利 益	20	AR105	2,100				
合　　　　計	1,000		105,000	合　　　　計	1,000		105,000

(2) 株主資本等変動計算書（利益剰余金のみ）（X3年度）の換算

科目	外貨	為替相場	円貨	科目	外貨	為替相場	円貨
剰余金の配当	10	HR108	1,080	利益剰余金当期首残高	100	—	(*7)9,100
利益剰余金当期末残高	110	—	10,120	当期純利益	20	AR105	2,100
合　　計	120		11,200	合　　計	120		11,200

（*7）X1年度末利益剰余金80千ドル×HR90円＋X2年度当期純利益20千ドル（*8）×AR95円＝9,100

（*8）X2年度末利益剰余金100千ドル－X1年度末利益剰余金80千ドル＝20千ドル

(3) 貸借対照表（X3年度末）の換算

科目	外貨	為替相場	円貨	科目	外貨	為替相場	円貨
現　金　預　金	400	CR110	44,000	買　　掛　　金	880	CR110	96,800
売　　掛　　金	50	CR110	5,500	未払法人税等	10	CR110	1,100
棚　卸　資　産	150	CR110	16,500	繰延税金負債	(*10) 36	CR110	3,960
土　　　　　地	(*9) 590	CR110	64,900	資　　本　　金	90	HR 90	8,100
				資　本　剰　余　金	10	HR 90	900
				利　益　剰　余　金	110	—	(*11)10,120
				評　価　差　額	(*3) 24	HR 90	2,160
				評　価　差　額	(*6) 30	HR110	3,300
				為替換算調整勘定	—	—	(*12)4,460
合　　計	1,190		130,900	合　　計	1,190		130,900

（*9）X1年度末及びX3年度末の時価評価後：500千ドル＋40千ドル（*1）＋50千ドル（*4）＝590千ドル

（*10）16千ドル（*2）＋20千ドル（*5）＝36千ドル

（*11）株主資本等変動計算書の利益剰余金当期末残高の金額

（*12）貸借差額

3．タイム・テーブル

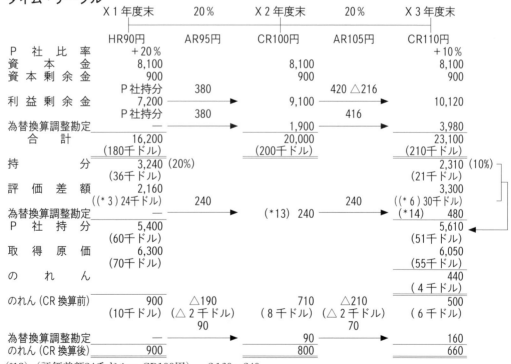

（*13）（評価差額24千ドル×CR100円）－2,160＝240

（*14）（評価差額24千ドル×CR110円）－2,160＝480

4．連結修正仕訳

(1) 開始仕訳

（借）関 係 会 社 株 式	900	（貸）利益剰余金当期首残高	190 [*15]
		為替換算調整勘定当期首残高	710 [*16]

(*15) P社に帰属する投資後利益剰余金380－のれん償却額190＝190

(*16) 資本合計分380＋評価差額分240＋のれん分90＝710

(2) のれんの償却

（借）持分法による投資損益	210 [*17]	（貸）関 係 会 社 株 式	210

(*17) のれん10千ドル÷償却年数5年×AR105円＝210

(3) 当期純利益の認識

（借）関 係 会 社 株 式	420	（貸）持分法による投資損益	420 [*18]

(*18) A社当期純利益20千ドル×P社持分比率20％×AR105円＝420

(4) 剰余金の配当

（借）受取利息及び配当金	216 [*19]	（貸）関 係 会 社 株 式	216

(*19) 剰余金の配当10千ドル×P社持分比率20％×HR108＝216

(5) 為替換算調整勘定の認識

（借）関 係 会 社 株 式	726	（貸）為替換算調整勘定当期変動額	726 [*20]

(*20) 資本合計分416＋評価差額分240＋のれん分70＝726

(6) 追加取得（10％取得）

仕訳なし [*21]

(*21) A社資本のうち追加取得した株式に対応する持分5,610（*22）－追加投資額6,050＝のれん440

のれんは投資勘定に含めて処理するため，のれんが生じる場合には「仕訳なし」となる。

(*22) X3年度末資本合計23,100×P社追加取得比率10％＋評価差額3,300＝5,610

(7) 勘定科目の変更

（借）投 資 有 価 証 券	13,970	（貸）関 係 会 社 株 式	13,970 [*23]

(*23) 個別上12,350＋連結修正仕訳1,620（900－210＋420－216＋726）＝13,970

若しくは，X3年度末資本合計23,100×P社持分比率30％＋評価差額（2,160＋為調480＋3,300）

＋のれんの未償却残高（440＋660）＝13,970

Ⅲ．連結包括利益計算書の内訳

		P社株主持分		非支配株主持分	
当期純利益	21,860	親会社株主に帰属する当期純利益	19,760	非支配株主に帰属する当期純利益	2,100
その他の包括利益					
為替換算調整勘定	4,770	S社発生（資本合計分） S社発生（のれん分）	2,694 280	S社発生（資本合計分）	1,796
持分法適用会社に対する持分相当額	726	A社発生（持分法）	(*1)726		
包括利益	27,356	親会社株主に係る包括利益	23,460	非支配株主に係る包括利益	3,896

(*1) 為替換算調整勘定726（資本合計分416＋評価差額分240＋のれん分70）

【問題⑪】

次の［資料］に基づいて，解答用紙のＸ３年度におけるＰ社の連結財務諸表を作成しなさい。なお，貸倒引当金は考慮せず，純資産の減少項目には金額の前に△を付すこと。また，のれんは発生年度の翌期から10年間で定額法により償却する。

［資料］

1．Ｘ１年度末において，Ｐ社はＳ社（資本金100千ドル，資本剰余金80千ドル，利益剰余金160千ドル）の発行済株式数の60％を27,000千円（300千ドル）で取得し，同社を子会社とした。また，Ｘ３年度末において，Ｐ社はＳ社の発行済株式数の８％を5,500千円（50千ドル）で売却した。なお，Ｓ社株式の一部売却において，関連する法人税等は，資本剰余金から控除すること。

2．Ｘ１年度末において，Ｐ社はＡ社（資本金90千ドル，資本剰余金10千ドル，利益剰余金80千ドル）の発行済株式数の40％を12,780千円（142千ドル）で取得し，同社を関連会社とした。また，Ｘ３年度末において，Ｐ社はＡ社の発行済株式数の４％を2,420千円（22千ドル）で売却した。

3．Ｓ社の土地（簿価700千ドル）のＸ１年度末の時価は800千ドルである。また，Ａ社の土地（簿価500千ドル）のＸ１年度末の時価は750千ドルである。

4．税効果会計は，子会社と関連会社の土地の時価評価差額のみに適用し，各社の法定実効税率は毎期40％とする。

5．Ｘ２年度以前に，Ｓ社及びＡ社は剰余金の配当を行っていない。

6．為替相場の状況は以下のとおりである。

	決算時	期中平均	Ｓ社配当決議時	Ａ社配当決議時
Ｘ１年度	１ドル＝ 90円	—	—	—
Ｘ２年度	１ドル＝100円	１ドル＝ 95円	—	—
Ｘ３年度	１ドル＝110円	１ドル＝105円	１ドル＝102円	１ドル＝115円

7．Ｘ３年度における各社の財務諸表（Ｐ社の単位：千円，Ｓ社及びＡ社の単位：千ドル）

損 益 計 算 書

費 用	Ｐ社	Ｓ社	Ａ社	収 益	Ｐ社	Ｓ社	Ａ社
売 上 原 価	47,000	800	670	売 上 高	80,000	1,400	900
営 業 費	8,000	540	300	受取利息及び配当金	5,058	100	100
法 人 税 等	10,000	50	10	関係会社株式売却益	3,042	—	—
当 期 純 利 益	23,100	110	20				
合 計	88,100	1,500	1,000	合 計	88,100	1,500	1,000

株 主 資 本 等 変 動 計 算 書

借 方	Ｐ社	Ｓ社	Ａ社	貸 方	Ｐ社	Ｓ社	Ａ社
資本金当期末残高	20,000	100	90	資本金当期首残高	20,000	100	90
資本剰余金当期末残高	10,000	80	10	資本剰余金当期首残高	10,000	80	10
剰余金の配当	10,000	50	10	利益剰余金当期首残高	30,000	200	100
利益剰余金当期末残高	43,100	260	110	当 期 純 利 益	23,100	110	20

貸 借 対 照 表

資 産	Ｐ社	Ｓ社	Ａ社	負債・純資産	Ｐ社	Ｓ社	Ａ社
現 金 預 金	28,098	350	400	買 掛 金	6,900	760	880
売 掛 金	5,000	50	50	未払法人税等	5,000	50	10
棚 卸 資 産	7,000	150	150	資 本 金	20,000	100	90
土 地	10,000	700	500	資 本 剰 余 金	10,000	80	10
関係会社株式	34,902	—	—	利 益 剰 余 金	43,100	260	110
合 計	85,000	1,250	1,100	合 計	85,000	1,250	1,100

【解答用紙】

(X3年度) 　　　　　　連 結 損 益 計 算 書 　　　　　(単位：千円)

費　　　用	金　額	収　　益	金　　額
売 上 原 価	（　　　　　）	売 上 高	（　　　　　）
営 業 費	（　　　　　）	受取利息及び配当金	（　　　　　）
の れ ん 償 却 額	（　　　　　）	持分法による投資利益	（　　　　　）
法 人 税 等	（　　　　　）	関係会社株式売却益	（　　　　　）
非支配株主に帰属する当期純利益	（　　　　　）		
親会社株主に帰属する当期純利益	（　　　　　）		
	（　　　　　）		（　　　　　）

(X3年度) 　　　　　連 結 株 主 資 本 等 変 動 計 算 書 　　　　(単位：千円)

	株主資本				為替換算調整勘定	非 支 配株主持分	純 資 産合　　計
	資 本 金	資　本剰 余 金	利　益剰 余 金	株主資本合　　計			
当期首残高							
当期変動額							
剰余金の配当							
非支配株主との取引に係る親会社の持分変動							
親会社株主に帰属する当期純利益							
株主資本以外の項目の当期変動額							
当期変動額合計							
当期末残高							

(X3年度末) 　　　　　連 結 貸 借 対 照 表 　　　　(単位：千円)

資　　産	金　額	負債・純資産	金　　額
現 金 預 金	（　　　　　）	買 掛 金	（　　　　　）
売 掛 金	（　　　　　）	未 払 法 人 税 等	（　　　　　）
棚 卸 資 産	（　　　　　）	繰 延 税 金 負 債	（　　　　　）
土 地	（　　　　　）	資 本 金	（　　　　　）
の れ ん	（　　　　　）	資 本 剰 余 金	（　　　　　）
投 資 有 価 証 券	（　　　　　）	利 益 剰 余 金	（　　　　　）
		為 替 換 算 調 整 勘 定	（　　　　　）
		非 支 配 株 主 持 分	（　　　　　）
	（　　　　　）		（　　　　　）

(X3年度) 　　連 結 包 括 利 益 計 算 書 　　(単位：千円)

当期純利益	（　　　　　）
その他の包括利益	
為替換算調整勘定	（　　　　　）
持分法適用会社に対する持分相当額	（　　　　　）
その他の包括利益合計	（　　　　　）
包括利益	（　　　　　）
(内 訳)	
親会社株主に係る包括利益	（　　　　　）
非支配株主に係る包括利益	（　　　　　）

（X3年度）　　　　　連 結 損 益 計 算 書　　　　（単位：千円）

費　　　用	金　　額	収　　　益	金　　額
売 上 原 価	（　131,000　）	売 上 高	（　227,000　）
営 業 費	（　64,700　）	受 取 利 息 及 び 配 当 金	（　12,038　）
の れ ん 償 却 額	（　630　）	持 分 法 に よ る 投 資 利 益	（　735　）
法 人 税 等	（　14,530　）	関 係 会 社 株 式 売 却 益	（　1,048　）
非支配株主に帰属する当期純利益	（　4,620　）		
親会社株主に帰属する当期純利益	（　25,341　）		
	（　240,821　）		（　240,821　）

（X3年度）　　　　　連 結 株 主 資 本 等 変 動 計 算 書　　　　（単位：千円）

	株主資本				為替換算調整勘定	非支配株主持分	純資産合計
	資 本 金	資 本 剰 余 金	利 益 剰 余 金	株主資本合計			
当期首残高	20,000	10,000	32,375	62,375	4,545	17,600	84,520
当期変動額							
剰余金の配当			△10,000	△10,000			△10,000
非支配株主との取引に係る親会社の持分変動		1,080		1,080			1,080
親会社株主に帰属する当期純利益			25,341	25,341			25,341
株主資本以外の項目の当期変動額					3,785	8,800	12,585
当期変動額合計	—	1,080	15,341	16,421	3,785	8,800	29,006
当期末残高	20,000	11,080	47,716	78,796	8,330	26,400	113,526

（X3年度末）　　　　　連 結 貸 借 対 照 表　　　　（単位：千円）

資　　　産	金　　額	負債・純資産	金　　額
現 金 預 金	（　66,598　）	買 掛 金	（　90,500　）
売 掛 金	（　10,500　）	未 払 法 人 税 等	（　10,500　）
棚 卸 資 産	（　23,500　）	繰 延 税 金 負 債	（　4,400　）
土 地	（　98,000　）	資 本 金	（　20,000　）
の れ ん	（　5,280　）	資 本 剰 余 金	（　11,080　）
投 資 有 価 証 券	（　15,048　）	利 益 剰 余 金	（　47,716　）
		為 替 換 算 調 整 勘 定	（　8,330　）
		非 支 配 株 主 持 分	（　26,400　）
	（　218,926　）		（　218,926　）

（X3年度）　　連 結 包 括 利 益 計 算 書　　（単位：千円）

当期純利益	（　29,961　）
その他の包括利益	
為替換算調整勘定	（　5,060　）
持分法適用会社に対する持分相当額	（　1,245　）
その他の包括利益合計	（　6,305　）
包括利益	（　36,266　）
（内 訳）	
親会社株主に係る包括利益	（　29,826　）
非支配株主に係る包括利益	（　6,440　）

Ⅰ．S社（連結子会社）

1．個別財務諸表の修正

(1) 子会社の資産・負債の時価評価（全面時価評価法）

（借）土　　　　　　地	100千ドル *1	（貸）繰延税金負債（S社）	40千ドル *2
		評　価　差　額	60千ドル *3

(*1) X1年度末時価800千ドル－帳簿価額700千ドル＝100千ドル

(*2) 100千ドル（*1）× S社の法定実効税率40%＝40千ドル

(*3) 100千ドル（*1）×（1－S社の法定実効税率40%）＝60千ドル

2．在外子会社の財務諸表項目の換算（外貨の単位：千ドル，円貨の単位：千円）

(1) 損益計算書（X3年度）の換算

科目	外貨	為替相場	円貨	科目	外貨	為替相場	円貨
売 上 原 価	800	AR105	84,000	売　　上　　高	1,400	AR105	147,000
営 業 費	540	AR105	56,700	受取利息及び配当金	100	AR105	10,500
法 人 税 等	50	AR105	5,250				
当 期 純 利 益	110	AR105	11,550				
合　　　　　計	1,500		157,500	合　　　　　計	1,500		157,500

(2) 株主資本等変動計算書（利益剰余金のみ）（X3年度）の換算

科目	外貨	為替相場	円貨	科目	外貨	為替相場	円貨
剰余金の配当	50	HR102	5,100	利益剰余金当期首残高	200	－	(*4)18,200
利益剰余金当期末残高	260	－	24,650	当 期 純 利 益	110	AR105	11,550
合　　　　　計	310		29,750	合　　　　　計	310		29,750

(*4) X1年度末利益剰余金160千ドル×HR90円＋X2年度当期純利益40千ドル（*5）× AR95円＝18,200

(*5) X2年度末利益剰余金200千ドル－ X1年度末利益剰余金160千ドル＝40千ドル

(3) 貸借対照表（X3年度末）の換算

科目	外貨	為替相場	円貨	科目	外貨	為替相場	円貨
現 金 預 金	350	CR110	38,500	買　　掛　　金	760	CR110	83,600
売 掛 金	50	CR110	5,500	未払法人税等	50	CR110	5,500
棚 卸 資 産	150	CR110	16,500	繰延税金負債	(*2) 40	CR110	4,400
土　　　　地	(*6) 800	CR110	88,000	資　　本　　金	100	HR 90	9,000
				資 本 剰 余 金	80	HR 90	7,200
				利 益 剰 余 金	260	－	(*7)24,650
				評　価　差　額	(*3) 60	HR 90	5,400
				為替換算調整勘定	－	－	(*8) 8,750
合　　　　　計	1,350		148,500	合　　　　　計	1,350		148,500

(*6) X1年度末時価評価後：700千ドル＋100千ドル（*1）＝800千ドル

(*7) 株主資本等変動計算書の利益剰余金当期末残高の金額

(*8) 貸借差額

3．タイム・テーブル

	X 1 年度末	60％	X 2 年度末	60％	X 3 年度末
	HR90円	AR95円	CR100円	AR105円	CR110円
Ｐ 社 比 率	＋60％				△ 8 ％
資 本 金	9,000		9,000		9,000
資 本 剰 余 金	7,200		7,200		7,200
利 益 剰 余 金 （Ｐ社持分）	14,400	2,280 →	（＊4）18,200	6,930 △3,060 →	（＊7）24,650
（非支配株主持分）		1,520		4,620 △2,040	
評 価 差 額	5,400		5,400		5,400
為替換算調整勘定 （Ｐ社持分）	—	2,520 →	（＊9）4,200	2,730 →	（＊10）8,750
（非支配株主持分）		1,680		1,820	
合 計	36,000 (400千ドル)		44,000 (440千ドル)		55,000 (500千ドル)
Ｐ 社 持 分	21,600 (240千ドル)				（＊11）△4,400 (△40千ドル)
取 得 原 価	27,000 (300千ドル)				（＊12）△3,600 (△40千ドル)
売却損益の取消					△1,900
為替換算調整勘定の取崩					（＊13）△700
資 本 剰 余 金 （法人税等相当額）					1,800 (△720)
のれん（CR換算前）	5,400 (60千ドル)	（＊14）△570 (△6千ドル) 570 →	4,830 (54千ドル)	（＊16）△630 (△6千ドル) 510 →	4,200 (48千ドル)
為替換算調整勘定	—	570 →	570	510 →	1,080
のれん（CR換算後）	5,400		（＊15）5,400		（＊17）5,280

売却価額 5,500

（＊9）44,000（440千ドル×CR100円）－（9,000＋7,200＋18,200＋5,400）＝4,200

（＊10）（＊8）より
若しくは，55,000（500千ドル×CR110円）－（9,000＋7,200＋24,650＋5,400）＝8,750

（＊11）Ｘ3年度末資本合計55,000×売却比率8％＝4,400

（＊12）取得原価27,000×売却比率8％／売却前持分比率60％＝3,600

（＊13）為替換算調整勘定（資本合計分）のうち親会社帰属分（2,520＋2,730）
×売却比率8％／売却前持分比率60％＝700

（＊14）外貨建のれん60千ドル÷償却年数10年× AR95＝570

（＊15）外貨建のれん残高54千ドル×CR100＝5,400

（＊16）外貨建のれん60千ドル÷償却年数10年× AR105＝630

（＊17）外貨建のれん残高48千ドル×CR110＝5,280

4．連結修正仕訳

(1) 開始仕訳

（借）資本金当期首残高	9,000	（貸）関 係 会 社 株 式	27,000
資本剰余金当期首残高	7,200	非支配株主持分当期首残高	17,600 [*20]
利益剰余金当期首残高	16,490 [*18]		
評 価 差 額	5,400		
為替換算調整勘定当期首残高	1,110 [*19]		
の れ ん	5,400		

（*18）支配獲得時利益剰余金14,400
＋非支配株主に帰属する支配獲得後利益剰余金1,520＋のれん償却額570＝16,490

（*19）資本合計分1,680－のれん分570＝1,110

（*20）Ｘ2年度末資本合計44,000×非支配株主持分比率40％＝17,600

(2) のれんの償却

（借）の れ ん 償 却 額	630 [*16]	（貸）の れ ん	630

(3) のれんに係る為替換算調整勘定の計上

（借）の れ ん	510 *21	（貸）為替換算調整勘定当期変動額	510

(*21)（のれん（CR換算後）5,280（*17） － のれん（CR換算前）4,200） － 570 = 510

(4) 当期純利益の按分

（借）非支配株主に帰属する当期純損益	4,620 *22	（貸）非支配株主持分当期変動額	4,620

(*22) S社当期純利益11,550 × 非支配株主持分比率40% = 4,620

(5) 剰余金の配当

（借）受取利息及び配当金	3,060 *23	（貸）利益剰余金当期変動額	5,100
非支配株主持分当期変動額	2,040 *24	（剰 余 金 の 配 当）	

(*23) 剰余金の配当5,100 × P社持分比率60% = 3,060

(*24) 剰余金の配当5,100 × 非支配株主持分比率40% = 2,040

(6) 為替換算調整勘定の按分

（借）為替換算調整勘定当期変動額	1,820 *25	（貸）非支配株主持分当期変動額	1,820

(*25) 資本合計分（X3年度末8,750（*10） － X2年度末4,200（*9））× 非支配株主持分比率40% = 1,820

(7) 一部売却（8%売却）

① 個別上の処理

（借）現 金 預 金	5,500	（貸）関 係 会 社 株 式	3,600 *12
		関係会社株式売却益	1,900

② 連結上のあるべき処理

（借）現 金 預 金	5,500	（貸）非支配株主持分当期変動額	4,400 *11
		資本剰余金当期変動額	1,100
		（非支配株主との取引に係る親会社の持分変動）	
（借）為替換算調整勘定当期変動額	700 *13	（貸）資本剰余金当期変動額	700
		（非支配株主との取引に係る親会社の持分変動）	

> ✎ **在外子会社株式の一部売却（為替換算調整勘定が存在する場合）**
> 　為替換算調整勘定は，在外子会社の財務諸表の換算によって生じる未実現の為替差損益であり，在外子会社株式の一部を在外子会社の非支配株主に売却することにより，在外子会社で計上した為替換算調整勘定の一部が実現したと考えられる。そのため，為替換算調整勘定の実現分を取り崩すことになるが，連結上，在外子会社株式の一部売却（売却後も支配は継続）の場面では，経済的単一体説に基づき，在外子会社の非支配株主を企業集団の株主と考えているため，売却による実現分を非支配株主との損益取引による子会社株式売却損益ではなく，非支配株主との資本取引から生じた「資本剰余金」で処理することになる。
> 　なお，在外子会社株式の一部売却時にのれんの取崩しは行われないため，のれんに関する為替換算調整勘定の取崩しは行わない点に留意したい。
> 　また，在外子会社株式の追加取得の場合には，一部売却（売却後も支配は継続）のように，在外子会社で計上していた為替換算調整勘定の一部が実現したわけではないため，追加取得に伴い，為替換算調整勘定の調整は不要である。

③ 連結修正仕訳（②－①）

（借）関 係 会 社 株 式	3,600	（貸）非支配株主持分当期変動額	4,400
関係会社株式売却益	1,900	資本剰余金当期変動額	1,100
		（非支配株主との取引に係る親会社の持分変動）	
（借）為替換算調整勘定当期変動額	700	（貸）資本剰余金当期変動額	700
		（非支配株主との取引に係る親会社の持分変動）	

(8) 子会社株式の一部売却に関連する法人税等相当額の調整

（借）資本剰余金当期変動額	720 *26	（貸）法 人 税 等	720
（非支配株主との取引に係る親会社の持分変動）			

(*26) 一部売却に係る資本剰余金（1,100 + 700）× P社法定実効税率40% = 720

II. A社（関連会社）

1. 個別財務諸表の修正

(1) 関連会社の資産・負債の時価評価（部分時価評価法）と評価差額の取崩し

(借) 土　　　　　地	100千ドル *1	(貸) 繰延税金負債（A社）	40千ドル *2
		評　価　差　額	60千ドル *3
(借) 繰延税金負債（A社）	4千ドル *5	(貸) 土　　　　　地	10千ドル *4
評　価　差　額	6千ドル *6		

(*1)（X1年度末時価750千ドル－帳簿価額500千ドル）×P社原始取得比率40％＝100千ドル

(*2) 100千ドル（*1）×A社の法定実効税率40％＝40千ドル

(*3) 100千ドル（*1）×（1－A社の法定実効税率40％）＝60千ドル

(*4) 100千ドル（*1）×売却比率4％／売却前持分比率40％＝10千ドル

(*5) 10千ドル（*4）×A社の法定実効税率40％＝4千ドル

(*6) 10千ドル（*4）×（1－A社の法定実効税率40％）＝6千ドル

2. 在外関連会社の財務諸表項目の換算（外貨の単位：千ドル，円貨の単位：千円）

持分法では関連会社の財務諸表を合算しないため，関連会社の財務諸表は連結財務諸表に直接反映されないが，参考のために下記の(1)～(3)を示す。

(1) 損益計算書（X3年度）の換算

科目	外貨	為替相場	円貨	科目	外貨	為替相場	円貨
売 上 原 価	670	AR105	70,350	売　　上　　高	900	AR105	94,500
営 業 費	300	AR105	31,500	受取利息及び配当金	100	AR105	10,500
法 人 税 等	10	AR105	1,050				
当 期 純 利 益	20	AR105	2,100				
合 計	1,000		105,000	合　　　　計	1,000		105,000

(2) 株主資本等変動計算書（利益剰余金のみ）（X3年度）の換算

科目	外貨	為替相場	円貨	科目	外貨	為替相場	円貨
剰余金の配当	10	HR115	1,150	利益剰余金当期首残高	100	—	(*7)9,100
利益剰余金当期末残高	110	—	10,050	当 期 純 利 益	20	AR105	2,100
合 計	120		11,200	合　　　　計	120		11,200

(*7) X1年度末利益剰余金80千ドル×HR90円＋X2年度当期純利益20千ドル（*8）× AR95円＝9,100

(*8) X2年度末利益剰余金100千ドル－X1年度末利益剰余金80千ドル＝20千ドル

(3) 貸借対照表（X3年度末）の換算

科目	外貨	為替相場	円貨	科目	外貨	為替相場	円貨
現 金 預 金	400	CR110	44,000	買　　　掛　　　金	880	CR110	96,800
売 掛 金	50	CR110	5,500	未払法人税等	10	CR110	1,100
棚 卸 資 産	150	CR110	16,500	繰延税金負債	(*10) 36	CR110	3,960
土 地	(*9) 590	CR110	64,900	資　　　本　　　金	90	HR 90	8,100
				資 本 剰 余 金	10	HR 90	900
				利 益 剰 余 金	110	—	(*11)10,050
				評 価 差 額	(*12) 54	HR 90	4,860
				為替換算調整勘定	—	—	(*13)5,130
合 計	1,190		130,900	合　　　　計	1,190		130,900

(*9) X1年度末時価評価後：500千ドル＋100千ドル（*1）－10千ドル（*4）＝590千ドル

(*10) 40千ドル（*2）－4千ドル（*5）＝36千ドル

(*11) 株主資本等変動計算書の利益剰余金当期末残高の金額

(*12) 60千ドル（*3）－6千ドル（*6）＝54千ドル

(*13) 貸借差額

３．タイム・テーブル

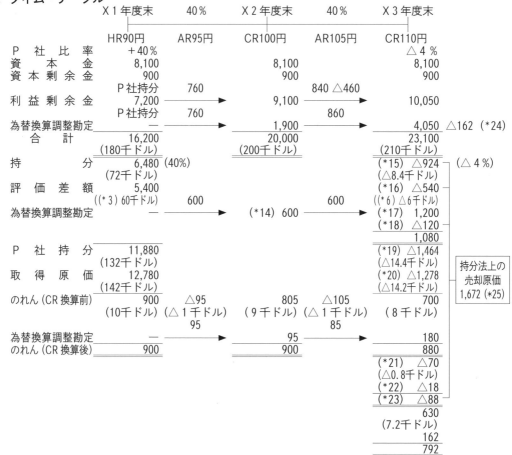

	X1年度末	40%	X2年度末	40%	X3年度末
	HR90円	AR95円	CR100円	AR105円	CR110円
Ｐ　社　比　率	＋40％				△4％
資　本　金	8,100		8,100		8,100
資　本　剰　余　金	900		900		900
利　益　剰　余　金	7,200	Ｐ社持分 760 →	9,100	840 △460 Ｐ社持分 860 →	10,050
為替換算調整勘定	―	760 →	1,900	→	4,050　△162 (*24)
合　　　計	16,200		20,000		23,100
	(180千ドル)		(200千ドル)		(210千ドル)
持　　　分	6,480 (40%)				(*15)　△924　(△4％)
	(72千ドル)				(△8.4千ドル)
評　価　差　額	5,400				(*16)　△540
	((*3) 60千ドル)	600 →	(*14) 600	600 →	((*6) △6千ドル)
為替換算調整勘定	―				(*17)　1,200
					(*18)　△120
					1,080
Ｐ　社　持　分	11,880				(*19)　△1,464
	(132千ドル)				(△14.4千ドル)
取　得　原　価	12,780				(*20)　△1,278
	(142千ドル)				(△14.2千ドル)
のれん (CR換算前)	900	△95	805	△105	700
	(10千ドル)	(△1千ドル)	(9千ドル)	(△1千ドル)	(8千ドル)
為替換算調整勘定	―	95 →	95	85 →	180
のれん (CR換算後)	900		900		880
					(*21)　△70
					(△0.8千ドル)
					(*22)　△18
					(*23)　△88
					630
					(7.2千ドル)
					162
					792

持分法上の売却原価　1,672 (*25)

(*14)　(60千ドル×CR100円) －評価差額5,400 ＝ 600

(*15)　X3年度末資本合計23,100×売却比率4％ ＝ 924

(*16)　評価差額5,400×売却比率4％／売却前持分比率40％ ＝ 540

(*17)　(60千ドル×CR110円) －評価差額5,400 ＝ 1,200

(*18)　評価差額に係る為替換算調整勘定1,200 (*17) ×一部売却比率4％／40％ ＝ 120

(*19)　△924 (*15) ＋△540 (*16) ＝△1,464

(*20)　取得原価12,780×売却比率4％／売却前持分比率40％ ＝ 1,278

(*21)　のれん (CR換算前) 700×売却比率4％／売却前持分比率40％ ＝ 70

(*22)　のれんに係る為替換算調整勘定180×売却比率4％／売却前持分比率40％ ＝ 18

(*23)　のれん (CR換算後) 880×売却比率4％／売却前持分比率40％ ＝ 88

(*24)　資本勘定に関する為替換算調整勘定 (760＋860) ×売却比率4％／売却前持分比率40％ ＝ 162

４．連結修正仕訳

(1)　開始仕訳

(借) 関 係 会 社 株 式	2,120	(貸) 利益剰余金当期首残高	665 [*26]
		為替換算調整勘定当期首残高	1,455 [*27]

(*26)　Ｐ社に帰属する投資後利益剰余金760－のれん償却額95 ＝ 665

(*27)　資本合計分760＋評価差額分600＋のれん分95 ＝ 1,455

(2)　のれんの償却

(借) 持分法による投資損益	105 [*28]	(貸) 関 係 会 社 株 式	105

(*28)　のれん10千ドル÷償却年数10年× AR105円 ＝ 105

(3) 当期純利益の認識

(借)関 係 会 社 株 式	840	(貸)持分法による投資損益	840 [*29]

(*29) A社当期純利益20千ドル×P社持分比率40％×AR105円＝840

(4) 剰余金の配当

(借)受 取 利 息 及 び 配 当 金	460 [*30]	(貸)関 係 会 社 株 式	460

(*30) 剰余金の配当10千ドル×P社持分比率40％×HR115＝460

(5) 為替換算調整勘定の認識

(借)関 係 会 社 株 式	1,545	(貸)為替換算調整勘定当期変動額	1,545 [*31]

(*31) 資本合計分860＋評価差額分600＋のれん分85＝1,545

(6) 一部売却

① 個別上の処理

(借)現 金 預 金	2,420	(貸)関 係 会 社 株 式	1,278 [*20]
		関係会社株式売却益	1,142

② 持分法上のあるべき処理

(借)現 金 預 金	2,420	(貸)関 係 会 社 株 式	1,672 [*25]
		関係会社株式売却益	748
(借)為替換算調整勘定当期変動額	300 [*32]	(貸)関係会社株式売却益	300

(*32) △162（*24）＋△120（*18）＋△18（*22）＝△300

③ 持分法修正仕訳（②－①）

(借)関係会社株式売却益	394	(貸)関 係 会 社 株 式	394
(借)為替換算調整勘定当期変動額	300	(貸)関係会社株式売却益	300

(7) 勘定科目の変更

(借)投 資 有 価 証 券	15,048	(貸)関 係 会 社 株 式	15,048 [*33]

(*33) 個別上11,502＋連結修正仕訳3,546（2,120－105＋840－460＋1,545－394）＝15,048

　　　　若しくは，X3年度末資本合計23,100×P社持分比率36％＋評価差額（5,400－540＋為調1,080）

　　　　　　　　　　　　　　　　　　　　　　　　　　　＋のれんの未償却残高（880－88）＝15,048

Ⅲ．連結包括利益計算書の内訳

		P社株主持分		非支配株主持分	
当期純利益	29,961	親会社株主に帰属する当期純利益	25,341	非支配株主に帰属する当期純利益	4,620
その他の包括利益					
為替換算調整勘定	5,060	S社発生（資本合計分） S社発生（のれん分）	2,730 510	S社発生（資本合計分）	1,820
持分法適用会社に対する持分相当額	1,245	A社発生（持分法）	（＊1）1,245		
包括利益	36,266	親会社株主に係る包括利益	29,826	非支配株主に係る包括利益	6,440

（＊1）為替換算調整勘定1,545（資本合計分860＋評価差額分600＋のれん分85）

　　　　　－一部売却（組替調整）300（資本合計分162＋評価差額分120＋のれん分18）＝1,245

> 🖉子会社株式の一部売却によって取り崩したS社の為替換算調整勘定700は，当期純利益に含まれていないため組替調整の対象とならず，持分所有者との直接的な取引による減少と同様に考えられることから，包括利益には含まれない。

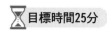

【問題⑫】

次の［資料］に基づいて，解答用紙のX3年度におけるP社の連結財務諸表を作成しなさい。なお，貸倒引当金，税金及び税効果会計は考慮せず，純資産の減少項目には金額の前に△を付すこと。また，のれんは発生年度の翌期から10年間で定額法により償却する。

［資料］

1．X1年度末において，P社はS1社（資本金20,000千円，利益剰余金10,000千円）の発行済株式数の70％を28,400千円で取得し，同社を子会社とした。

2．X2年度末において，S1社はS2社（資本金8,000千円，利益剰余金12,000千円）の発行済株式数の60％を20,000千円で取得し，同社を子会社とした。

3．S1社の土地（簿価13,000千円）のX1年度末の時価は15,000千円である。また，S2社の土地（簿価5,000千円）のX2年度末の時価は10,000千円である。

4．X3年度よりS2社はS1社に商品の販売を開始しており，X3年度におけるS2社のS1社に対する売上高は8,000千円であった。X3年度末におけるS1社の期末商品棚卸高のうち，S2社から仕入れたものが2,000千円含まれている。なお，当該商品のS2社の仕入原価は1,500千円であった。

5．X3年度におけるS2社のS1社に対する売掛金残高は3,000千円である。

6．X3年度における各社の財務諸表は，次のとおりであった。

損 益 計 算 書　　　　　（単位：千円）

費　　用	P社	S1社	S2社	収　　益	P社	S1社	S2社
売 上 原 価	60,000	40,000	25,000	売 上 高	92,000	62,000	40,000
営 業 費	30,000	23,000	11,500	受取利息及び配当金	5,000	4,000	1,500
当 期 純 利 益	7,000	3,000	5,000				
合　　計	97,000	66,000	41,500	合　　計	97,000	66,000	41,500

株主資本等変動計算書　　　　　（単位：千円）

借　　方	P社	S1社	S2社	貸　　方	P社	S1社	S2社
資本金当期末残高	30,000	20,000	8,000	資本金当期首残高	30,000	20,000	8,000
剰余金の配当	6,000	5,000	1,000	利益剰余金当期首残高	18,000	15,000	12,000
利益剰余金当期末残高	19,000	13,000	16,000	当 期 純 利 益	7,000	3,000	5,000

貸 借 対 照 表　　　　　（単位：千円）

資　　産	P社	S1社	S2社	負債・純資産	P社	S1社	S2社
現 金 預 金	12,000	8,000	13,000	買 掛 金	16,000	27,000	26,000
売 掛 金	6,600	10,000	14,000	資 本 金	30,000	20,000	8,000
棚 卸 資 産	8,000	9,000	18,000	利 益 剰 余 金	19,000	13,000	16,000
土 地	10,000	13,000	5,000				
関係会社株式	28,400	20,000	―				
合　　計	65,000	60,000	50,000	合　　計	65,000	60,000	50,000

【解答用紙】

（X3年度）　　　　　　　連　結　損　益　計　算　書　　　　　（単位：千円）

費　　　用	金　　額	収　　益	金　　額
売　上　原　価	（　　　　　　）	売　　上　　高	（　　　　　　）
営　　業　　費	（　　　　　　）	受取利息及び配当金	（　　　　　　）
の　れ　ん　償　却　額	（　　　　　　）		
非支配株主に帰属する当期純利益	（　　　　　　）		
親会社株主に帰属する当期純利益	（　　　　　　）		
	（　　　　　　）		（　　　　　　）

（X3年度）　　　　　連　結　株　主　資　本　等　変　動　計　算　書　　　　（単位：千円）

	株主資本			非　支　配 株主持分	純　資　産 合　　　計
	資本金	利益剰余金	株主資本合計		
当期首残高					
当期変動額					
剰余金の配当					
親会社株主に帰属する当期純利益					
株主資本以外の項目の当期変動額					
当期変動額合計					
当期末残高					

（X3年度末）　　　　　　　連　結　貸　借　対　照　表　　　　　（単位：千円）

資　　産	金　　額	負債・純資産	金　　額
現　金　預　金	（　　　　　　）	買　　掛　　金	（　　　　　　）
売　　掛　　金	（　　　　　　）	資　　本　　金	（　　　　　　）
棚　卸　資　産	（　　　　　　）	利　益　剰　余　金	（　　　　　　）
土　　　　　地	（　　　　　　）	非　支　配　株　主　持　分	（　　　　　　）
の　　れ　　ん	（　　　　　　）		
	（　　　　　　）		（　　　　　　）

（X3年度）　　　　　　　　連　結　損　益　計　算　書　　　　（単位：千円）

費　　用	金　　額	収　　益	金　　額
売　上　原　価	（　117,500　）	売　　上　　高	（　186,000　）
営　　業　　費	（　64,500　）	受取利息及び配当金	（　6,400　）
の　れ　ん　償　却　額	（　1,100　）		
非支配株主に帰属する当期純利益	（　3,180　）		
親会社株主に帰属する当期純利益	（　6,120　）		
	（　192,400　）		（　192,400　）

（X3年度）　　　　　　連　結　株　主　資　本　等　変　動　計　算　書　　　　（単位：千円）

	株主資本			非　支　配株主持分	純　資　産合　　計
	資本金	利益剰余金	株主資本合計		
当期首残高	30,000	20,900	50,900	21,100	72,000
当期変動額					
剰余金の配当		△6,000	△6,000		△6,000
親会社株主に帰属する当期純利益		6,120	6,120		6,120
株主資本以外の項目の当期変動額				1,280	1,280
当期変動額合計	—	120	120	1,280	1,400
当期末残高	30,000	21,020	51,020	22,380	73,400

（X3年度末）　　　　　　　連　結　貸　借　対　照　表　　　　（単位：千円）

資　　産	金　　額	負債・純資産	金　　額
現　金　預　金	（　33,000　）	買　　掛　　金	（　66,000　）
売　　掛　　金	（　27,600　）	資　　本　　金	（　30,000　）
棚　卸　資　産	（　34,500　）	利　益　剰　余　金	（　21,020　）
土　　　　　地	（　35,000　）	非支配株主持分	（　22,380　）
の　　れ　　ん	（　9,300　）		
	（　139,400　）		（　139,400　）

解説 （単位：千円）

Ⅰ．S 2 社（連結子会社（孫会社））

> 📝 子会社の範囲に関しては，子会社が他の会社等の意思決定機関を支配している場合における当該他の会社等も子会社とみなされる。したがって，親会社による直接的な支配のみならず，親会社が子会社を通じて間接的に支配している場合の孫会社も子会社として連結の対象となる。
>
> P 社（親会社） —70%→ S 1 社（子会社） —60%→ S 2 社（孫会社）

1．個別財務諸表の修正

(1) 子会社の資産・負債の時価評価（全面時価評価法）

（借）土　　　　　　地	5,000	（貸）評　価　差　額	5,000 *1

（*1）X 2 年度末時価10,000 － 帳簿価額5,000 ＝ 5,000

2．タイム・テーブル

```
                    X 2 年度末        60%         X 3 年度末
                    ├───────────────────────┤
S 1 社 比 率        ＋60％
資 本 金             8,000                        8,000
                   S 1 社持分   3,000 △600
利 益 剰 余 金       12,000    ───────▶          16,000
                   非支配株主持分 2,000 △400
評 価 差 額        (*1) 5,000                   (*1) 5,000
    合 計           25,000                       29,000
S 1 社 持 分        15,000
取 得 原 価         20,000
の れ ん             5,000      △500              4,500
```

3．連結修正仕訳

(1) 開始仕訳

（借）資本金当期首残高	8,000	（貸）関 係 会 社 株 式	20,000
利益剰余金当期首残高	12,000 *2	非支配株主持分当期首残高	10,000 *3
評　価　差　額	5,000 *1		
の　　れ　　ん	5,000		

（*2）支配獲得時利益剰余金12,000

（*3）X 2 年度末資本合計25,000 × S 2 社非支配株主持分比率40％ ＝ 10,000

(2) のれんの償却

（借）の れ ん 償 却 額	500 *4	（貸）の　　れ　　ん	500

（*4）S 2 社のれん5,000 ÷ 償却年数10年 ＝ 500

(3) 当期純利益の按分

（借）非支配株主に帰属する当期純損益	2,000 *5	（貸）非支配株主持分当期変動額	2,000

（*5）S 2 社当期純利益5,000 × S 2 社非支配株主持分比率40％ ＝ 2,000

(4) 剰余金の配当

（借）受取利息及び配当金（S1社）	600 *6	（貸）利益剰余金当期変動額	1,000
非支配株主持分当期変動額	400 *7	（剰 余 金 の 配 当）	

（*6）S 2 社剰余金の配当1,000 × S 1 社持分比率60％ ＝ 600

（*7）S 2 社剰余金の配当1,000 × S 2 社非支配株主持分比率40％ ＝ 400

(5) S 2 社売上高とS 1 社仕入高の相殺消去

（借）売　　上　　高	8,000	（貸）売　上　原　価	8,000

(6)　S2社売掛金とS1社買掛金の相殺消去

（借）買　　掛　　金	3,000	（貸）売　　掛　　金	3,000

(7)　商品の未実現利益の消去（アップ・ストリーム）

（借）売　上　原　価	500 *8	（貸）棚　卸　資　産	500
（借）非支配株主持分当期変動額	290	（貸）非支配株主に帰属する当期純損益	290 *9

（*8）S2社より仕入分：売価2,000－原価1,500＝500

（*9）未実現利益500（*8）×58%（*10）＝290

（*10）S2社非支配株主持分比率40%

　　　　　　＋S1社のS2社持分比率60%×S1社非支配株主持分比率30%＝58%

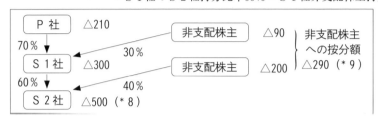

Ⅱ．S1社（連結子会社）

1．個別財務諸表の修正

(1)　子会社の資産・負債の時価評価（全面時価評価法）

（借）土　　　　　地	2,000	（貸）評　価　差　額	2,000 *1

（*1）X1年度末時価15,000－帳簿価額13,000＝2,000

2．タイム・テーブル

	X1年度末	70%	X2年度末	70%	X3年度末
P　社　比　率	＋70%				
資　本　金	20,000		20,000		20,000
	P社持分	3,500		2,100 △3,500	
利　益　剰　余　金	10,000	→	15,000	→	13,000
	非支配株主持分	1,500		900 △1,500	
評　価　差　額	（*1）2,000		（*1）2,000		（*1）2,000
	P社持分			1,330	
孫会社S2社影響分	―		―	→	（*2）1,900
	非支配株主持分			570	
合　　　　計	32,000		37,000		36,900
P　社　持　分	22,400				
取　得　原　価	28,400				
の　れ　ん	6,000	△600	5,400	△600	4,800

（*2）X3年度孫会社S2社影響分：

　　　支配獲得後S2社利益剰余金のS1社持分（X3年度末16,000－X2年度末12,000）

　　　　　　　　　　　　　×S1社持分60%－S2社のれん償却額500＝1,900

　　　若しくは，S2社当期純利益5,000×S1社持分60%－S2社剰余金の配当金の相殺600

　　　　　　　　　　　　　　　　　－S2社のれん償却500＝1,900

3．連結修正仕訳

(1)　開始仕訳

（借）資本金当期首残高	20,000	（貸）関 係 会 社 株 式	28,400
利益剰余金当期首残高	12,100 *3	非支配株主持分当期首残高	11,100 *4
評　価　差　額	2,000 *1		
の　れ　ん	5,400		

118

（＊3） 支配獲得時利益剰余金10,000

  ＋非支配株主に帰属する支配獲得後利益剰余金1,500＋のれん償却額600＝12,100

（＊4） X2年度末資本合計37,000×S1社非支配株主持分比率30％＝11,100

(2) のれんの償却

（借）の れ ん 償 却 額	600 *5	（貸）の れ ん	600

（＊5） S1社のれん6,000÷償却年数10年＝600

(3) 当期純利益の按分

（借）非支配株主に帰属する当期純損益	1,470 *6	（貸）非支配株主持分当期変動額	1,470

（＊6） （S1社当期純利益3,000＋孫会社S2社影響分1,900（＊2））

  ×S1社非支配株主持分比率30％＝1,470

※ 以下のように分解して考えることもできる。

（借）非支配株主に帰属する当期純損益	900 *7	（貸）非支配株主持分当期変動額	900
（借）非支配株主に帰属する当期純損益	900 *8	（貸）非支配株主持分当期変動額	900
（借）非支配株主持分当期変動額	180	（貸）非支配株主に帰属する当期純損益	180 *9
（借）非支配株主持分当期変動額	150	（貸）非支配株主に帰属する当期純損益	150 *10

（＊7） S1社当期純利益3,000×S1社非支配株主持分比率30％＝900

（＊8） S2社当期純利益5,000×S1社持分比率60％×S1社非支配株主持分比率30％＝900

> ✎ S2社の当期純利益のうち，S1社持分比率分はS1社に帰属し，連結上，S1社の当期純利益が増加するため，S1社の非支配株主へ按分する。

（＊9） S2社剰余金の配当1,000×S1社持分比率60％×S1社非支配株主持分比率30％＝180

> ✎ S1社の個別上で計上された「受取配当金」を連結上で消去したことに伴い，S1社の当期純利益が減少するため，S1社の非支配株主へ按分する。

（＊10） S2社のれん償却500×S1社非支配株主持分比率30％＝150

> ✎ S1社の個別上で計上されていなかった「のれん償却」を連結上で計上したことに伴い，S1社の当期純利益が減少するため，S1社の非支配株主へ按分する。

(4) 剰余金の配当

（借）受取利息及び配当金	3,500 *11	（貸）利益剰余金当期変動額	5,000
非支配株主持分当期変動額	1,500 *12	（剰 余 金 の 配 当）	

（＊11） S1社剰余金の配当5,000×P社持分比率70％＝3,500

（＊12） S1社剰余金の配当5,000×S1社非支配株主持分比率30％＝1,500

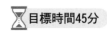

【問題⑬】

次の［資料］に基づいて，解答用紙のＸ３年度（Ｘ３年４月１日〜Ｘ４年３月31日）におけるＰ社の連結財務諸表を作成しなさい。なお，各社の決算日は３月末である。解答に当たり，貸倒引当金は考慮せず，純資産の減少項目には金額の前に△を付すこと。また，のれんは発生年度の翌期から10年間で定額法により償却し，負ののれんが生じる場合には，発生年度の利益として処理する。

［資料］

1．Ｘ１年度末において，Ｐ社はＳ社（資本金5,000千円，利益剰余金3,000千円，その他有価証券評価差額金△1,000千円，繰延ヘッジ損益500千円）の発行済株式数の80％を9,400千円で取得し，同社を子会社とした。また，Ｘ３年度末において，Ｐ社はＳ社の発行済株式数の５％を1,010千円で追加取得した。

2．Ｘ１年度末において，Ｐ社はＡ社（資本金2,000千円，利益剰余金500千円，その他有価証券評価差額金200千円，繰延ヘッジ損益300千円）の発行済株式数の20％を1,550千円で取得し，同社を関連会社とした。また，Ｘ３年度末において，Ｐ社はＡ社の発行済株式数の10％を560千円で追加取得した。なお，連結貸借対照表上，持分法で評価したＡ社株式は投資有価証券勘定で表示する。

3．Ｓ社の土地（簿価1,000千円）のＸ１年度末の時価は3,500千円である。また，Ａ社の土地（簿価3,000千円）のＸ１年度末及びＸ３年度末の時価は，それぞれ8,000千円及び9,000千円である。

4．Ｘ３年度にＳ社はＰ社から裏書譲渡された連結外部振出の約束手形5,000千円のうち，4,000千円を銀行で割り引き，1,000千円を連結外部へ裏書譲渡したが，Ｘ３年度末現在，未決済である。なお，割引料及び保証債務は考慮しないこと。

5．Ｘ２年度において，Ｐ社は保有する土地（簿価3,000千円）をＳ社に対して4,000千円で売却した。また，Ｘ３年度において，Ｓ社は当該土地を連結外部の企業に5,000千円で売却した。

6．連結会社間の社債取引
⑴ Ｐ社は，Ｘ３年７月１日に社債額面20,000千円を＠92円で発行し（償還期間：４年，年利率：４％，利払日：６月末及び12月末），発行時にＳ社が当該社債の半分を9,200千円で取得した。
⑵ Ｐ社は当該社債について，償却原価法（定額法）を適用している。
⑶ Ｓ社は当該社債を満期保有目的の債券に分類し，償却原価法（定額法）を適用している。

7．Ｐ社はＸ３年７月１日にＡ社に対して6,000千円の貸付け（貸付期間：１年，年利率：５％，利払日：年２回，６月30日及び12月31日）を行った。

8．Ｐ社とＳ社は企業内部積立型の退職一時金制度を採用しており，各期末の退職給付引当金と退職給付債務の実績額は以下のとおりである。

		Ｘ１年度末	Ｘ２年度末	Ｘ３年度末
Ｐ社	退職給付引当金	8,500千円	7,000千円	5,000千円
	退職給付債務の実績額	6,000千円	5,500千円	4,000千円
Ｓ社	退職給付引当金	4,000千円	5,000千円	7,000千円
	退職給付債務の実績額	4,000千円	6,500千円	8,000千円

9．税効果会計は，子会社と関連会社の土地の時価評価差額及び未実現損益の消去から生じる一時差異のみに適用し，Ｐ社の法定実効税率は毎期45％，Ｓ社の法定実効税率は毎期40％，Ａ社の法定実効税率は毎期35％とする。

10. X3年度における各社の財務諸表は，次のとおりであった。

損 益 計 算 書　　　　　　　　　　（単位：千円）

費　　　　用	P社	S社	A社	収　　　　益	P社	S社	A社
売 上 原 価	57,000	40,000	8,850	売 上 高	80,000	60,000	10,800
営 業 費	20,700	18,000	3,400	受 取 利 息	2,000	800	1,600
支 払 利 息	400	1,000	250	受 取 配 当 金	4,500	1,600	500
社 債 利 息	900	—	—	有 価 証 券 利 息	500	600	100
法 人 税 等	3,000	2,000	200	有形固定資産売却益	—	1,000	—
当 期 純 利 益	5,000	3,000	300				
合　　計	87,000	64,000	13,000	合　　計	87,000	64,000	13,000

株主資本等変動計算書　　　　　　　　（単位：千円）

借　　　　方	P社	S社	A社	貸　　　　方	P社	S社	A社
資本金当期末残高	20,000	5,000	2,000	資本金当期首残高	20,000	5,000	2,000
資本剰余金当期末残高	5,000	—	—	資本剰余金当期首残高	5,000	—	—
剰 余 金 の 配 当	500	1,000	100	利益剰余金当期首残高	15,000	4,500	800
利益剰余金当期末残高	19,500	6,500	1,000	当 期 純 利 益	5,000	3,000	300
その他有価証券評価差額金当期末残高	1,500	△800	900	その他有価証券評価差額金当期首残高	1,000	△500	600
				その他有価証券評価差額金当期変動額	500	△300	300
繰延ヘッジ損益当期末残高	900	1,200	800	繰延ヘッジ損益当期首残高	500	800	450
				繰延ヘッジ損益当期変動額	400	400	350

貸 借 対 照 表　　　　　　　　　　（単位：千円）

資　　　　産	P社	S社	A社	負債・純資産	P社	S社	A社
現 金 預 金	23,940	14,800	4,000	買 掛 金	10,500	23,200	5,000
受 取 手 形	18,000	9,000	4,000	支 払 手 形	13,000	8,500	8,600
売 掛 金	10,000	5,000	2,000	短 期 借 入 金	4,000	10,000	6,300
棚 卸 資 産	13,040	8,800	2,200	未 払 法 人 税 等	500	1,000	100
短 期 貸 付 金	8,000	2,000	1,000	未 払 費 用	900	400	300
為 替 予 約	900	1,200	800	社 債	18,700	—	—
未 収 収 益	100	300	—	退 職 給 付 引 当 金	5,000	7,000	—
土 地	5,000	1,000	3,000	資 本 金	20,000	5,000	2,000
投 資 有 価 証 券	8,000	19,900	8,000	資 本 剰 余 金	5,000	—	—
関 係 会 社 株 式	12,520	—	—	利 益 剰 余 金	19,500	6,500	1,000
				その他有価証券評価差額金	1,500	△800	900
				繰 延 ヘ ッ ジ 損 益	900	1,200	800
合　　計	99,500	62,000	25,000	合　　計	99,500	62,000	25,000

（X3年度）　　　　　　　　　連 結 損 益 計 算 書　　　　　　（単位：千円）

費　　　用	金　　額	収　　　益	金　　額
売 上 原 価	（　　　　）	売 上 高	（　　　　）
営 業 費	（　　　　）	受 取 利 息	（　　　　）
の れ ん 償 却 額	（　　　　）	受 取 配 当 金	（　　　　）
支 払 利 息	（　　　　）	有 価 証 券 利 息	（　　　　）
社 債 利 息	（　　　　）	持分法による投資利益	（　　　　）
法 人 税 等	（　　　　）	有形固定資産売却益	（　　　　）
法 人 税 等 調 整 額	（　　　　）		
非支配株主に帰属する当期純利益	（　　　　）		
親会社株主に帰属する当期純利益	（　　　　）		
	（　　　　）		（　　　　）

（X3年度）　　　　　　　　連 結 株 主 資 本 等 変 動 計 算 書　　　　　（単位：千円）

	株主資本				その他有価証券評価差額金	繰延ヘッジ損益	退職給付に係る調整累計額	非支配株主持分	純資産合計
	資本金	資本剰余金	利益剰余金	株主資本合計					
当期首残高									
当期変動額									
剰余金の配当									
非支配株主との取引に係る親会社の持分変動									
親会社株主に帰属する当期純利益									
株主資本以外の項目の当期変動額									
当期変動額合計									
当期末残高									

（X3年度末）　　　　　　　　連 結 貸 借 対 照 表　　　　　　（単位：千円）

資　　産	金　　額	負債・純資産	金　　額
現 金 預 金	（　　　　）	支 払 手 形 及 び 買 掛 金	（　　　　）
受 取 手 形 及 び 売 掛 金	（　　　　）	短 期 借 入 金	（　　　　）
棚 卸 資 産	（　　　　）	未 払 法 人 税 等	（　　　　）
短 期 貸 付 金	（　　　　）	未 払 費 用	（　　　　）
為 替 予 約	（　　　　）	社 債	（　　　　）
未 収 収 益	（　　　　）	退 職 給 付 に 係 る 負 債	（　　　　）
土 地	（　　　　）	繰 延 税 金 負 債	（　　　　）
の れ ん	（　　　　）	資 本 金	（　　　　）
投 資 有 価 証 券	（　　　　）	資 本 剰 余 金	（　　　　）
		利 益 剰 余 金	（　　　　）
		その他有価証券評価差額金	（　　　　）
		繰 延 ヘ ッ ジ 損 益	（　　　　）
		退職給付に係る調整累計額	（　　　　）
		非 支 配 株 主 持 分	（　　　　）
	（　　　　）		（　　　　）

(X 3 年度)	連 結 包 括 利 益 計 算 書	（単位：千円）

当期純利益 （　　　　　　　）

その他の包括利益

　　その他有価証券評価差額金 （　　　　　　　）

　　繰延ヘッジ損益 （　　　　　　　）

　　退職給付に係る調整額 （　　　　　　　）

　　持分法適用会社に対する持分相当額 （＿＿＿＿＿＿＿）

　　その他の包括利益合計 （＿＿＿＿＿＿＿）

包括利益 （＿＿＿＿＿＿＿）

（内 訳）

　親会社株主に係る包括利益 （　　　　　　　）

　非支配株主に係る包括利益 （　　　　　　　）

（X3年度）　連　結　損　益　計　算　書　（単位：千円）

費　　用	金　額	収　　益	金　額
売　上　原　価	（ 97,000 ）	売　　上　　高	（ 140,000 ）
営　　業　　費	（ 38,700 ）	受　取　利　息	（ 2,800 ）
の　れ　ん　償　却　額	（ 220 ）	受　取　配　当　金	（ 5,280 ）
支　払　利　息	（ 1,400 ）	有　価　証　券　利　息	（ 650 ）
社　債　利　息	（ 450 ）	持分法による投資利益	（ 330 ）
法　人　税　等	（ 5,000 ）	有形固定資産売却益	（ 2,000 ）
法　人　税　等　調　整　額	（ 450 ）		
非支配株主に帰属する当期純利益	（ 600 ）		
親会社株主に帰属する当期純利益	（ 7,240 ）		
	（ 151,060 ）		（ 151,060 ）

（X3年度）　連　結　株　主　資　本　等　変　動　計　算　書　（単位：千円）

	株主資本				その他有価証券評価差額金	繰延ヘッジ損益	退職給付に係る調整累計額	非支配株主持分	純資産合計
	資本金	資本剰余金	利益剰余金	株主資本合計					
当期首残高	20,000	5,000	15,460	40,460	1,480	770	300	1,960	44,970
当期変動額									
剰余金の配当			△500	△500					△500
非支配株主との取引に係る親会社の持分変動		△390		△390					△390
親会社株主に帰属する当期純利益			7,240	7,240					7,240
株主資本以外の項目の当期変動額					320	790	△100	△100	910
当期変動額合計	―	△390	6,740	6,350	320	790	△100	△100	7,260
当期末残高	20,000	4,610	22,200	46,810	1,800	1,560	200	1,860	52,230

（X3年度末）　連　結　貸　借　対　照　表　（単位：千円）

資　　産	金　額	負債・純資産	金　額
現　　金　　預　　金	（ 38,740 ）	支払手形及び買掛金	（ 55,200 ）
受取手形及び売掛金	（ 42,000 ）	短　期　借　入　金	（ 14,000 ）
棚　　卸　　資　　産	（ 21,840 ）	未　払　法　人　税　等	（ 1,500 ）
短　期　貸　付　金	（ 10,000 ）	未　　払　　費　　用	（ 1,200 ）
為　　替　　予　　約	（ 2,100 ）	社　　　　　債	（ 9,350 ）
未　　収　　収　　益	（ 300 ）	退職給付に係る負債	（ 12,000 ）
土　　　　　地	（ 8,500 ）	繰　延　税　金　負　債	（ 1,000 ）
の　　れ　　ん	（ 1,760 ）	資　　本　　金	（ 20,000 ）
投　資　有　価　証　券	（ 21,240 ）	資　本　剰　余　金	（ 4,610 ）
		利　益　剰　余　金	（ 22,200 ）
		その他有価証券評価差額金	（ 1,800 ）
		繰　延　ヘ　ッ　ジ　損　益	（ 1,560 ）
		退職給付に係る調整累計額	（ 200 ）
		非　支　配　株　主　持　分	（ 1,860 ）
	（ 146,480 ）		（ 146,480 ）

(X3年度)	連結包括利益計算書	（単位：千円）
当期純利益	（	7,840 ）
その他の包括利益		
その他有価証券評価差額金	（	200 ）
繰延ヘッジ損益	（	800 ）
退職給付に係る調整額	（	0 ）
持分法適用会社に対する持分相当額	（	130 ）
その他の包括利益合計	（	1,130 ）
包括利益	（	8,970 ）
（内 訳）		
親会社株主に係る包括利益	（	8,250 ）
非支配株主に係る包括利益	（	720 ）

Ⅰ．P社（親会社）

1．個別財務諸表の修正

(1) 退職給付

（借）退職給付引当金	5,000	（貸）退職給付に係る負債	5,000	
退職給付に係る負債	1,000	退職給付に係る調整累計額当期首残高	1,500	*1
退職給付に係る調整累計額当期変動額	500 *2			

（*1）X2年度末引当金7,000－X2年度末実績値5,500＝X2年度末未認識残高1,500（有利）

（*2）X3年度末未認識残高1,000（有利）－X2年度末未認識残高1,500（有利）＝500

Ⅱ．S社（連結子会社）

1．個別財務諸表の修正

(1) 子会社の資産・負債の時価評価（全面時価評価法）

（借）土　　　　地	2,500 *1	（貸）繰延税金負債（S社）	1,000 *2
		評　価　差　額	1,500 *3

（*1）X1年度末時価3,500－帳簿価額1,000＝2,500

（*2）2,500（*1）×S社の法定実効税率40％＝1,000

（*3）2,500（*1）×（1－S社の法定実効税率40％）＝1,500

(2) 退職給付

（借）退職給付引当金	7,000	（貸）退職給付に係る負債	7,000
（借）退職給付に係る調整累計額当期首残高	1,500 *4	（貸）退職給付に係る負債	1,000
		退職給付に係る調整累計額当期変動額	500 *5

（*4）X2年度末引当金5,000－X2年度末実績値6,500＝X2年度末未認識残高1,500（不利）

（*5）X3年度末未認識残高1,000（不利）－X2年度末未認識残高1,500（不利）＝500

2．タイム・テーブル

	X1年度末	80％	X2年度末	80％	X3年度末
P　社　比　率	＋80％				＋5％
資　本　金	5,000		5,000		5,000
	P社持分 1,200			2,400 △800	
利　益　剰　余　金	3,000	→	4,500		6,500
	非支配株主持分 300			600 △200	
	P社持分 400			△240	
その他有価証券評価差額金	△1,000	→	△500		△800
	非支配株主持分 100			△60	
	P社持分 240			320	
繰延ヘッジ損益	500	→	800		1,200
	非支配株主持分 60			80	
	P社持分 △1,200			400	
退職給付に係る調整累計額	―	→	(*4) △1,500	→	(*6) △1,000
	非支配株主持分 △300			100	
評　価　差　額	(*3) 1,500		(*3) 1,500		(*3) 1,500
合　　　計	9,000		9,800		12,400
P　社　持　分	7,200				(*7) 620
取　得　原　価	9,400				1,010
資　本　剰　余　金					△390
の　れ　ん	2,200	△220	1,980	△220	1,760

（*6）X3年度末引当金7,000－X3年度末実績値8,000＝△1,000

（*7）X3年度末資本合計12,400×追加取得比率5％＝620

3．連結修正仕訳

（1）開始仕訳

（借）資本金当期首残高	5,000		（貸）関 係 会 社 株 式	9,400	
利益剰余金当期首残高	3,520	*8	その他有価証券評価差額金当期首残高	900	*10
評 価 差 額	1,500	*3	退職給付に係る調整累計額当期首残高	300	*11
繰延ヘッジ損益当期首残高	560	*9	非支配株主持分当期首残高	1,960	*12
の れ ん	1,980				

（*8）支配獲得時利益剰余金3,000＋非支配株主に帰属する支配獲得後利益剰余金300

＋のれん償却額220＝3,520

（*9）支配獲得時繰延ヘッジ損益500

＋非支配株主に帰属する支配獲得後繰延ヘッジ損益60＝560

（*10）支配獲得時その他有価証券評価差額金△1,000

＋非支配株主に帰属する支配獲得後その他有価証券評価差額金100＝△900

（*11）支配獲得時退職給付に係る調整累計額0

＋非支配株主に帰属する支配獲得後退職給付に係る調整累計額△300＝△300

（*12）Ｘ2年度末資本合計9,800×非支配株主持分比率20％＝1,960

（2）のれんの償却

（借）の れ ん 償 却 額	220	*13	（貸）の れ ん	220	

（*13）のれん2,200÷償却年数10年＝220

（3）当期純利益の按分

（借）非支配株主に帰属する当期純損益	600	*14	（貸）非支配株主持分当期変動額	600	

（*14）Ｓ社当期純利益3,000×非支配株主持分比率20％＝600

（4）剰余金の配当

（借）受 取 配 当 金	800	*15	（貸）利益剰余金当期変動額	1,000	
非支配株主持分当期変動額	200	*16	（剰 余 金 の 配 当）		

（*15）剰余金の配当1,000×Ｐ社持分比率80％＝800

（*16）剰余金の配当1,000×非支配株主持分比率20％＝200

（5）その他有価証券評価差額金の按分

（借）非支配株主持分当期変動額	60		（貸）その他有価証券評価差額金当期変動額	60	*17

（*17）（Ｘ3年度末△800－Ｘ2年度末△500）×非支配株主持分比率20％＝△60

（6）繰延ヘッジ損益の按分

（借）繰延ヘッジ損益当期変動額	80	*18	（貸）非支配株主持分当期変動額	80	

（*18）（Ｘ3年度末1,200－Ｘ2年度末800）×非支配株主持分比率20％＝80

> **🖉 子会社の繰延ヘッジ損益**
>
> 　子会社の純資産の部に計上されている繰延ヘッジ損益は，その他有価証券評価差額金と同様の処理を行う。すなわち，親会社の連結財務諸表上，支配獲得時の残高のうち，親会社持分は相殺消去の対象となり，非支配株主帰属分は非支配株主持分へ振り替える。また，支配獲得後に計上した繰延ヘッジ損益のうち，非支配株主帰属分は非支配株主持分に振り替えることになる。

（7）退職給付に係る調整累計額の按分

（借）退職給付に係る調整累計額当期変動額	100	*19	（貸）非支配株主持分当期変動額	100	

（*19）（Ｘ3年度末△1,000（*6）－Ｘ2年度末△1,500（*4））×非支配株主持分比率20％＝100

(8) 追加取得

① 個別上の処理

(借)関 係 会 社 株 式	1,010	[20]	(貸)現 金 預 金	1,010		

(*20) 追加投資額

② 連結上のあるべき処理

(借)非支配株主持分当期変動額	620	[7]	(貸)現 金 預 金	1,010
資本剰余金当期変動額	390	[21]		
(非支配株主との取引に係る親会社の持分変動)				

(*21) 貸借差額又は，個別上の取得原価1,010（*20）－非支配株主持分減少額620（*7）＝390

③ 連結修正仕訳（②－①）

(借)非支配株主持分当期変動額	620	(貸)関 係 会 社 株 式	1,010
資本剰余金当期変動額	390		
(非支配株主との取引に係る親会社の持分変動)			

(9) 手形取引の修正

仕 訳 な し

> 🖉 **連結外部の第三者が振り出した手形を割引又は裏書した場合**
> 　連結外部の第三者が振り出した手形を割引又は裏書した場合には，連結上も手形の割引又は裏書として処理するため，特に会計処理は必要ないが，Ｐ社の貸借対照表に注記されている裏書手形5,000については，注記を取り消す必要がある（なお，本問では注記を省略している）。

(10) 土地の未実現利益の消去及び外部売却による実現（ダウン・ストリーム）

① 前期の引継ぎ

(借)利益剰余金当期首残高	1,000	(貸)土 　 地	1,000	[22]
(借)繰延税金資産（Ｐ社）	450	[23]	(貸)利益剰余金当期首残高	450

(*22) 売却価額4,000－簿価3,000＝1,000

(*23) 1,000（*22）×売却元Ｐ社法定実効税率45％＝450

② 外部売却による実現

a. Ｓ社個別上

(借)現 金 預 金	5,000	(貸)土 　 地	4,000
		有形固定資産売却益	1,000

b. 連結上のあるべき処理

(借)現 金 預 金	5,000	(貸)土 　 地	3,000
		有形固定資産売却益	2,000

c. 連結修正仕訳（b.－a.）

(借)土 　 地	1,000	(貸)有形固定資産売却益	1,000

d. 税効果会計

(借)法 人 税 等 調 整 額	450	(貸)繰延税金資産（Ｐ社）	450	[23]

(11) 社債に関する調整

① Ｐ社社債とＳ社投資有価証券の相殺消去

(借)社 　 債	9,350	[24]	(貸)投 資 有 価 証 券	9,350	[24]
(借)有 価 証 券 利 息	150	[25]	(貸)社 債 利 息	150	[25]

(*24) 発行額9,200＋償却額150（*25）＝9,350

(*25) （10,000－9,200）× 9ヶ月（X3.7～X4.3末）/48ヶ月（X3.7～X7.6末）＝150

② クーポン利息の相殺消去

（借）有 価 証 券 利 息	300	（貸）社 債 利 息	300 *26
（借）未 払 費 用	100 *27	（貸）未 収 収 益	100

（*26）10,000×4％×9ヶ月（X3.7～X4.3末）/12ヶ月＝300

（*27）10,000×4％×3ヶ月（X4.1～X4.3末）/12ヶ月＝100

Ⅲ．A社（関連会社）

1．個別財務諸表の修正

（1）関連会社の資産・負債の時価評価（部分時価評価法）

（借）土 地	1,000 *1	（貸）繰延税金負債（A社）	350 *2
		評 価 差 額	650 *3
（借）土 地	600 *4	（貸）繰延税金負債（A社）	210 *5
		評 価 差 額	390 *6

（*1）（X1年度末時価8,000－帳簿価額3,000）×P社原始取得比率20％＝1,000

（*2）1,000（*1）×A社の法定実効税率35％＝350

（*3）1,000（*1）×（1－A社の法定実効税率35％）＝650

（*4）（X3年度末時価9,000－帳簿価額3,000）×P社持分増加比率10％＝600

（*5）600（*4）×A社の法定実効税率35％＝210

（*6）600（*4）×（1－A社の法定実効税率35％）＝390

2．タイム・テーブル

	X1年度末	20％		X2年度末	20％		X3年度末
	├			┤			┤
P 社 比 率	＋20％						＋10％
資 本 金	2,000			2,000			2,000
	P社持分	60	▶		60 △20		
利 益 剰 余 金	500			800			1,000
	P社持分	80	▶		60		
その他有価証券評価差額金	200			600			900
	P社持分	30	▶		70		
繰延ヘッジ損益	300			450			800
合 計	3,000			3,850			4,700
持 分	600 (20％)						470 (10％)
評 価 差 額	（*3）650						（*6）390
P 社 持 分	1,250						860
取 得 原 価	1,550						560
負ののれん発生益							300
の れ ん	300	△30		270	△30		240

3．連結修正仕訳

（1）開始仕訳

（借）関 係 会 社 株 式	30	（貸）利益剰余金当期首残高	30 *7
（借）関 係 会 社 株 式	80	（貸）その他有価証券評価差額金当期首残高	80 *8
（借）関 係 会 社 株 式	30	（貸）繰延ヘッジ損益当期首残高	30 *9

（*7）P社に帰属する投資後利益剰余金60－のれん償却額30＝30

（*8）（X2年度末600－X1年度末200）×P社持分比率20％＝80

（*9）（X2年度末450－X1年度末300）×P社持分比率20％＝30

✎**関連会社の繰延ヘッジ損益**

　　持分法適用上，関連会社の純資産の部に計上されている繰延ヘッジ損益は，その他有価証券評価差額金と同様の処理を行う。すなわち，投資会社の連結財務諸表上，各期の増減額のうち投資会社持分比率分について計上し，投資勘定を増減させる。

(2) のれんの償却

（借）持分法による投資損益	30	*10	（貸）関 係 会 社 株 式	30

(*10) のれん300÷償却年数10年＝30

(3) 当期純利益の認識

（借）関 係 会 社 株 式	60		（貸）持分法による投資損益	60	*11

(*11) A社当期純利益300×P社持分比率20％＝60

(4) 剰余金の配当

（借）受 取 配 当 金	20	*12	（貸）関 係 会 社 株 式	20

(*12) 剰余金の配当100×P社持分比率20％＝20

(5) その他有価証券評価差額金の認識

（借）関 係 会 社 株 式	60		（貸）その他有価証券評価差額金当期変動額	60	*13

(*13) （X3年度末900－X2年度末600）×P社持分比率20％＝60

(6) 繰延ヘッジ損益の認識

（借）関 係 会 社 株 式	70		（貸）繰延ヘッジ損益当期変動額	70	*14

(*14) （X3年度末800－X2年度末450）×P社持分比率20％＝70

(7) 追加取得（10％取得）

① 個別上の処理

（借）関 係 会 社 株 式	560	（貸）現 金 預 金	560

② 持分法上のあるべき処理

（借）関 係 会 社 株 式	560	（貸）現 金 預 金	560	
（借）関 係 会 社 株 式	300	持分法による投資損益	300	*15

(*15) （X3年度末資本合計4,700×追加取得比率10％＋評価差額390（＊6））－取得原価560＝300

> 🖉 持分法適用で生じた「負ののれん発生益」は，「持分法による投資利益（営業外収益）」で表示する。

③ 持分法修正仕訳（②－①）

（借）関 係 会 社 株 式	300	（貸）持分法による投資損益	300

(8) 資金取引の修正

仕訳なし

> 🖉 A社（持分法適用関連会社）の財務諸表は合算しないため，取引高の相殺消去は必要ない。

(9) 勘定科目の変更

（借）投 資 有 価 証 券	2,690	（貸）関 係 会 社 株 式	2,690	*16

(*16) 個別上2,110＋連結修正仕訳580（30＋80＋30－30＋60－20＋60＋70＋300）＝2,690

若しくは，X3年度末資本合計4,700×P社持分比率30％＋評価差額（650＋390）

＋のれんの未償却残高240＝2,690

Ⅳ. 連結包括利益計算書の内訳

		P社株主持分		非支配株主持分	
当期純利益	7,840	親会社株主に帰属する当期純利益	7,240	非支配株主に帰属する当期純利益	600
その他の包括利益					
その他有価証券評価差額金	200	P社発生 S社発生	500 △240	S社発生	△60
繰延ヘッジ損益	800	P社発生 S社発生	400 320	S社発生	80
退職給付に係る調整額	0	P社発生 S社発生	(*1)△500 400	S社発生	100
持分法適用会社に対する持分相当額	130	A社発生（持分法）	(*2) 130		
包括利益	8,970	親会社株主に係る包括利益	8,250	非支配株主に係る包括利益	720

（*1）Ｘ３年度末未認識残高1,000（有利）－Ｘ２年度末未認識残高1,500（有利）＝△500

（*2）その他有価証券評価差額金60（*3）＋繰延ヘッジ損益70（*4）＝130

（*3）（Ｘ３年度末900－Ｘ２年度末600）×Ｐ社持分比率20％＝60

（*4）（Ｘ３年度末800－Ｘ２年度末450）×Ｐ社持分比率20％＝70

Column	**在外子会社の財務諸表が国際財務報告基準（IFRS）等に準拠して作成されている場合**

親会社が日本基準を採用して連結財務諸表を作成する場合，同一環境下で行われた同一の性質の取引等について，親会社及び子会社が採用する会計方針は，原則として会計処理を統一した上で連結しなければなりません。

しかしながら，実務上の便宜を考慮して，たとえば在外子会社が国際財務報告基準（IFRS）もしくは米国会計基準を採用して財務諸表を作成しているような場合，日本基準との相違が生じている会計処理のうち，のれんの償却（IFRSや米国会計基準においては，のれんを償却する必要がありません）や，研究開発費の支出時費用処理（IFRSにおいては，開発段階の費用については一定の要件を満たす場合，資産計上することが認められています）等，一定の項目について日本基準に修正することを条件に，国際財務報告基準（IFRS）もしくは米国会計基準を採用して作成した在外子会社の財務諸表を連結決算手続上，そのまま利用できることになっています。

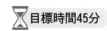

【問題⑭】

次の［資料］に基づいて，解答用紙のＸ３年度（Ｘ３年４月１日～Ｘ４年３月31日）におけるＰ社の連結財務諸表を作成しなさい。なお，各社の決算日は３月末である。解答に当たり，貸倒引当金は考慮せず，純資産の減少項目には金額の前に△を付すこと。また，のれんは発生年度の翌期から10年間で定額法により償却する。

［資料］

1．Ｘ１年度末において，Ｐ社はＳ社（資本金15,000千円，利益剰余金7,000千円，その他有価証券評価差額金1,000千円）の発行済株式数の80％を22,000千円で取得し，同社を子会社とした。また，Ｘ３年度末において，Ｐ社はＳ社の発行済株式数の10％を3,000千円で売却した。なお，Ｓ社株式の一部売却において，関連する法人税等は，資本剰余金から控除すること。

2．Ｘ１年度末において，Ｐ社はＡ社（資本金5,000千円，利益剰余金2,000千円，その他有価証券評価差額金1,200千円）の発行済株式数の40％を4,400千円で取得し，同社を関連会社とした。また，Ｘ３年度末において，Ｐ社はＡ社の発行済株式数の10％を1,300千円で売却した。なお，連結貸借対照表上，持分法で評価したＡ社株式は投資有価証券勘定で表示する。

3．Ｓ社の土地（簿価1,000千円）のＸ１年度末の時価は7,000千円である。また，Ａ社の土地（簿価2,000千円）のＸ１年度末及びＸ３年度末の時価は，それぞれ5,000千円及び6,000千円である。

4．Ｓ社はＰ社から商品の一部を掛けで仕入れている。Ｘ３年度におけるＰ社からＳ社への売上高は30,000千円であり，Ｓ社におけるＰ社からの仕入高は28,500千円であった。なお，Ｘ２年度末においては，商品の未達はなかった。

5．Ｓ社のＸ２年度末及びＸ３年度末における棚卸資産（未達分を含まない）には，Ｐ社から仕入れたものがそれぞれ1,000千円及び800千円含まれている。なお，Ｐ社のＳ社に対する売上利益率は，毎期10％である。

6．Ｘ３年度末におけるＰ社のＳ社に対する売掛金残高は3,500千円，Ｓ社のＰ社に対する買掛金残高は1,800千円である。Ｓ社はＰ社に対する掛代金200千円を決済したが，この報告がＸ３年度末においてＰ社に未達である。

7．Ｘ３年度における連結会社間での手形取引に関する事項

(1) Ｘ３年度に，Ｓ社はＰ社に対する掛代金決済のために約束手形5,000千円を振り出した。Ｐ社はＳ社から受け取った当該約束手形のうち1,500千円を銀行で割り引き，2,500千円を連結外部に裏書譲渡し，残りはＸ３年度末現在手許に保有している。なお，当該約束手形はＸ３年度末現在，全て未決済である。保証債務は考慮しないこと。

(2) 上記手形の割り引きはＸ３年12月１日に行ったものであり，割引料150千円が差し引かれ，1,350千円が入金されている。なお，当該手形の満期日はＸ４年４月30日である。

8．Ｐ社はＸ３年７月１日にＳ社に対して6,000千円の貸付け（貸付期間：１年，年利率：５％，利払日：年２回，６月30日及び12月31日）を行った。

9．Ｐ社は投資不動産として保有している土地の一部について，Ｓ社と賃貸借契約（賃貸借期間：Ｘ３年７月１日より２年間，地代：年間2,400千円，支払日：年２回，１月１日及び７月１日）を締結している。

10．税効果会計は，子会社と関連会社の土地の時価評価差額及び未実現損益の消去から生じる一時差異のみに適用し，Ｐ社の法定実効税率は毎期30％，Ｓ社の法定実効税率は毎期50％，Ａ社の法定実効税率は毎期40％とする。

11. X3年度における各社の財務諸表は，次のとおりであった。

損 益 計 算 書　　　　　　　（単位：千円）

費　　　　用	P社	S社	A社	収　　　　益	P社	S社	A社
売 上 原 価	66,000	40,000	6,000	売　上　高	80,000	60,000	10,000
営　業　費	16,050	14,000	3,400	受 取 利 息	2,000	700	1,500
支 払 地 代	1,000	2,800	800	受 取 配 当 金	4,000	300	500
支 払 利 息	800	1,000	200	受 取 地 代	5,000	―	―
手 形 売 却 損	600	200	100	関係会社株式売却益	450	―	―
法 人 税 等	2,000	1,000	500				
当 期 純 利 益	5,000	2,000	1,000				
合　　計	91,450	61,000	12,000	合　　計	91,450	61,000	12,000

株主資本等変動計算書　　　　　　　（単位：千円）

借　　　　方	P社	S社	A社	貸　　　　方	P社	S社	A社
資本金当期末残高	20,000	15,000	5,000	資本金当期首残高	20,000	15,000	5,000
資本剰余金当期末残高	5,000	―	―	資本剰余金当期首残高	5,000	―	―
剰余金の配当	8,000	4,000	1,500	利益剰余金当期首残高	20,000	8,000	3,000
利益剰余金当期末残高	17,000	6,000	2,500	当 期 純 利 益	5,000	2,000	1,000
その他有価証券評価差額金当期末残高	3,000	2,200	2,100	その他有価証券評価差額金当期首残高	2,000	1,200	1,500
				その他有価証券評価差額金当期変動額	1,000	1,000	600

貸 借 対 照 表　　　　　　　（単位：千円）

資　　　　産	P社	S社	A社	負債・純資産	P社	S社	A社
現 金 預 金	2,000	15,400	4,000	買　掛　金	17,000	22,800	9,000
受 取 手 形	8,000	12,000	4,000	支 払 手 形	13,000	8,500	7,400
売　掛　金	5,000	8,000	2,000	短 期 借 入 金	4,000	10,000	2,000
棚 卸 資 産	7,000	10,000	5,100	未 払 法 人 税 等	500	1,000	500
短 期 貸 付 金	8,000	2,000	1,000	未 払 費 用	1,000	500	300
前 払 費 用	1,000	1,200	800	前 受 収 益	1,500	1,000	200
未 収 収 益	450	400	100	資　本　金	20,000	15,000	5,000
土　　地	5,000	1,000	2,000	資 本 剰 余 金	5,000	―	―
投 資 有 価 証 券	8,000	17,000	10,000	利 益 剰 余 金	17,000	6,000	2,500
関 係 会 社 株 式	22,550	―	―	その他有価証券評価差額金	3,000	2,200	2,100
投 資 不 動 産	15,000	―	―				
合　　計	82,000	67,000	29,000	合　　計	82,000	67,000	29,000

(X3年度)　　　　　　　　　連　結　損　益　計　算　書　　　　　　（単位：千円）

費　用	金　額	収　益	金　額
売　上　原　価	（　　　　　）	売　上　高	（　　　　　）
営　業　費	（　　　　　）	受　取　利　息	（　　　　　）
の　れ　ん　償　却	（　　　　　）	受　取　配　当　金	（　　　　　）
支　払　地　代	（　　　　　）	受　取　地　代	（　　　　　）
支　払　利　息	（　　　　　）	持分法による投資利益	（　　　　　）
手　形　売　却　損	（　　　　　）	法　人　税　等　調　整　額	（　　　　　）
法　人　税　等	（　　　　　）	関係会社株式売却益	（　　　　　）
非支配株主に帰属する当期純利益	（　　　　　）		
親会社株主に帰属する当期純利益	（　　　　　）		
	（　　　　　）		（　　　　　）

(X3年度)　　　　　　　　連　結　株　主　資　本　等　変　動　計　算　書　　　　　（単位：千円）

	株主資本				その他有価証券評価差額金	非支配株主持分	純資産合計
	資本金	資本剰余金	利益剰余金	株主資本合計			
当期首残高							
当期変動額							
剰余金の配当							
非支配株主との取引に係る親会社の持分変動							
親会社株主に帰属する当期純利益							
株主資本以外の項目の当期変動額							
当期変動額合計							
当期末残高							

(X3年度末)　　　　　　　　　連　結　貸　借　対　照　表　　　　　　（単位：千円）

資　産	金　額	負債・純資産	金　額
現　金　預　金	（　　　　　）	支払手形及び買掛金	（　　　　　）
受取手形及び売掛金	（　　　　　）	短　期　借　入　金	（　　　　　）
棚　卸　資　産	（　　　　　）	未　払　法　人　税　等	（　　　　　）
短　期　貸　付　金	（　　　　　）	未　払　費　用	（　　　　　）
前　払　費　用	（　　　　　）	前　受　収　益	（　　　　　）
未　収　収　益	（　　　　　）	繰　延　税　金　負　債	（　　　　　）
土　　　　地	（　　　　　）	資　本　金	（　　　　　）
の　れ　ん	（　　　　　）	資　本　剰　余　金	（　　　　　）
投　資　有　価　証　券	（　　　　　）	利　益　剰　余　金	（　　　　　）
投　資　不　動　産	（　　　　　）	その他有価証券評価差額金	（　　　　　）
繰　延　税　金　資　産	（　　　　　）	非　支　配　株　主　持　分	（　　　　　）
	（　　　　　）		（　　　　　）

（X3年度）	連 結 包 括 利 益 計 算 書	（単位：千円）
当期純利益	（	）
その他の包括利益		
その他有価証券評価差額金	（	）
持分法適用会社に対する持分相当額	（	）
その他の包括利益合計	（	）
包括利益	（	）
（内 訳）		
親会社株主に係る包括利益	（	）
非支配株主に係る包括利益	（	）

（X3年度）　　　　　　　連 結 損 益 計 算 書　　　　　　（単位：千円）

費　用	金　額	収　益	金　額
売 上 原 価	(76,130)	売 上 高	(110,000)
営 業 費	(30,050)	受 取 利 息	(2,475)
の れ ん 償 却	(120)	受 取 配 当 金	(500)
支 払 地 代	(2,000)	受 取 地 代	(3,200)
支 払 利 息	(1,695)	持分法による投資利益	(360)
手 形 売 却 損	(650)	法 人 税 等 調 整 額	(39)
法 人 税 等	(2,850)	関 係 会 社 株 式 売 却 益	(170)
非支配株主に帰属する当期純利益	(400)		
親会社株主に帰属する当期純利益	(2,849)		
	(116,744)		(116,744)

（X3年度）　　　　　　連 結 株 主 資 本 等 変 動 計 算 書　　　　（単位：千円）

	株主資本				その他有価証券評価差額金	非支配株主持分	純資産合計
	資 本 金	資 本 剰 余 金	利 益 剰 余 金	株主資本合計			
当期首残高	20,000	5,000	20,970	45,970	2,280	5,440	53,690
当期変動額							
剰余金の配当			△8,000	△8,000			△8,000
非支配株主との取引に係る親会社の持分変動		350		350			350
親会社株主に帰属する当期純利益			2,849	2,849			2,849
株主資本以外の項目の当期変動額					1,830	2,420	4,250
当期変動額合計	―	350	△5,151	△4,801	1,830	2,420	△551
当期末残高	20,000	5,350	15,819	41,169	4,110	7,860	53,139

（X3年度末）　　　　　　連 結 貸 借 対 照 表　　　　　　（単位：千円）

資　産	金　額	負債・純資産	金　額
現 金 預 金	(17,600)	支 払 手 形 及 び 買 掛 金	(57,000)
受 取 手 形 及 び 売 掛 金	(28,500)	短 期 借 入 金	(9,500)
棚 卸 資 産	(18,270)	未 払 法 人 税 等	(1,500)
短 期 貸 付 金	(4,000)	未 払 費 用	(1,425)
前 払 費 用	(1,630)	前 受 収 益	(1,900)
未 収 収 益	(775)	繰 延 税 金 負 債	(3,000)
土 地	(12,000)	資 本 金	(20,000)
の れ ん	(960)	資 本 剰 余 金	(5,350)
投 資 有 価 証 券	(28,660)	利 益 剰 余 金	(15,819)
投 資 不 動 産	(15,000)	その他有価証券評価差額金	(4,110)
繰 延 税 金 資 産	(69)	非 支 配 株 主 持 分	(7,860)
	(127,464)		(127,464)

連 結 包 括 利 益 計 算 書　　（単位：千円）

当期純利益	（	3,249 ）
その他の包括利益		
その他有価証券評価差額金	（	2,000 ）
持分法適用会社に対する持分相当額	（	150 ）
その他の包括利益合計	（	2,150 ）
包括利益	（	5,399 ）
（内 訳）		
親会社株主に係る包括利益	（	4,799 ）
非支配株主に係る包括利益	（	600 ）

問題⑭解答・解説

Ⅰ．S社（連結子会社）

1．個別財務諸表の修正

(1) 子会社の資産・負債の時価評価（全面時価評価法）

（借）土　　　　　　　　地	6,000 ＊1	（貸）繰延税金負債（S社）	3,000 ＊2
		評　価　差　額	3,000 ＊3

（＊1）Ｘ1年度末時価7,000－帳簿価額1,000＝6,000

（＊2）6,000（＊1）×S社の法定実効税率50％＝3,000

（＊3）6,000（＊1）×（1－S社の法定実効税率50％）＝3,000

2．タイム・テーブル

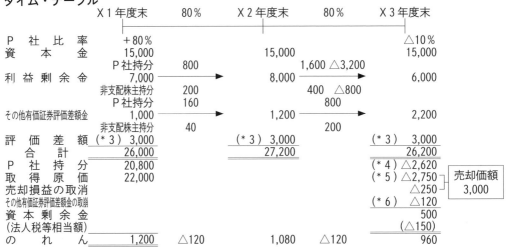

（＊4）Ｘ3年度末資本合計26,200×売却比率10％＝2,620

（＊5）取得原価22,000×売却比率10％／売却前持分比率80％＝2,750

（＊6）支配獲得後に生じたその他有価証券評価差額金のうちP社持分（160＋800）

　　　　　　　　　　　　　　　　　　　×売却比率10％／売却前持分比率80％＝120

3．連結修正仕訳

(1) 開始仕訳

（借）資本金当期首残高	15,000	（貸）関 係 会 社 株 式	22,000
利益剰余金当期首残高	7,320 ＊7	非支配株主持分当期首残高	5,440 ＊9
評　価　差　額	3,000 ＊3		
その他有価証券評価差額金当期首残高	1,040 ＊8		
の　れ　ん	1,080		

（＊7）支配獲得時利益剰余金7,000＋非支配株主に帰属する支配獲得後利益剰余金200

　　　　　　　　　　　　　　　　　　　　　　　　　　　　＋のれん償却額120＝7,320

（＊8）支配獲得時その他有価証券評価差額金1,000

　　　　　　　　　　＋非支配株主に帰属する支配獲得後その他有価証券評価差額金40＝1,040

（＊9）Ｘ2年度末資本合計27,200×非支配株主持分比率20％＝5,440

(2) のれんの償却

（借）の れ ん 償 却 額	120 ＊10	（貸）の　　れ　　ん	120

（＊10）のれん1,200÷償却年数10年＝120

(3) 当期純利益の按分

| (借)非支配株主に帰属する当期純損益 | 400 | *11 | (貸)非支配株主持分当期変動額 | 400 |

(*11) S社当期純利益2,000×非支配株主持分比率20％＝400

(4) 剰余金の配当

| (借)受 取 配 当 金 | 3,200 | *12 | (貸)利益剰余金当期変動額 | 4,000 |
| 非支配株主持分当期変動額 | 800 | *13 | （剰 余 金 の 配 当） | |

(*12) 剰余金の配当4,000×P社持分比率80％＝3,200

(*13) 剰余金の配当4,000×非支配株主持分比率20％＝800

(5) その他有価証券評価差額金の按分

| (借)その他有価証券評価差額金当期変動額 | 200 | *14 | (貸)非支配株主持分当期変動額 | 200 |

(*14) （X3年度末2,200－X2年度末1,200）×非支配株主持分比率20％＝200

(6) 一部売却（10％売却）

① 個別上の処理

| (借)現 金 預 金 | 3,000 | | (貸)関 係 会 社 株 式 | 2,750 | *5 |
| | | | 関係会社株式売却益 | 250 | |

② 連結上のあるべき処理

(借)現 金 預 金	3,000		(貸)非支配株主持分当期変動額	2,620	*4
			資本剰余金当期変動額	380	*15
			（非支配株主との取引に係る親会社の持分変動）		
(借)その他有価証券評価差額金当期変動額	120	*6	(貸)資本剰余金当期変動額	120	
			（非支配株主との取引に係る親会社の持分変動）		

(*15) 貸借差額又は，売却価額3,000－非支配株主持分増加額2,620（*4）＝380

③ 連結修正仕訳（②－①）

(借)関 係 会 社 株 式	2,750	(貸)非支配株主持分当期変動額	2,620
関係会社株式売却益	250	資本剰余金当期変動額	380
		（非支配株主との取引に係る親会社の持分変動）	
(借)その他有価証券評価差額金当期変動額	120	(貸)資本剰余金当期変動額	120
		（非支配株主との取引に係る親会社の持分変動）	

> ✎ **子会社株式の一部売却（その他有価証券評価差額金が存在する場合）**
>
> 　その他有価証券評価差額金は，その他有価証券の時価評価によって生じる未実現の損益であり，子会社株式の一部を子会社の非支配株主に売却することにより，子会社で計上したその他有価証券評価差額金の一部が実現したと考えられる。そのため，その他有価証券評価差額金の実現分を取り崩すことになるが，連結上，子会社株式の一部売却（売却後も支配は継続）の場面では，経済的単一体説に基づき，子会社の非支配株主を企業集団の株主と考えているため，売却による実現分を非支配株主との損益取引による子会社株式売却損益ではなく，非支配株主との資本取引から生じた「資本剰余金」で処理することになる。
>
> 　なお，子会社株式の追加取得の場合には，一部売却（売却後も支配は継続）のように，子会社で計上していたその他有価証券評価差額金の一部が実現したわけではないため，追加取得に伴い，その他有価証券評価差額金の調整は不要であることに留意したい。

(7) 子会社株式の一部売却に関連する法人税等相当額の調整

| (借)資本剰余金当期変動額 | 150 | *16 | (貸)法 人 税 等 | 150 |
| （非支配株主との取引に係る親会社の持分変動） | | | | |

(*16) 一部売却に係る資本剰余金（380＋120）×P社法定実効税率30％＝150

(8) 期末商品の未達取引の修正

(借)売 上 原 価	1,500 *17	(貸)買 掛 金	1,500
（当期商品仕入高）			
(借)棚 卸 資 産	1,500	(貸)売 上 原 価	1,500 *17
		（期末商品棚卸高）	

(*17) P社売上高30,000 − S社仕入高28,500 = 1,500

(9) P社売上高とS社仕入高の相殺消去

(借)売 上 高	30,000	(貸)売 上 原 価	30,000

(10) 商品の未実現利益の消去（ダウン・ストリーム）

① 期首商品

(借)利益剰余金当期首残高	100	(貸)売 上 原 価	100 *18
(借)法 人 税 等 調 整 額	30 *19	(貸)利益剰余金当期首残高	30

(*18) 期首商品（P社より仕入分）1,000×売上利益率10% = 100

(*19) 未実現利益100（*18）×販売元P社法定実効税率30% = 30

② 期末商品

(借)売 上 原 価	230 *20	(貸)棚 卸 資 産	230
(借)繰延税金資産（P社）	69	(貸)法 人 税 等 調 整 額	69 *21

(*20) 期末商品（P社より仕入分）2,300（未達分以外800 + 未達分1,500）×売上利益率10% = 230

(*21) 未実現利益230（*20）×販売元P社法定実効税率30% = 69

(11) 期末決済未達

(借)現 金 預 金	200	(貸)売 掛 金	200

(12) P社売掛金とS社買掛金の相殺消去

(借)買 掛 金	3,300	(貸)売 掛 金	3,300 *22

(*22) P社売掛金：3,500 − 現金決済未達200 = 3,300

S社買掛金：1,800 + 仕入未達1,500 = 3,300

(13) P社受取手形とS社支払手形の相殺

(借)支 払 手 形	1,000	(貸)受 取 手 形	1,000 *23

(*23) 当期末未済高5,000 −（割引分1,500 + 裏書分2,500）= 1,000

(14) S社振出の支払手形に係る割引の修正

(借)支 払 手 形	1,500	(貸)短 期 借 入 金	1,500
(借)支 払 利 息	150	(貸)手 形 売 却 損	150
(借)前 払 費 用	30 *24	(貸)支 払 利 息	30

(*24) 150×1ヶ月（X4.4〜X4.4末）/5ヶ月（X3.12〜X4.4末）= 30

(15) 資金取引の修正

(借)短 期 借 入 金	6,000	(貸)短 期 貸 付 金	6,000
(借)受 取 利 息	225 *25	(貸)支 払 利 息	225
(借)未 払 費 用	75	(貸)未 収 収 益	75 *26

(*25) 6,000×5%×9ヶ月（X3.7〜X4.3末）/12ヶ月 = 225

(*26) 6,000×5%×3ヶ月（X4.1〜X4.3末）/12ヶ月 = 75

(16) 役務提供取引の修正

(借)受 取 地 代	1,800 *27	(貸)支 払 地 代	1,800
(借)前 受 収 益	600 *28	(貸)前 払 費 用	600

(*27) 2,400×9ヶ月（X3.7〜X4.3末）/12ヶ月 = 1,800

(*28) 2,400×3ヶ月（X4.4〜X4.6末）/12ヶ月 = 600

Ⅱ．A社（関連会社）

1．個別財務諸表の修正

(1) 関連会社の資産・負債の時価評価（部分時価評価法）と評価差額の取崩し

（借）土　　　　　　　地	1,200	*1	（貸）繰延税金負債（A社）	480	*2
			評　価　差　額	720	*3
（借）繰延税金負債（A社）	120	*5	（貸）土　　　　　　　地	300	*4
評　価　差　額	180	*6			

（*1）（X1年度末時価5,000－帳簿価額2,000）×P社原始取得比率40％＝1,200

（*2）1,200（*1）×A社の法定実効税率40％＝480

（*3）1,200（*1）×（1－A社の法定実効税率40％）＝720

（*4）1,200（*1）×売却比率10％／売却前持分比率40％＝300

（*5）300（*4）×A社の法定実効税率40％＝120

（*6）300（*4）×（1－A社の法定実効税率40％）＝180

2．タイム・テーブル

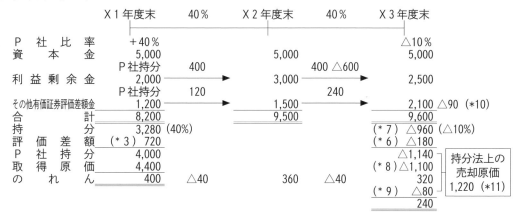

（*7）X3年度末資本合計9,600×売却比率10％＝960

（*8）取得原価4,400×売却比率10％／売却前持分比率40％＝個別上の売却原価1,100

（*9）のれん未償却額320×売却比率10％／売却前持分比率40％＝80

（*10）（120（*13）＋240（*17））×売却比率10％／売却前持分比率40％＝90

3．連結修正仕訳

(1) 開始仕訳

（借）関 係 会 社 株 式	480	（貸）利益剰余金当期首残高	360	*12
		その他有価証券評価差額金当期首残高	120	*13

（*12）P社に帰属する投資後利益剰余金400－のれん償却額40＝360

（*13）（X2年度末1,500－X1年度末1,200）×P社持分比率40％＝120

(2) のれんの償却

（借）持分法による投資損益	40	*14	（貸）関 係 会 社 株 式	40

（*14）のれん400÷償却年数10年＝40

(3) 当期純利益の認識

（借）関 係 会 社 株 式	400	（貸）持分法による投資損益	400	*15

（*15）A社当期純利益1,000×P社持分比率40％＝400

(4) 剰余金の配当

（借）受 取 配 当 金	600	*16	（貸）関 係 会 社 株 式	600

（*16）剰余金の配当1,500×P社持分比率40％＝600

(5) その他有価証券評価差額金の認識

(借)関 係 会 社 株 式	240	(貸)その他有価証券評価差額金当期変動額	240 *17

(*17) (X3年度末2,100 – X2年度末1,500) × P社持分比率40% = 240

(6) 一部売却（10%売却）

① 個別上の処理

(借)現 金 預 金	1,300	(貸)関 係 会 社 株 式	1,100 *8
		関係会社株式売却益	200 *18

(*18) 売却価額1,300 – 個別上の売却原価1,100（*8）= 個別上の売却益200

② 持分法上のあるべき処理

(借)現 金 預 金	1,300	(貸)関 係 会 社 株 式	1,220 *11
		関係会社株式売却益	80
(借)その他有価証券評価差額金当期変動額	90 *10	(貸)関係会社株式売却益	90

③ 持分法修正仕訳（②-①）

(借)関係会社株式売却益	120	(貸)関 係 会 社 株 式	120
(借)その他有価証券評価差額金当期変動額	90	(貸)関係会社株式売却益	90

(7) 勘定科目の変更

(借)投 資 有 価 証 券	3,660	(貸)その他有価証券評価差額金当期変動額	3,660 *19

(*19) 個別上3,300 + 連結修正仕訳360（360 + 120 – 40 + 400 – 600 + 240 – 120）= 3,660

若しくは，X3年度末資本合計9,600 × P社持分比率30% + 評価差額（720 – 180）

+ のれんの未償却残高（320 – 80）= 3,660

Ⅲ．連結包括利益計算書の内訳

		P社株主持分		非支配株主持分	
当期純利益	3,249	親会社株主に帰属する当期純利益	2,849	非支配株主に帰属する当期純利益	400
その他の包括利益					
その他有価証券評価差額金	2,000	P社発生 S社発生	1,000 800	S社発生	200
持分法適用会社に対する持分相当額	150	A社発生（持分法）	(*1)150		
包括利益	5,399	親会社株主に係る包括利益	4,799	非支配株主に係る包括利益	600

(*1) その他有価証券評価差額金（X3年度末2,100 – X2年度末1,500）

× P社持分比率40% – 一部売却（組替調整）90 = 150

> ✐ 一部売却によって取り崩したS社のその他有価証券評価差額金120は，当期純利益に含まれていないため，組替調整の対象とならず，持分所有者との直接的な取引による減少と同様に考えることができることから，包括利益には含まれない。

STEP Ⅲ

公認会計士試験（短答式試験）レベル

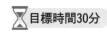

【問題①】

P社の連結財務諸表作成に関する次の〔前提条件〕及び〔資料Ⅰ〕～〔資料Ⅲ〕に基づき，以下の 問題1 ～ 問題6 に答えなさい。

〔前提条件〕

1．P社及びS社の会計期間は，いずれも12月31日を決算日とする1年間である。

2．のれんは，発生した年度の翌期から10年間にわたり定額法により償却する。

3．P社及びS社の間には，〔資料Ⅰ〕に示されたもの以外の取引はない。

4．連結キャッシュ・フロー計算書における利息及び配当金の表示区分については，受取利息及び受取配当金，並びに支払利息を「営業活動によるキャッシュ・フロー」の区分に，支払配当金を「財務活動によるキャッシュ・フロー」の区分に記載する方法を採用する。

5．連結キャッシュ・フロー計算書における資金の範囲は，連結貸借対照表の「現金預金」と一致している。

6．P社が保有している投資有価証券は株式であり，市場価格が存在しないため，取得原価で評価されている。

7．税効果会計は考慮しない。

〔資料Ⅰ〕連結財務諸表作成に関する事項

1．P社は，X1年12月31日にS社（X1年度末における純資産の内訳は，資本金7,000千円，利益剰余金2,600千円，その他有価証券評価差額金1,000千円である。）の発行済株式数の55％を6,050千円で取得し，S社に対する支配を獲得した。その際，付随費用150千円を別途支出しており，個別財務諸表上，S社株式を取得原価6,200千円で計上している。

2．X1年12月31日におけるS社の土地の貸借対照表価額は5,000千円であり，時価は4,400千円であった。支配獲得時からX3年12月31日までの間，当該土地は売却されていない。

3．P社は，X3年12月31日にS社の発行済株式数の15％を1,800千円で追加取得した。その際，付随費用50千円を別途支出しており，個別財務諸表上，S社株式を取得原価1,850千円で計上している。

4．P社は，X2年度よりS社へ商品の一部を掛けで販売している。なお，P社からS社への商品販売においては，毎期，原価に20％の利益を加算している。

5．X3年度におけるP社からS社への売上高は12,000千円であった。

6．S社の商品棚卸高に含まれているP社からの仕入分は次のとおりである。
X2年度末残高1,200千円　X3年度末残高1,800千円

7．P社の売掛金残高のうちS社に対するものは次のとおりである。
X2年度末残高1,560千円　X3年度末残高2,400千円

8．P社は，S社への売掛金に対して貸倒引当金を設定していない。

9．S社は，X3年度に利益剰余金を原資とする剰余金の配当600千円を行っている。なお，S社は，X2年度には剰余金の配当を行っていなかった。

〔資料Ⅱ〕 P社及びS社の個別財務諸表（単位：千円）

1．貸借対照表

	P社		S社	
	X2/12/31	X3/12/31	X2/12/31	X3/12/31
現金預金	9,080	13,490	2,700	2,660
売掛金	14,000	18,500	7,500	9,000
貸倒引当金	△200	△300	△150	△180
商品	6,500	4,800	2,960	2,070
機械装置	15,500	16,800	—	—
減価償却累計額	△7,500	△8,700	—	—
土地	16,000	16,000	5,000	5,000
投資有価証券	7,600	6,600	3,000	3,800
関係会社株式	6,200	8,050	—	—
資産合計	67,180	75,240	21,010	22,350
買掛金	13,200	13,120	5,000	4,330
短期借入金	—	—	2,170	1,640
未払利息	260	380	—	—
未払法人税等	1,620	2,040	840	1,280
長期借入金	12,000	13,500	—	—
負債合計	27,080	29,040	8,010	7,250
資本金	18,000	21,000	7,000	7,000
資本剰余金	6,300	6,300	—	—
利益剰余金	15,800	18,900	4,800	6,600
その他有価証券評価差額金	—	—	1,200	1,500
純資産合計	40,100	46,200	13,000	15,100
負債及び純資産合計	67,180	75,240	21,010	22,350

2．損益計算書

	P社	S社
	X3/1/1～X3/12/31	X3/1/1～X3/12/31
売上高	68,000	34,200
売上原価	52,600	25,800
売上総利益	15,400	8,400
販売費及び一般管理費	8,260	3,890
営業利益	7,140	4,510
受取利息及び配当金	730	150
支払利息	680	70
経常利益	7,190	4,590
投資有価証券売却益	700	—
税引前当期純利益	7,890	4,590
法人税等	3,140	2,190
当期純利益	4,750	2,400

〔資料Ⅲ〕 X3年度におけるその他の情報（この情報は既に各社の個別財務諸表に反映済みである。）

［P社］

1．期末に貸倒引当金繰入額100千円と減価償却費1,200千円を計上した。なお，当期に貸倒れはなかった。

145

２．当期に機械装置1,300千円を取得しているが，機械装置の売却はなかった。

３．当期に新株発行により3,000千円，長期借入れにより1,500千円を資金調達した。なお，当期に長期借入金の返済はなかった。

４．当期に帳簿価額1,000千円の投資有価証券を1,700千円で売却した。なお，当期に投資有価証券の取得はなかった。

５．当期に利益剰余金を原資とする剰余金の配当1,650千円を金銭で行った。

［Ｓ社］

１．期末に貸倒引当金繰入額30千円を計上した。なお，当期に貸倒れはなかった。

２．当期の投資有価証券の取得額は500千円であるが，投資有価証券の売却はなかった。

３．短期借入金については，期首残高を全額返済し，期中に1,640千円を借り入れた。

問題1 Ｘ３年度末の連結貸借対照表におけるのれんの金額として最も適切なものの番号を一つ選びなさい。

1．440千円	2．495千円	3．590千円
4．680千円	5．830千円	6．880千円

問題2 Ｘ３年度末の連結貸借対照表における資本剰余金の金額として最も適切なものの番号を一つ選びなさい。

1．6,300千円	2．6,400千円	3．6,450千円
4．6,500千円	5．6,625千円	6．6,675千円

問題3 Ｘ３年度の連結株主資本等変動計算書における利益剰余金当期首残高の金額として最も適切なものの番号を一つ選びなさい。

1．16,565千円	2．16,575千円	3．16,605千円
4．16,755千円	5．16,955千円	6．20,600千円

問題4 Ｘ３年度の連結包括利益計算書における包括利益の金額として最も適切なものの番号を一つ選びなさい。

1．6,715千円	2．6,780千円	3．6,830千円
4．6,915千円	5．6,965千円	6．7,215千円

問題5 Ｘ３年度の連結キャッシュ・フロー計算書における営業活動によるキャッシュ・フローの金額として最も適切なものの番号を一つ選びなさい。

1．2,420千円	2．2,470千円	3．4,215千円
4．4,220千円	5．4,270千円	6．4,320千円

問題6 Ｘ３年度の連結キャッシュ・フロー計算書における財務活動によるキャッシュ・フローの金額として最も適切なものの番号を一つ選びなさい。

1．150千円	2．250千円	3．420千円
4．520千円	5．1,950千円	6．2,320千円

解答

| 問題1 | 1 | 問題2 | 6 | 問題3 | 3 | 問題4 | 4 | 問題5 | 4 | 問題6 | 2 |

解説 （単位：千円）

Ⅰ．S社（子会社）

1．個別財務諸表の修正

(1) 子会社の資産・負債の時価評価（全面時価評価法）

| （借）評 価 差 額 | 600 *1 | （貸）土 　 地 | 600 |

（＊1） X1.12/31時価4,400－帳簿価額5,000＝600

2．タイム・テーブル

	X1.12/31	55％	X2.12/31	55％	X3.12/31
P 社 比 率	＋55％				＋15％
資 本 金	7,000		7,000		7,000
		P社持分 1,210 →		1,320 △330	
利 益 剰 余 金	2,600		4,800		6,600
		非支配株主持分 990		1,080 △270	
		P社持分 110		165	
その他有価証券評価差額金	1,000	→	1,200	→	1,500
		非支配株主持分 90		135	
評 価 差 額（＊1）	△600		（＊1） △600		（＊1） △600
合 計	10,000		12,400		14,500
P 社 持 分	5,500				（＊2） 2,175
取 得 原 価	6,200	連結上の取得原価			1,850
取 得 関 連 費 用	△150	（＊3） 6,050			△50
資 本 剰 余 金					375
の れ ん	550	△55	495	△55	440 問題1

（＊2） X3.12/31資本合計14,500×追加取得比率15％＝2,175

3．X3年度の連結財務諸表作成のための連結修正仕訳

(1) 取得関連費用の修正

| （借）利益剰余金当期首残高 | 150 *4 | （貸）関 係 会 社 株 式 | 150 |

（＊4） 支配獲得時の取得関連費用150（発生時に，販売費及び一般管理費として処理）

(2) 開始仕訳

（借）資本金当期首残高	7,000	（貸）関 係 会 社 株 式	6,050 *3
利益剰余金当期首残高	3,645 *5	評 価 差 額	600 *1
その他有価証券評価差額金当期首残高	1,090 *6	非支配株主持分当期首残高	5,580 *7
の れ ん	495		

（＊5） 支配獲得時利益剰余金2,600

　　　　＋非支配株主に帰属する支配獲得後利益剰余金990＋のれん償却額55＝3,645

（＊6） 支配獲得時その他有価証券評価差額金1,000

　　　　＋非支配株主に帰属する支配獲得後その他有価証券評価差額金90＝1,090

（＊7） X2.12/31資本合計12,400×非支配株主持分比率45％＝5,580

(3) のれんの償却

| （借）の れ ん 償 却 額 | 55 *8 | （貸）の れ ん | 55 |

（＊8） のれん550÷償却年数10年＝55

(4) 当期純利益の按分

| （借）非支配株主に帰属する当期純損益 | 1,080 *9 | （貸）非支配株主持分当期変動額 | 1,080 |

（＊9） S社当期純利益2,400×非支配株主持分比率45％＝1,080

(5) 剰余金の配当

（借）受取利息及び配当金	330 *10	（貸）利益剰余金当期変動額	600
非支配株主持分当期変動額	270 *11	（剰余金の配当）	

(*10) 剰余金の配当600×P社持分比率55％＝330

(*11) 剰余金の配当600×非支配株主持分比率45％＝270

(6) その他有価証券評価差額金の按分

（借）その他有価証券評価差額金当期変動額	135 *12	（貸）非支配株主持分当期変動額	135

(*12) （X3.12/31 1,500－X2.12/31 1,200）×非支配株主持分比率45％＝135

(7) 追加取得

① 個別上の処理

（借）関 係 会 社 株 式	1,850 *13	（貸）現 金 預 金	1,850

(*13) 追加投資額（付随費用50含む）

② 連結上のあるべき処理

（借）支 払 手 数 料	50 *14	（貸）現 金 預 金	50
（借）非支配株主持分当期変動額	2,175 *2	（貸）現 金 預 金	1,800
		資本剰余金当期変動額	375 *15
		（非支配株主との取引に係る親会社の持分変動）	

(*14) 追加取得時の取得関連費用50（発生時に，営業外費用として処理）

(*15) 貸借差額又は，非支配株主持分減少額2,175（＊2）－連結上の取得原価1,800＝375

③ 連結修正仕訳（②－①）

（借）支 払 手 数 料	50	（貸）関 係 会 社 株 式	50
（借）非支配株主持分当期変動額	2,175	（貸）関 係 会 社 株 式	1,800
		資本剰余金当期変動額	375
		（非支配株主との取引に係る親会社の持分変動）	

(8) P社売上高とS社仕入高の相殺消去

（借）売 上 高	12,000	（貸）売 上 原 価	12,000

(9) P社売掛金とS社買掛金の相殺消去

（借）買 掛 金	2,400	（貸）売 掛 金	2,400

⑽ 商品の未実現利益の消去（ダウン・ストリーム）

① 期首商品

（借）利益剰余金当期首残高	200	（貸）売 上 原 価	200 *16

(*16) P社より仕入分：売価1,200－原価1,000（売価1,200÷1.2）＝200

② 期末商品

（借）売 上 原 価	300 *17	（貸）棚 卸 資 産	300

(*17) P社より仕入分：売価1,800－原価1,500（売価1,800÷1.2）＝300

問題2 資本剰余金：個別上6,300（P社6,300＋S社0）＋連結修正仕訳375＝6,675

問題3 利益剰余金当期首残高：個別上20,600（P社15,800＋S社4,800）

＋連結修正仕訳△3,995（△150＋△3,645＋△200）＝16,605

問題4 包括利益：当期純利益6,615（＊1）＋その他の包括利益300（＊2）＝6,915

（＊1）個別上7,150（P社4,750＋S社2,400）

＋連結修正仕訳△535（△55＋△330＋△50＋200＋△300）＝6,615

（＊2）S社その他有価証券評価差額金（X3.12/31 1,500－X2.12/31 1,200）＝300

4．X3年度の連結キャッシュ・フロー計算書

Ⅰ 営業活動によるキャッシュ・フロー		
税金等調整前当期純利益	11,945	(*18)
減価償却費	1,200	(*19)
のれん償却	55	(*20)
貸倒引当金の増加額	130	(*21)
受取利息及び配当金	△550	(*20)
支払利息	750	(*20)
投資有価証券売却益	△700	(*20)
売上債権の増加額	△5,160	(*22)
棚卸資産の減少額	2,690	(*23)
仕入債務の減少額	△1,590	(*24)
小　　　計	8,770	
利息及び配当金の受取額	550	(*20)
利息の支払額	△630	(*25)
法人税等の支払額	△4,470	(*26)
営業活動によるキャッシュ・フロー	問題5　4,220	
Ⅱ 投資活動によるキャッシュ・フロー		
有形固定資産の取得による支出	△1,300	
投資有価証券の取得による支出	△500	
投資有価証券の売却による収入	1,700	
投資活動によるキャッシュ・フロー	△100	
Ⅲ 財務活動によるキャッシュ・フロー		
短期借入れによる収入	1,640	
短期借入金の返済による支出	△2,170	
長期借入れによる収入	1,500	
株式の発行による収入	3,000	
配当金の支払額	△1,650	
非支配株主への配当金の支払額	△270	
連結範囲の変更を伴わない子会社株式の取得による支出	△1,800	(*27)
財務活動によるキャッシュ・フロー	問題6　250	
Ⅳ 現金及び現金同等物の増加額	4,370	
Ⅴ 現金及び現金同等物の期首残高	11,780	
Ⅵ 現金及び現金同等物の期末残高	16,150	

(*18) 個別上の税引前当期純利益12,480（P社7,890＋S社4,590）

　　　　　　　　＋連結修正仕訳△535（△55＋△330＋△50＋200＋△300）＝11,945

(*19) ［資料Ⅲ］［P社］より

　　　又はX3.12/31減価償却累計額8,700－X2.12/31減価償却累計額7,500＝1,200

(*20) 連結損益計算書より

(*21) X3.12/31（300＋180）－X2.12/31（200＋150）＝130

(*22) X2.12/31（14,000＋7,500－対S社1,560）－X3.12/31（18,500＋9,000－対S社2,400）＝△5,160

(*23) X2.12/31（6,500＋2,960－未実現200）－X3.12/31（4,800＋2,070－未実現300）＝2,690

(*24) X3.12/31（13,120＋4,330－対P社2,400）－X2.12/31（13,200＋5,000－対P社1,560）＝△1,590

(*25) 支払利息△750－未払利息（260－380）＝△630

(*26) 法人税等△5,330－未払法人税等（2,460－3,320）＝△4,470

(*27) 子会社株式の追加取得による支出額△1,800

> 🖉 なお，子会社株式の追加取得による付随費用50は営業外費用に計上するが，例外的に営業活動によるキャッシュ・フローに含める。

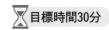

【問題②】

　P社の連結財務諸表作成に関する次の〔前提条件〕及び〔資料Ⅰ〕～〔資料Ⅲ〕に基づき，以下の
問題1 ～ 問題6 に答えなさい。

〔前提条件〕

1．P社及びS社の会計期間は，いずれも12月31日を決算日とする1年間である。

2．のれんは，発生した年度の翌期から20年間にわたり定額法により償却する。

3．P社及びS社の間には，〔資料Ⅰ〕に示されたもの以外の取引はない。

4．連結キャッシュ・フロー計算書における利息及び配当金の表示区分については，受取配当金及び
　支払利息を「営業活動によるキャッシュ・フロー」の区分に，支払配当金を「財務活動による
　キャッシュ・フロー」の区分に記載する。

5．P社，S社とも，保有する預金は全て当座預金である。

6．税効果会計は，子会社の土地の時価評価差額，未実現損益の消去及び貸倒引当金の調整から生じ
　る一時差異のみに適用し，P社の法定実効税率は毎期50％，S社の法定実効税率は毎期40％とする。

〔資料Ⅰ〕連結財務諸表作成に関する事項

1．P社は，X1年12月31日にS社（資本金8,500千円，利益剰余金2,300千円）の発行済株式数の
　80％を10,880千円で取得し（証券会社に対する取得関連費用80千円を含む。），S社に対する支配を
　獲得した。

2．X1年12月31日におけるS社の土地（簿価11,800千円）の時価は13,800千円であった。なお，S
　社において，X1年度末からX3年度末までの間，土地の簿価に変動はなかった。

3．P社は，X3年1月31日にS社の株主割当増資に応じ，480千円の株式を引き受けた。この引受
　けによっても持分比率80％に変化はない。なお，S社は株式払込金額600千円の全額を資本金に組
　み入れている。

4．P社は，X3年12月31日にS社の発行済株式数の20％（売却簿価は2,840千円であり，取得関連費
　用20千円が含まれている。）を3,470千円で売却し，関係会社株式売却益630千円を計上した。なお，
　S社株式の一部売却において，関連する法人税等は資本剰余金から控除すること。

5．P社は，X2年度よりS社へ商品の一部を掛けで販売している。S社は，全ての商品をP社から
　購入しており，S社の買掛金勘定は，全てP社に対するものである。

6．P社は，S社への売掛金に対して貸倒実績率5％で貸倒引当金を設定している。

7．X3年度におけるP社からS社への売上高は18,000千円であり，P社のS社に対する商品販売の
　売上利益率は毎期20％である。

8．S社は，X3年度に利益剰余金を原資とする剰余金の配当を350千円行っており，そのうちP社
　に対する配当は280千円であった。なお，S社は，X2年度には剰余金の配当は行っていなかった。

〔資料Ⅱ〕 P社及びS社の個別財務諸表（単位：千円）

1．貸借対照表

	P社		S社	
	X2/12/31	X3/12/31	X2/12/31	X3/12/31
現金預金	7,710	8,630	2,280	4,750
売掛金	6,800	9,100	2,500	3,500
貸倒引当金	△100	△140	△50	△70
商品	2,800	4,200	2,000	1,800
土地	26,900	25,800	11,800	11,800
建物	17,600	20,600	—	—
減価償却累計額	△8,300	△9,130	—	—
関係会社株式	10,880	8,520	—	—
資産合計	64,290	67,580	18,530	21,780
買掛金	4,500	5,240	800	1,000
短期借入金	—	—	4,970	5,280
未払法人税等	1,370	1,690	560	700
長期借入金	11,500	9,160	—	—
負債合計	17,370	16,090	6,330	6,980
資本金	20,000	20,000	8,500	9,100
資本剰余金	11,200	11,500		
利益剰余金	19,220	22,590	3,700	5,700
自己株式	△3,500	△2,600	—	—
純資産合計	46,920	51,490	12,200	14,800
負債及び純資産合計	64,290	67,580	18,530	21,780

2．損益計算書

	P社	S社
	X3/1/1～X3/12/31	X3/1/1～X3/12/31
売上高	65,200	24,260
売上原価	47,800	18,200
売上総利益	17,400	6,060
販売費及び一般管理費	7,860	2,250
営業利益	9,540	3,810
受取配当金	280	—
支払利息	510	60
経常利益	9,310	3,750
土地売却益	250	—
関係会社株式売却益	630	—
税引前当期純利益	10,190	3,750
法人税等	5,000	1,400
当期純利益	5,190	2,350

〔資料Ⅲ〕 X3年度におけるその他の情報（この情報は既に各社の個別財務諸表に反映済みである。）

〔P社〕

1．期末に貸倒引当金繰入額40千円と減価償却費830千円を計上した。なお，期中に貸倒れはなかった。

2．期中に建物3,000千円を取得しているが，建物の売却はなかった。

3．期中に帳簿価額1,100千円の土地を1,350千円で売却し，土地売却益250千円を計上した。なお，期中に土地の取得はなかった。

4．期中に帳簿価額900千円の自己株式を1,200千円で処分し，自己株式処分差益（資本剰余金）300千円を計上した。なお，期中に自己株式の取得はなかった。

5．期中の長期借入金の返済額は2,340千円であり，新規の借入れはなかった。

6．期中に利益剰余金を原資とする剰余金の配当を行い，1,820千円を支払った。

［S社］

1．期末に貸倒引当金繰入額20千円を計上した。なお，期中に貸倒れはなかった。

2．短期借入金については，期首残高を全額返済し，期中に5,280千円を借り入れた。

[問題1] X3年度の連結株主資本等変動計算書における利益剰余金当期首残高の金額として最も適切なものの番号を一つ選びなさい。

1．19,820千円 2．19,900千円 3．19,940千円
4．19,960千円 5．20,020千円 6．20,040千円

[問題2] X3年度末の連結貸借対照表におけるのれんの金額として最も適切なものの番号を一つ選びなさい。

1．504千円 2．1,080千円 3．1,140千円
4．1,152千円 5．1,216千円 6．2,016千円

[問題3] X3年度末の連結貸借対照表における資本剰余金の金額として最も適切なものの番号を一つ選びなさい。

1．11,020千円 2．11,164千円 3．11,380千円
4．11,515千円 5．11,542千円 6．11,635千円

[問題4] X3年度の連結損益計算書における親会社株主に帰属する当期純利益の金額として最も適切なものの番号を一つ選びなさい。

1．6,124千円 2．6,141千円 3．6,192千円
4．6,260千円 5．6,730千円 6．6,889千円

[問題5] X3年度の連結キャッシュ・フロー計算書における営業活動によるキャッシュ・フローの金額として最も適切なものの番号を一つ選びなさい。

1．3,340千円 2．3,980千円 3．4,110千円
4．4,170千円 5．4,220千円 6．4,740千円

[問題6] X3年度の連結キャッシュ・フロー計算書における財務活動によるキャッシュ・フローの金額として最も適切なものの番号を一つ選びなさい。

1．△3,800千円 2．△2,720千円 3．△2,600千円
4．△330千円 5．750千円 6．870千円

解答

問題1	5	問題2	2	問題3	6	問題4	4	問題5	4	問題6	6

解説（単位：千円）

1．個別財務諸表の修正

(1) 子会社の資産・負債の時価評価（全面時価評価法）

（借）土　　　　　　　地	2,000 *1	（貸）繰延税金負債（S社）	800 *2
		評　価　差　額	1,200 *3

（*1） X1.12/31時価13,800－帳簿価額11,800＝2,000

（*2） 2,000（*1）×S社の法定実効税率40％＝800

（*3） 2,000（*1）×（1－S社の法定実効税率40％）＝1,200

2．タイム・テーブル

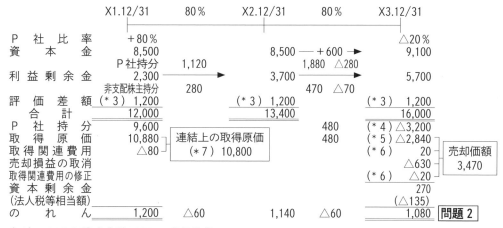

（*4） X3.12/31資本合計16,000×売却比率20％＝3,200

（*5） 個別上の取得原価（原始取得10,880＋株主割当増資480）

×売却比率20％ / 売却前持分比率80％＝2,840

（*6） 取得関連費用80×売却比率20％ / 売却前持分比率80％＝20

3．X3年度の連結財務諸表作成のための連結修正仕訳

(1) 取得関連費用の修正

（借）利益剰余金当期首残高	80 *8	（貸）関 係 会 社 株 式	80

（*8） 取得関連費用は，連結上，子会社株式の取得原価に含めず，発生時の期間費用とする。

(2) 開始仕訳

（借）資本金当期首残高	8,500	（貸）関 係 会 社 株 式	10,800 *7
利益剰余金当期首残高	2,640 *9	非支配株主持分当期首残高	2,680 *10
評　価　差　額	1,200 *3		
の　　れ　　ん	1,140		

（*9） 支配獲得時利益剰余金2,300

＋非支配株主に帰属する支配獲得後利益剰余金280＋のれん償却額60＝2,640

（*10） X2.12/31資本合計13,400×非支配株主持分比率20％＝2,680

(3) のれんの償却

（借）の れ ん 償 却 額	60 *11	（貸）の れ ん	60

(*11) のれん1,200÷償却年数20年＝60

(4) 当期純利益の按分

（借）非支配株主に帰属する当期純損益	470 *12	（貸）非支配株主持分当期変動額	470

(*12) S社当期純利益2,350×非支配株主持分比率20％＝470

(5) 剰余金の配当

（借）受 取 配 当 金	280	（貸）利益剰余金当期変動額	350
非支配株主持分当期変動額	70 *13	（剰 余 金 の 配 当）	

(*13) 350－対P社分280＝70 又は，350×一部売却前非支配株主持分比率20％＝70

(6) 株主割当増資

（借）資本金当期変動額	600	（貸）関 係 会 社 株 式	480
		非支配株主持分当期変動額	120 *14

(*14) 600－P社引受額480＝120 又は，600×一部売却前非支配株主持分比率20％＝120

(7) 一部売却（20％売却）

① 個別上の処理

（借）現 金 預 金	3,470	（貸）関 係 会 社 株 式	2,840 *5
		関係会社株式売却益	630

② 連結上のあるべき処理

（借）現 金 預 金	3,470	（貸）非支配株主持分当期変動額	3,200 *4
		資本剰余金当期変動額	270 *15
		（非支配株主との取引に係る親会社の持分変動）	

(*15) 貸借差額

③ 連結修正仕訳（②－①）

（借）関 係 会 社 株 式	2,840	（貸）非支配株主持分当期変動額	3,200
関係会社株式売却益	630	資本剰余金当期変動額	270
		（非支配株主との取引に係る親会社の持分変動）	

(8) 子会社株式の一部売却に関連する法人税等相当額の調整

（借）資本剰余金当期変動額	135 *16	（貸）法 人 税 等	135
（非支配株主との取引に係る親会社の持分変動）			

(*16) 一部売却に係る資本剰余金270（*15）×P社法定実効税率50％＝135

(9) P社売上高とS社仕入高の相殺消去

（借）売 上 高	18,000	（貸）売 上 原 価	18,000

(10) P社売掛金とS社買掛金の相殺消去

（借）買 掛 金	1,000	（貸）売 掛 金	1,000

(11) 貸倒引当金の調整

（借）貸 倒 引 当 金	50 *17	（貸）利益剰余金当期首残高	40 *18
		貸倒引当金繰入額	10 *19
（借）利益剰余金当期首残高	20 *21	繰延税金負債（P社）	25 *20
法 人 税 等 調 整 額	5 *22		

(*17) X3.12/31売掛金1,000×貸倒実績率5％＝50

(*18) X2.12/31売掛金800×貸倒実績率5％＝40

(*19) 貸借差額

(*20) 50（*17）×債権者側P社法定実効税率50％＝25

(*21) 40（*18）×債権者側P社法定実効税率50％＝20

(*22) 貸借差額

⑿ 商品の未実現利益の消去（ダウン・ストリーム）

① 期首商品

(借) 利 益 剰 余 金 当 期 首 残 高	400		(貸) 売 上 原 価	400 *23
(借) 法 人 税 等 調 整 額	200 *24		(貸) 利益剰余金当期首残高	200

(*23) Ｓ社期首商品（全てＰ社からの仕入高）2,000×売上利益率20％＝400

(*24) 未実現利益400（*23）×販売元Ｐ社法定実効税率50％＝200

② 期末商品

(借) 売 上 原 価	360 *25		(貸) 棚 卸 資 産	360
(借) 繰延税金資産（Ｐ社）	180		(貸) 法 人 税 等 調 整 額	180 *26

(*25) Ｓ社期末商品（全てＰ社からの仕入高）1,800×売上利益率20％＝360

(*26) 未実現利益360（*25）×販売元Ｐ社法定実効税率50％＝180

４．Ｘ３年度の連結キャッシュ・フロー計算書

Ⅰ 営業活動によるキャッシュ・フロー	
税金等調整前当期純利益	13,020 (*27)
減価償却費	830 (*28)
のれん償却	60 (*29)
貸倒引当金の増加額	50 (*30)
支払利息	570 (*29)
土地売却益	△250 (*29)
売上債権の増加額	△3,100 (*31)
棚卸資産の増加額	△1,240 (*32)
仕入債務の増加額	740 (*33)
小　　　計	10,680
利息の支払額	△570 (*29)
法人税等の支払額	△5,940 (*34)
営業活動によるキャッシュ・フロー	問題5 　4,170
Ⅱ 投資活動によるキャッシュ・フロー	
有形固定資産の取得による支出	△3,000 (*35)
有形固定資産の売却による収入	1,350 (*36)
投資活動によるキャッシュ・フロー	△1,650
Ⅲ 財務活動によるキャッシュ・フロー	
短期借入れによる収入	5,280
短期借入金の返済による支出	△4,970
長期借入金の返済による支出	△2,340
非支配株主への株式の発行による収入	120 (*37)
自己株式の処分による収入	1,200 (*38)
配当金の支払額	△1,820
非支配株主への配当金の支払額	△70 (*39)
連結範囲の変更を伴わない子会社株式の売却による収入	3,470 (*40)
財務活動によるキャッシュ・フロー	問題6 　870
Ⅳ 現金及び現金同等物の増加額	3,390
Ⅴ 現金及び現金同等物の期首残高	9,990
Ⅵ 現金及び現金同等物の期末残高	13,380

(*27) 親会社株主に帰属する当期純利益6,260（問題4解答）＋法人税等6,265＋法人税等調整額25
　　　　＋非支配株主に帰属する当期純利益470＝13,020

(*28) 〔資料Ⅱ〕［P社］より
　　　　又は，X3.12/31減価償却累計額9,130－X2.12/31減価償却累計額8,300＝830

(*29) 連結損益計算書より

(*30) X3.12/31（140＋70－対S社50）－X2.12/31（100＋50－対S社40）＝50

(*31) X2.12/31（6,800＋2,500－対S社800）－X3.12/31（9,100＋3,500－対S社1,000）＝△3,100

(*32) X2.12/31（2,800＋2,000－未実現400）－X3.12/31（4,200＋1,800－未実現360）＝△1,240

(*33) X3.12/31（5,240＋1,000－対P社1,000）－X2.12/31（4,500＋800－対P社800）＝740

(*34) 法人税等△6,400－未払法人税等（1,930－2,390）＝△5,940

(*35) 建物の取得：X2.12/31建物17,600－X3.12/31建物20,600＝△3,000

(*36) 土地の売却：売却簿価1,100＋売却益250＝売却価額1,350

(*37) 株主割当増資600×非支配株主持分比率20％＝120

(*38) 自己株式の処分は，経済的実態が新株の発行と等しい資金の調達であることから，「財務活動による
　　　　キャッシュ・フロー」の区分に記載する。

(*39) S社配当金△350×非支配株主持分比率20％＝△70

(*40) 子会社株式の一部売却による収入額3,470

✎ **子会社株式の追加取得又は一部売却に係るキャッシュ・フロー**
　　子会社株式の追加取得又は一部売却（親会社と子会社の支配関係が継続している場合）による親会
社の持分変動による差額は，親会社と子会社の非支配株主との資本取引から生じたことを考慮し，資
本剰余金に計上される。このため，連結範囲の変動を伴わない子会社株式の取得又は売却に係るキャッ
シュ・フローについても，当該変動に関連するキャッシュ・フロー（関連する法人税等に関するキャッ
シュ・フローを除く。）を，非支配株主との資本取引から生じたものとして，「財務活動によるキャッ
シュ・フロー」の区分に記載する。

[問題1]　利益剰余金当期首残高：個別上22,920（P社19,220＋S社3,700）
　　　　　　＋連結修正仕訳△2,900（△80＋△2,640＋40＋△20＋△400＋200）＝20,020

[問題3]　資本剰余金：P社11,500＋連結修正仕訳135（270＋△135）＝11,635

[問題4]　親会社株主に帰属する当期純利益：個別上の当期純利益7,540（5,190＋2,350）
　　　　　　＋連結修正仕訳△1,280（△60＋△470＋△280＋△630＋135＋10＋△5＋400＋△200
　　　　　　＋△360＋180）＝6,260

【問題③】

P社の連結財務諸表作成に関する次の〔前提条件〕及び〔資料Ⅰ〕～〔資料Ⅳ〕に基づき，以下の 問題1 ～ 問題6 に答えなさい。

〔前提条件〕

1．親会社P社と連結子会社S社の会計期間は，いずれも3月31日を決算日とする1年間である。

2．のれんは，発生年度の翌期から20年で定額法により償却する。

3．X3年度のP社の当期純利益は35,000千円であり，X3年度におけるP社の利益剰余金を原資とする剰余金の配当は12,000千円である。

4．X3年度のS社の当期純利益は40千ドルであり，X3年度におけるS社の利益剰余金を原資とする剰余金の配当は60千ドルである（配当決議時の為替相場：95円／ドル）。なお，X2年度以前にS社は剰余金の配当を行っていない。

5．S社は土地（帳簿価額100千ドル）を保有しており，その時価はX2年3月31日において500千ドルである。

6．税効果会計で適用する法定実効税率は，P社40％，S社30％で毎期同一とする。なお，税効果会計は，子会社の土地の時価評価差額及び未実現損益の消去から生じる一時差異のみに適用する。

〔資料Ⅰ〕 S社株式の取得及び売却に関する資料

1．X2年3月31日において，P社はS社の発行済株式数の90％を990千ドルで取得し，同社を子会社とした。

2．X4年3月31日において，P社は，S社の発行済株式数の20％を250千ドルで売却した。なお，S社株式の一部売却において，関連する法人税等は，資本剰余金から控除すること。

〔資料Ⅱ〕 建物売却に関する資料

1．X3年10月1日において，P社はS社に対して建物（帳簿価額2,900千円）を50千ドルで売却した（売却日の為替相場：98円／ドル）。

2．S社では，当該建物を耐用年数4年，残存価額ゼロの定額法で減価償却を行っている。

〔資料Ⅲ〕 P社及びS社の個別貸借対照表における項目の金額の推移

1．P社（単位：千円）

	資産	負債	資本金	資本剰余金	利益剰余金
X2年3月31日	140,000	24,000	80,000	12,000	24,000
X3年3月31日	160,000	36,000	80,000	12,000	32,000
X4年3月31日	190,000	43,000	80,000	12,000	55,000

2．S社（単位：千ドル）

	資産	負債	資本金	利益剰余金	新株予約権
X2年3月31日	800	180	500	120	—
X3年3月31日	900	230	500	170	—
X4年3月31日	1,000	300	500	150	50

※ S社はX3年12月1日に新株予約権50千ドルを発行し（発行日の為替相場：92円／ドル），全て連結外部の投資家が引き受けた。なお，X4年3月31日までに権利行使されたものはない。

〔資料Ⅳ〕 P社連結財務諸表の作成に関するその他の資料
1. S社のドル建財務諸表項目の換算に当たって使用する為替相場は，次のとおりである。

	期中平均相場	期末日相場
X1年度（X1年4月1日～X2年3月31日まで）	95円／ドル	100円／ドル
X2年度（X2年4月1日～X3年3月31日まで）	105円／ドル	110円／ドル
X3年度（X3年4月1日～X4年3月31日まで）	100円／ドル	90円／ドル

2. 円換算は，「外貨建取引等会計処理基準」に定める原則的な方法による。

問題1 X3年度末のP社の連結貸借対照表における資産（のれんを含む。）の合計金額として最も適切なものの番号を一つ選びなさい。

1. 216,530千円　　　2. 250,342千円　　　3. 251,830千円
4. 252,530千円　　　5. 255,860千円　　　6. 329,530千円

問題2 X3年度末の連結貸借対照表における資本剰余金の金額として最も適切なものの番号を一つ選びなさい。

1. 13,774千円　　　2. 14,274千円　　　3. 14,654千円
4. 15,290千円　　　5. 15,790千円　　　6. 17,760千円

問題3 X3年度末の連結貸借対照表における非支配株主持分の金額として最も適切なものの番号を一つ選びなさい。

1. 19,665千円　　　2. 24,637千円　　　3. 25,110千円
4. 25,680千円　　　5. 27,020千円　　　6. 28,065千円

問題4 X3年度末の連結貸借対照表における為替換算調整勘定の金額として最も適切なものの番号を一つ選びなさい。

1. △9,850千円　　　2. △8,570千円　　　3. △8,540千円
4. △8,470千円　　　5. △7,998千円　　　6. △6,895千円

問題5 X3年度の連結損益計算書における親会社株主に帰属する当期純利益の金額として最も適切なものの番号を一つ選びなさい。

1. 33,036千円　　　2. 32,936千円　　　3. 32,536千円
4. 32,157千円　　　5. 31,020千円　　　6. 29,504千円

問題6 X3年度の連結包括利益計算書におけるその他の包括利益の金額として最も適切なものの番号を一つ選びなさい。

1. △11,425千円　　　2. △17,190千円　　　3. △18,550千円
4. △20,460千円　　　5. △20,520千円　　　6. △22,430千円

解答

| 問題1 | 4 | 問題2 | 2 | 問題3 | 3 | 問題4 | 4 | 問題5 | 3 | 問題6 | 6 |

解説 （単位：千円）

1．個別財務諸表の修正

(1) 子会社の資産・負債の時価評価（全面時価評価法）

（借）土　　　　　地	400千ドル *1	（貸）繰延税金負債（S社）	120千ドル *2
		評　価　差　額	280千ドル *3

（*1）X2.3/31時価500千ドル－帳簿価額100千ドル＝400千ドル

（*2）400千ドル（*1）×S社の法定実効税率30％＝120千ドル

（*3）400千ドル（*1）×（1－S社の法定実効税率30％）＝280千ドル

2．在外子会社の財務諸表項目の換算（外貨の単位：千ドル，円貨の単位：千円）

(1) 株主資本等変動計算書（利益剰余金のみ）（X3年度）の換算

科目	外貨	為替相場	円貨	科目	外貨	為替相場	円貨
剰余金の配当	60	HR95	5,700	利益剰余金当期首残高	170	－	(*4)17,250
利益剰余金当期末残高	150	－	15,550	当期純利益	40	AR100	4,000
合　　計	210		21,250		210		21,250

（*4）X2.3/31利益剰余金120千ドル×HR100円＋X2年度当期純利益50千ドル（*5）×AR105円＝17,250

（*5）X3.3/31利益剰余金170千ドル－X2.3/31利益剰余金120千ドル＝50千ドル

(2) 貸借対照表（X3年度末）の換算（新株予約権に係る為替換算調整勘定の振替前）

科目	外貨	為替相場	円貨	科目	外貨	為替相場	円貨
資　　　産	(*6)1,400	CR 90	126,000	負　　　債	(*7) 420	CR 90	37,800
				資　本　金	500	HR100	50,000
				利益剰余金	150	－	(*8)15,550
				評　価　差　額	(*3) 280	HR100	28,000
				為替換算調整勘定	－	－	(*9)△9,850
				新株予約権	50	HR 92	4,600
				為替換算調整勘定	－	－	(*10)△100
合　　計	1,400		126,000		1,400		126,000

（*6）1,000千ドル＋400千ドル（*1）＝1,400千ドル

（*7）300千ドル＋120千ドル（*2）＝420千ドル

（*8）株主資本等変動計算書の利益剰余金当期末残高の金額

（*9）83,700（*11）－（資本金50,000＋利益剰余金15,550（*8）＋評価差額28,000）＝△9,850

（*10）新株予約権に係る為替換算調整勘定：50千ドル×（CR90円／ドル－HR92円／ドル）＝△100

（*11）（資本金500千ドル＋利益剰余金150千ドル＋評価差額280千ドル）×CR90円／ドル＝83,700

(3) 新株予約権に係る為替換算調整勘定の振替仕訳

（借）新　株　予　約　権	100	（貸）為替換算調整勘定	100 *10

(4) 貸借対照表（X3年度末）の換算（新株予約権に係る為替換算調整勘定の振替後）

科目	外貨	為替相場	円貨	科目	外貨	為替相場	円貨
資　　　産	(*6)1,400	CR 90	126,000	負　　　債	(*7) 420	CR 90	37,800
				資　本　金	500	HR100	50,000
				利益剰余金	150	－	(*8) 15,550
				評　価　差　額	(*3) 280	HR100	28,000
				為替換算調整勘定	－	－	(*9)△9,850
				新株予約権	50	CR 90	(*12)4,500
合　　計	1,400		126,000		1,400		126,000

（*12）新株予約権自体はHR 92円／ドルで換算するが，新株予約権に係る為替換算調整勘定△100（*10）は，新株予約権に含めて表示する。そのため，連結貸借対照表における新株予約権の金額は，外貨建新株予約権をCR90円／ドルで換算した額と実質的に同額となる。

3．タイム・テーブル

	X2.3/31	90%	X3.3/31	90%	X4.3/31
	HR100円	AR105円	CR110円	AR100円	CR90円
P 社 比 率	+90%				△20%
資 本 金	50,000		50,000		50,000
		P社持分 4,725		3,600 △5,130	
利 益 剰 余 金	12,000	→	(*4) 17,250		(*8) 15,550
		非支配株主持分 525		400 △570	
評 価 差 額	28,000		28,000		28,000
		P社持分 8,325		△17,190	
為替換算調整勘定	—	→	(*13) 9,250		(*9) △9,850
		非支配株主持分 925		△1,910	
合 計	90,000		(*14) 104,500		(*11) 83,700
	(900千ドル)		(950千ドル)		(930千ドル)
P 社 持 分	81,000				(*15) △16,740
	(810千ドル)				(△186千ドル)
取 得 原 価	99,000				(*16) △22,000
	(990千ドル)				(△220千ドル)
売却損益の取消					△500
為替換算調整勘定の取崩					(*17) 1,970
資 本 剰 余 金					3,790
(法人税等相当額)					(△1,516)
のれん（CR換算前）	18,000	△945	17,055	△900	16,155
	(180千ドル)	(△9千ドル)	(171千ドル)	(△9千ドル)	(162千ドル)
		1,755		△3,330	
為替換算調整勘定	—	→	1,755	→	△1,575
のれん（CR換算後）	18,000		18,810		14,580

(*13) 104,500 (*14) －（資本金50,000＋利益剰余金17,250 (*4) ＋評価差額28,000）＝9,250

(*14) （資本金500千ドル＋利益剰余金170千ドル＋評価差額280千ドル）× CR110円 / ドル＝104,500

(*15) X4.3/31資本合計83,700×売却比率20%＝16,740

(*16) 取得原価99,000×売却比率20% / 売却前持分比率90%＝22,000

(*17) （8,325＋△17,190）×売却比率20% / 売却前持分比率90%＝1,970

> 🖊 子会社の発行する新株予約権は，投資と資本の相殺消去の対象となる子会社の資本には該当しないことから，タイム・テーブルに反映しない。

4．X3年度の連結財務諸表作成のための連結修正仕訳

（1） 開始仕訳

（借)資本金当期首残高	50,000	（貸)関 係 会 社 株 式	99,000
利益剰余金当期首残高	13,470 *18	為替換算調整勘定当期首残高	830 *19
評 価 差 額	28,000	非支配株主持分当期首残高	10,450 *20
の れ ん	18,810		

(*18) 支配獲得時利益剰余金12,000
　　　＋非支配株主に帰属する支配獲得後利益剰余金525＋のれん償却額945＝13,470

(*19) 資本合計分925－のれん分1,755＝△830

(*20) X3.3/31資本合計104,500×非支配株主持分比率10%＝10,450

（2） のれんの償却

（借)の れ ん 償 却 額	900 *21	（貸)の れ ん	900

(*21) 外貨建てのれん180千ドル÷償却年数20年× AR100＝900

（3） のれんに係る為替換算調整勘定の計上

（借)為替換算調整勘定当期変動額	3,330	（貸)の れ ん	3,330 *22

(*22) （のれん（CR換算後）14,580－のれん（CR換算前）16,155）－1,755＝△3,330

(4) 当期純利益の按分

（借）非支配株主に帰属する当期純損益	400 *23	（貸）非支配株主持分当期変動額	400

(*23) S社当期純利益4,000×非支配株主持分比率10％＝400

(5) 剰余金の配当

（借）受 取 配 当 金	5,130 *24	（貸）利益剰余金当期変動額	5,700
非支配株主持分当期変動額	570 *25	（剰 余 金 の 配 当）	

(*24) 剰余金の配当5,700×P社持分比率90％＝5,130

(*25) 剰余金の配当5,700×非支配株主持分比率10％＝570

(6) 為替換算調整勘定の按分

（借）非支配株主持分当期変動額	1,910	（貸）為替換算調整勘定当期変動額	1,910 *26

(*26) 資本合計分（X4.3/31 △9,850（*9）－ X3.3/31 9,250（*13））

×非支配株主持分比率10％＝△1,910

(7) 一部売却（20％売却）

① 個別上の処理

（借）現 金 預 金	22,500	（貸）関 係 会 社 株 式	22,000 *16
		関 係 会 社 株 式 売 却 益	500

② 連結上のあるべき処理

（借）現 金 預 金	22,500	（貸）非支配株主持分当期変動額	16,740 *15
		資本剰余金当期変動額	5,760 *27
		（非支配株主との取引に係る親会社の持分変動）	
（借）資本剰余金当期変動額	1,970	（貸）為替換算調整勘定当期変動額	1,970 *17
（非支配株主との取引に係る親会社の持分変動）			

(*27) 貸借差額

③ 連結修正仕訳（②－①）

（借）関 係 会 社 株 式	22,000	（貸）非支配株主持分当期変動額	16,740
関 係 会 社 株 式 売 却 益	500	資本剰余金当期変動額	5,760
		（非支配株主との取引に係る親会社の持分変動）	
（借）資本剰余金当期変動額	1,970	（貸）為替換算調整勘定当期変動額	1,970
（非支配株主との取引に係る親会社の持分変動）			

(8) 子会社株式の一部売却に関連する法人税等相当額の調整

（借）資本剰余金当期変動額	1,516 *28	（貸）法 人 税 等	1,516
（非支配株主との取引に係る親会社の持分変動）			

(*28) 一部売却に係る資本剰余金（5,760－1,970）×P社法定実効率40％＝1,516

(9) 建物の未実現利益の調整（ダウン・ストリーム）

（借）建 物 売 却 益	2,000 *29	（貸）建 物	2,000
（借）減 価 償 却 累 計 額	250	（貸）減 価 償 却 費	250 *30
（借）繰延税金資産（P社）	700	（貸）法 人 税 等 調 整 額	700 *31

(*29) 売却価額50千ドル×HR98円－売却簿価2,900＝2,000

(*30) 未実現利益2,000÷耐用年数4年×6ヶ月/12ヶ月＝250

(*31) （2,000（*29）－250（*30））×売却元P社法定実効率40％＝700

> 📝 未実現利益の円貨額は売却時に確定しているため，減価償却による未実現利益の実現は為替相場の変動の影響を受けない。そのため，売却益（未実現利益）を減価償却資産の減価償却に基づき規則的に戻し入れることで，未実現利益が実現してゆく。

問題1 　総資産：個別上316,000（P社190,000＋S社126,000）＋連結修正仕訳△63,470

（△99,000＋18,810＋△900＋△3,330＋22,000＋△2,000＋250＋700）＝252,530

問題2 　資本剰余金：P社12,000＋連結修正仕訳2,274（5,760＋△1,970＋△1,516）＝14,274

問題3 　非支配株主持分：連結修正仕訳25,110（10,450＋400＋△570＋△1,910＋16,740）

又は，X4.3/31資本合計83,700×非支配株主持分比率30％＝25,110

問題4 　為替換算調整勘定：S社財務諸表の換算△9,850

＋連結修正仕訳1,380（830＋△3,330＋1,910＋1,970）＝△8,470

又はタイム・テーブルより，資本合計分（8,325＋△17,190）

＋一部売却1,970＋のれん分△1,575＝△8,470

問題5 　親会社株主に帰属する当期純利益：個別上の当期純利益39,000（P社35,000＋S社4,000）

＋連結修正仕訳△6,464（△900＋△400＋△5,130＋△500＋1,516＋△2,000＋250＋700）

＝32,536

問題6

（X3年度）　　連結包括利益計算書	（単位：千円）
当期純利益	（　　　　32,936　　）
その他の包括利益	
為替換算調整勘定	（　　　△22,430　　）
その他の包括利益合計	（　　　△22,430　　）
包括利益	（　　　　10,506　　）
（内　訳）	
親会社株主に係る包括利益	（　　　　12,016　　）
非支配株主に係る包括利益	（　　　△1,510　　）

〔連結包括利益計算書の内訳〕

		P社株主持分		非支配株主持分	
当期純利益	32,936	親会社株主に帰属する当期純利益	32,536	非支配株主に帰属する当期純利益	400
その他の包括利益					
為替換算調整勘定	△22,430	S社発生（資本合計分） S社発生（のれん分）	△17,190 △3,330	S社発生（資本合計分）	△1,910
包括利益	10,506	親会社株主に係る包括利益	12,016	非支配株主に係る包括利益	△1,510

【問題④】

P社の連結財務諸表作成に関する次の〔前提条件〕及び〔資料Ⅰ〕～〔資料Ⅲ〕に基づき，以下の 問題1 ～ 問題6 に答えなさい。

〔前提条件〕

1．のれんは，発生した年度の翌期から20年間にわたり定額法により償却する。

2．貸倒引当金，税金及び税効果会計は考慮しない。

〔資料Ⅰ〕S社に関する事項

1．X1年度末において，P社はS社（資本金4,000千円，利益剰余金3,500千円）の発行済株式数の60％を9,000千円で取得し，同社を子会社とした。

2．X3年度末において，P社はS社の発行済株式数の50％を8,000千円で売却し，残存持分である10％をその他有価証券に分類した。P社がX3年度末に保有するその他有価証券はS社株式のみであり，市場価格が存在するため時価評価している。

3．S社の保有する土地（簿価1,500千円）のX1年度末の時価は4,000千円である。

〔資料Ⅱ〕A社に関する事項

1．X1年度末において，P社はA社（資本金6,000千円，利益剰余金3,000千円，その他有価証券評価差額金1,000千円）の発行済株式数の20％を4,000千円で取得し，同社を関連会社とした。

2．X3年度末において，P社はA社の発行済株式数の50％を12,500千円で追加取得し，同社を子会社とした。

3．A社の保有する土地（簿価2,500千円）のX1年度末の時価とX3年度末時価は，それぞれ5,000千円及び6,000千円である。

〔資料Ⅲ〕X3年度における各社の財務諸表は，次のとおりであった。

損　益　計　算　書　　　　　　　（単位：千円）

費　　用	P社	S社	A社	収　　益	P社	S社	A社
売 上 原 価	45,000	29,000	22,000	売 上 高	60,400	50,600	32,800
営 業 費	16,000	19,000	10,500	受取利息及び配当金	2,100	400	200
当 期 純 利 益	2,000	3,000	500	関係会社株式売却益	500	—	—
合　　計	63,000	51,000	33,000	合　　計	63,000	51,000	33,000

株主資本等変動計算書　　　　　　（単位：千円）

借　　方	P社	S社	A社	貸　　方	P社	S社	A社
資本金当期末残高	20,000	4,000	6,000	資本金当期首残高	20,000	4,000	6,000
剰余金の配当	1,200	1,000	300	利益剰余金当期首残高	8,000	5,500	3,800
利益剰余金当期末残高	8,800	7,500	4,000	当 期 純 利 益	2,000	3,000	500
その他有価証券評価差額金当期末残高	100	—	1,500	その他有価証券評価差額金当期首残高	—	—	1,200
				その他有価証券評価差額金当期変動額	100	—	300

貸借対照表 (単位：千円)

資　産	P社	S社	A社	負債・純資産	P社	S社	A社
現　金　預　金	9,900	7,500	6,000	買　掛　金	5,100	3,500	5,500
売　掛　金	2,000	1,500	1,000	資　本　金	20,000	4,000	6,000
棚　卸　資　産	1,000	4,500	2,000	利　益　剰　余　金	8,800	7,500	4,000
土　地	3,000	1,500	2,500	その他有価証券評価差額金	100	—	1,500
投　資　有　価　証　券	1,600	—	5,500				
関　係　会　社　株　式	16,500	—	—				
合　計	34,000	15,000	17,000	合　計	34,000	15,000	17,000

問題1　X3年度末の連結貸借対照表におけるのれんの金額として最も適切なものの番号を一つ選びなさい。

1．6,000千円　　　2．7,000千円　　　3．7,450千円
4．8,000千円　　　5．8,050千円　　　6．9,700千円

問題2　X3年度末の連結貸借対照表における非支配株主持分の金額として最も適切なものの番号を一つ選びなさい。

1．3,450千円　　　2．4,050千円　　　3．4,200千円
4．4,500千円　　　5．5,600千円　　　6．5,900千円

問題3　X3年度の連結損益計算書における段階取得に係る差益の金額として最も適切なものの番号を一つ選びなさい。

1．700千円　　　2．750千円　　　3．800千円
4．850千円　　　5．950千円　　　6．1,000千円

問題4　X3年度の連結損益計算書における当期純利益の金額として最も適切なものの番号を一つ選びなさい。

1．2,215千円　　　2．3,390千円　　　3．3,415千円
4．3,475千円　　　5．3,565千円　　　6．4,665千円

問題5　X3年度の連結株主資本等変動計算書における利益剰余金当期首残高の金額として最も適切なものの番号を一つ選びなさい。

1．8,135千円　　　2．8,785千円　　　3．9,050千円
4．9,135千円　　　5．9,175千円　　　6．9,850千円

問題6　X3年度の連結株主資本等変動計算書における連結除外に伴う利益剰余金減少高の金額として最も適切なものの番号を一つ選びなさい。

1．△500千円　　　2．△450千円　　　3．△400千円
4．△350千円　　　5．△300千円　　　6．△100千円

解答

| 問題1 | 2 | 問題2 | 4 | 問題3 | 5 | 問題4 | 3 | 問題5 | 4 | 問題6 | 4 |

解説（単位：千円）

Ⅰ．S社（連結子会社 → その他有価証券）

1．個別財務諸表の修正

(1) 子会社の資産・負債の時価評価（全面時価評価法）

| （借）土　地 | 2,500 | （貸）評　価　差　額 | 2,500 *1 |

（*1）X1年度末時価4,000 − 帳簿価額1,500 = 2,500

2．タイム・テーブル

	X1年度末	60％	X2年度末	60％	X3年度末
P　社　比　率	+60％				△50％
資　本　金	4,000		4,000		4,000
	P社持分	1,200		1,800 △600	
利　益　剰　余　金	3,500	→	5,500		7,500
	非支配株主持分	800		1,200 △400	
評　価　差　額	（*1）2,500		（*1）2,500		（*1）2,500
合　　　計	10,000		12,000		14,000
P　社　持　分	6,000				（*2）△7,000
取　得　原　価	9,000				（*3）△7,500
の　れ　ん	3,000	△150	2,850	△150	2,700
					（*4）△2,250
					450

（*2）X3年度末資本合計14,000×売却比率50％ = 7,000

（*3）取得原価9,000×売却比率50％／売却前持分比率60％ = 7,500

（*4）のれん未償却残高2,700×売却比率50％／売却前持分比率60％ = 2,250

> 🖊 X3年度中は子会社としてS社は支配されているが，X3年度末に支配を喪失し関連会社となっている。そのため，S社のX3年度の財務諸表のうち，支配されていた間の損益計算書，株主資本等変動計算書，キャッシュ・フロー計算書及び包括利益計算書は連結するが，X3年度末の貸借対照表は連結しない。

3．X3年度の連結財務諸表作成のための連結修正仕訳

(1) 開始仕訳

（借）資本金当期首残高	4,000	（貸）関　係　会　社　株　式	9,000
利益剰余金当期首残高	4,450 *5	非支配株主持分当期首残高	4,800 *6
評　価　差　額	2,500 *1		
の　れ　ん	2,850		

（*5）支配獲得時利益剰余金3,500
　　　 ＋非支配株主に帰属する支配獲得後利益剰余金800＋のれん償却額150 = 4,450

（*6）X2年度末資本合計12,000×非支配株主持分比率40％ = 4,800

(2) のれんの償却

| （借）の　れ　ん　償　却　額 | 150 *7 | （貸）の　　れ　　ん | 150 |

（*7）のれん3,000÷償却年数20年 = 150

(3) 当期純利益の按分

| （借）非支配株主に帰属する当期純損益 | 1,200 *8 | （貸）非支配株主持分当期変動額 | 1,200 |

（*8）S社当期純利益3,000×非支配株主持分比率40％ = 1,200

(4) 剰余金の配当

| （借）受取利息及び配当金 | 600 | *9 | （貸）利益剰余金当期変動額 | 1,000 |
| 非支配株主持分当期変動額 | 400 | *10 | （剰余金の配当） | |

（*9）剰余金の配当1,000×P社持分比率60％＝600

（*10）剰余金の配当1,000×非支配株主持分比率40％＝400

(5) 支配の喪失を伴う子会社株式の売却（50％売却）

① 個別上の処理

| （借）現 金 預 金 | 8,000 | | （貸）関 係 会 社 株 式 | 7,500 | *3 |
| | | | 関係会社株式売却益 | 500 | |

② 連結上のあるべき処理

| （借）現 金 預 金 | 8,000 | | （貸）非支配株主持分当期変動額 | 7,000 | *2 |
| 関係会社株式売却損 | 1,250 | *11 | の れ ん | 2,250 | *4 |

(*11) 貸借差額

③ 連結修正仕訳（②－①）

（借）関 係 会 社 株 式	7,500		（貸）非支配株主持分当期変動額	7,000	
関係会社株式売却益	500		の れ ん	2,250	
関係会社株式売却損	1,250				

(6) 連結から持分法への移行

（借）買 掛 金	3,500	*12	（貸）現 金 預 金	7,500	*12
関 係 会 社 株 式	1,500	*14	売 掛 金	1,500	*12
非支配株主持分当期変動額	12,600	*15	棚 卸 資 産	4,500	*12
利益剰余金当期変動額	350	*16	土 地	4,000	*13
（連結除外に伴う利益剰余金減少高）			の れ ん	450	*18

(*12) X3年度末のS社個別貸借対照表における金額

(*13) X3年度末のS社個別貸借対照表における金額1,500＋簿価修正額2,500（*1）＝4,000

(*14) 9,000×売却後持分比率10％／売却前持分比率60％＝1,500

(*15) X3年度末資本合計14,000×売却後非支配株主持分比率90％＝12,600

(*16) 残存持分1,850（*17）－残存持分の個別上の簿価1,500＝350

　　　若しくは，タイム・テーブルより，（1,200＋1,800－600－150×2年）

　　　　　　　　　　　　　　　　　×売却後持分比率10％／売却前持分比率60％＝350

（ 問題6 ）連結除外に伴う利益剰余金減少高：△350）

(*17) X2年度末資本合計14,000×売却後P社持分10％＋残存持分に係るのれん450＝1,850

(*18) のれん未償却残高2,700×売却後持分比率10％／売却前持分比率60％＝450

> 🖊 支配の喪失を伴う子会社株式の売却は損益取引として処理する。連結手続により計上したのれん，非支配株主持分の残高は取り崩し，未売却のS社株式（その他有価証券に該当する。）を個別上の取得原価で計上する。また，残存持分と残存持分の個別上の簿価との差額を，「連結除外に伴う利益剰余金減少（増加）高」として計上する。

(7) 勘定科目の変更

| （借）投 資 有 価 証 券 | 1,500 | | （貸）関 係 会 社 株 式 | 1,500 | *14 |

> 🖊 連結除外時に残存持分10％は取得原価1,500に振り戻されるが，その他有価証券に分類されるため，X3年末のP社個別財務諸表及び連結財務諸表では，1,600（8,000÷50％×10％）で時価評価し，本問では税効果を適用しないため，その差額を，その他有価証券評価差額金100として認識することになる。

Ⅱ．A社（関連会社→連結子会社）

1．個別財務諸表の修正

(1) 関連会社の資産・負債の時価評価（部分時価評価法）

（借）土 地	500	（貸）評 価 差 額	500 *1

（*1）（X1年度末時価5,000－帳簿価額2,500）×P社持分比率20％＝500

2．タイム・テーブル

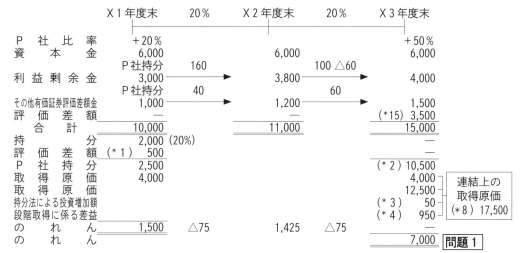

（*2）X3年度末資本合計15,000×P社持分比率70％＝10,500

（*3）持分法適用による影響額（その他有価証券評価差額金除く）：160＋100－60－75－75＝50

（*4）先行持分の支配獲得時の時価5,000（*5）－（持分法による投資評価額4,150（*6）－100（*7））＝950

（ 問題3 段階取得に係る差益：950）

（*5）12,500÷50％×20％＝5,000

（*6）先行持分の取得原価4,000＋持分法適用による影響額（50（*3）＋100（*7））＝4,150

（*7）P社に帰属するその他有価証券評価差額金（40＋60）＝100

（*8）12,500÷50％×70％＝17,500

> 🖊 A社はX3年度末に子会社となったため，X3年度の期中は子会社として支配されていない。
> そのため，A社のX3年度の財務諸表のうち，損益計算書，株主資本等変動計算書，キャッシュ・
> フロー計算書及び包括利益計算書は連結せず，X3年度末の貸借対照表のみ連結する。

3．X3年度の連結財務諸表作成のための連結修正仕訳

(1) 開始仕訳

（借）関 係 会 社 株 式	125	（貸）利益剰余金当期首残高	85 *9
		その他有価証券評価差額金当期首残高	40 *10

（*9）P社に帰属する投資後利益剰余金160－のれん償却額75＝85

（*10）（X2年度末1,200－X1年度末1,000）×P社持分比率20％＝40

(2) のれんの償却

（借）持分法による投資損益	75 *11	（貸）関 係 会 社 株 式	75

（*11）のれん1,500÷償却年数20年＝75

(3) 当期純利益の認識

（借）関 係 会 社 株 式	100	（貸）持分法による投資損益	100 *12

（*12）A社当期純利益500×P社持分比率20％＝100

(4) 剰余金の配当

| （借）受取利息及び配当金 | 60 *13 | （貸）関 係 会 社 株 式 | 60 |

(*13) 剰余金の配当300×P社持分比率20％＝60

(5) その他有価証券評価差額金の認識

| （借）関 係 会 社 株 式 | 60 | （貸）その他有価証券評価差額金当期変動額 | 60 *14 |

(*14) （X3年度末1,500－X2年度末1,200）×P社持分比率20％＝60

(6) 持分法から連結への移行

① 個別財務諸表の修正（子会社の資産・負債の時価評価（全面時価評価法））

| （借）土　　　　　地 | 3,500 | （貸）評　価　差　額 | 3,500 *15 |

(*15) X3年度末時価6,000－帳簿価額2,500＝3,500

✐ X3年度末にA社の支配を獲得したことから，時価評価をやり直す。

② 投資勘定の時価評価

| （借）関 係 会 社 株 式 | 850 *16 | （貸）段階取得に係る差益 | 950 *4 |
| その他有価証券評価差額金当期変動額 | 100 *7 | | |

(*16) 先行持分の支配獲得時の時価5,000（*5）－持分法による投資評価額4,150（*6）＝850

✐ 支配獲得時までに生じたその他有価証券評価差額金は，支配獲得により投資の性質が変化することから，いったん清算されたと考える。そのため，段階取得に係る差益に含まれることになる。

③ 投資と資本の相殺消去

（借）資　　本　　金	6,000	（貸）関 係 会 社 株 式	17,500 *8
利　益　剰　余　金	4,000	非支配株主持分当期変動額	4,500 *17
その他有価証券評価差額金	1,500		
評　価　差　額	3,500 *15		
の　　れ　　ん	7,000 *18		

(*17) X3末資本合計15,000×非支配株主持分比率30％＝4,500

（問題2 非支配株主持分：S社0＋A社4,500＝4,500）

(*18) P社持分10,500（*2）－連結上の取得原価17,500（*8）＝7,000

✐ なお，持分法評価額に含まれていたのれんの未償却額1,350は，新たに計算されるのれん7,000の一部として含まれている。

問題4 当期純利益：個別上の当期純利益5,000（P社2,000＋S社3,000）
＋連結修正仕訳△1,585（△150＋△600＋△500＋△1,250＋△75＋100＋△60＋950）＝3,415

問題5 利益剰余金当期首残高：個別上13,500（P社8,000＋S社5,500）
＋連結修正仕訳△4,365（△4,450＋85）＝9,135

【問題⑤】

P社の連結財務諸表作成に関する次の〔前提条件〕及び〔資料Ⅰ〕～〔資料Ⅲ〕に基づき，以下の
問題1 ～ 問題6 に答えなさい。

〔前提条件〕

1．のれんは，発生した年度の翌期から4年間にわたり定額法により償却する。
2．持分法の適用上，部分時価評価法（原則法）を採用している。
3．貸倒引当金は考慮しない。
4．税効果会計に関する事項は以下のとおりである。
(1) 連結財務諸表作成上，子会社の建物及び関連会社の土地の時価評価差額，未実現損益の消去
（備品への用途変更を含む），その他有価証券の時価評価から生じる一時差異に税効果会計を適用
する。
(2) 個別財務諸表上，その他有価証券の時価評価から生じる一時差異に税効果会計を適用する。
(3) 各社の法定実効税率は，毎期40％とする。

〔資料Ⅰ〕 S社に関する事項

1．X1年度末において，P社はS社（資本金3,000千円，資本剰余金2,000千円，利益剰余金3,600千
円）の発行済株式数の80％を9,500千円で取得し，同社を子会社とした。
2．S社の保有する建物（簿価500千円）のX1年度末の時価は5,500千円である。当該建物は，残存
価額ゼロ，定額法により減価償却を行っており，X1年度末における残存耐用年数は4年である。
3．S社はX3年度にP社株式（取得原価800千円）を取得し，その他有価証券としてX3年度末に
おいても保有している。なお，当該P社株式のX3年度末の時価は1,200千円であった。
4．X3年度において，S社はP社に対して土地（簿価1,500千円）を1,400千円で売却した。
5．P社はX3年度の期首に，S社に対して商品（簿価1,000千円）を1,500千円で販売した。S社で
はP社から購入した当該商品を即座に備品として使用しており，耐用年数5年，残存価額ゼロの定
額法により減価償却を行っている。
6．X3年度に，P社はS社に対して，その他有価証券（P社の簿価400千円，市場価格のない株式）
を600千円で売却した。S社は当該株式を，その他有価証券に分類し，X3年度末においても保有
している。

〔資料Ⅱ〕 A社に関する事項

1．X2年度末において，P社はA社（資本金500千円，利益剰余金200千円）の発行済株式数の10％
を100千円で取得し，その他有価証券に分類した。
2．X3年度末において，P社はA社の発行済株式数の15％を500千円で追加取得し，同社を関連会
社とした。
3．A社の保有する土地（簿価1,000千円）のX2年度末の時価は1,500千円，X3年度末の時価は2,500
千円である。

〔資料Ⅲ〕X3年度における各社の株主資本等変動計算書

株主資本等変動計算書
（単位：千円）

借　　　方	P社	S社	A社	貸　　　方	P社	S社	A社
資本金当期末残高	10,000	3,000	500	資本金当期首残高	10,000	3,000	500
剰余金の配当	200	500	—	資本剰余金当期首残高	5,000	2,000	—
資本剰余金当期末残高	4,800	1,500	—				
剰余金の配当	700	1,500	400	利益剰余金当期首残高	8,000	4,000	200
利益剰余金当期末残高	14,300	5,000	600	当 期 純 利 益	7,000	2,500	800
自己株式当期首残高	200	—	—	自己株式当期末残高	300	—	—
自己株式の取得	100	—	—				
その他有価証券評価差額金当期末残高	100	240	—	その他有価証券評価差額金当期首残高	—	—	—
				その他有価証券評価差額金当期変動額	100	240	—

問題 1　X3年度末の連結貸借対照表におけるのれんの金額として最も適切なものの番号を一つ選びなさい。

1．55千円　　　　　2．110千円　　　　　3．165千円
4．176千円　　　　5．690千円　　　　　6．1,310千円

問題 2　X3年度末の連結貸借対照表における非支配株主持分の金額として最も適切なものの番号を一つ選びなさい。

1．2,040千円　　　2．2,052千円　　　3．2,088千円
4．2,100千円　　　5．2,200千円　　　6．2,212千円

問題 3　X3年度末の連結貸借対照表における資本剰余金の金額として最も適切なものの番号を一つ選びなさい。

1．4,300千円　　　2．4,800千円　　　3．5,000千円
4．5,300千円　　　5．6,000千円　　　6．6,300千円

問題 4　X3年度の連結損益計算書における親会社株主に帰属する当期純利益の金額として最も適切なものの番号を一つ選びなさい。

1．6,433千円　　　2．6,573千円　　　3．6,833千円
4．6,873千円　　　5．6,953千円　　　6．7,183千円

問題 5　X3年度の連結株主資本等変動計算書における利益剰余金当期首残高の金額として最も適切なものの番号を一つ選びなさい。

1．7,165千円　　　2．7,665千円　　　3．7,705千円
4．8,000千円　　　5．8,915千円　　　6．11,250千円

問題 6　X3年度の連結株主資本等変動計算書における持分法適用会社の増加に伴う利益剰余金増加高の金額として最も適切なものの番号を一つ選びなさい。

1．40千円　　　　　2．60千円　　　　　3．80千円
4．90千円　　　　　5．200千円　　　　　6．600千円

解答

問題1	2		問題2	2		問題3	2		問題4	3		問題5	2		問題6	1

解説 （単位：千円）

Ⅰ．S社（連結子会社）

1．個別財務諸表の修正

(1) 親会社株式に係る個別上の時価評価の取り消し

（借）繰延税金負債（S社）	160 *2	（貸）親 会 社 株 式	400 *1
その他有価証券評価差額金当期変動額	240 *3		

（*1） X3年度末時価1,200－帳簿価額800＝400

（*2） 400（*1）×S社の法定実効税率40％＝160

（*3） 400（*1）×（1－S社の法定実効税率40％）＝240

(2) 子会社の資産・負債の時価評価（全面時価評価法）

① 建物に係る評価差額の計上

（借）建 物	5,000 *4	（貸）繰延税金負債（S社）	2,000 *5
		評 価 差 額	3,000 *6

（*4） X1年度末時価5,500－帳簿価額500＝5,000

（*5） 5,000（*4）×S社の法定実効税率40％＝2,000

（*6） 5,000（*4）×（1－S社の法定実効税率40％）＝3,000

② 建物に係る評価差額の実現

（借）利益剰余金当期首残高	1,250 *7	（貸）減 価 償 却 累 計 額	1,250
（借）繰延税金負債（S社）	500	（貸）利益剰余金当期首残高	500 *8
（借）減 価 償 却 費	1,250 *7	（貸）減 価 償 却 累 計 額	1,250
（借）繰延税金負債（S社）	500	（貸）法 人 税 等 調 整 額	500 *8

（*7） 5,000（*4）÷残存耐用年数4年＝1,250

（*8） 1,250（*7）×法定実効税率40％＝500

2．タイム・テーブル

	X1年度末	80％	X2年度末	80％	X3年度末
P 社 比 率	＋80％				
資 本 金	3,000		3,000		3,000
		P社持分		△400	
資 本 剰 余 金	2,000		2,000		1,500
		非支配株主持分		△100	
		P社持分		1,400 △1,200	
利 益 剰 余 金	3,600	△280	(*9) 3,250		(*10) 3,500
		非支配株主持分		350 △300	
		△70			
評 価 差 額	(*6) 3,000		(*6) 3,000		(*6) 3,000
合 計	11,600		11,250		11,000
P 社 持 分	9,280				
取 得 原 価	9,500				
の れ ん	220	△55	165	△55	110 |問題1

（*9） 個別上4,000－評価差額の実現（1,250－500）＝3,250

（*10） 個別上5,000－評価差額の実現（1,250－500＋1,250－500）＝3,500

> 🖉 S社の個別上におけるその他有価証券評価差額金はP社株式（親会社株式）に係るもののみであり，個別財務諸表の修正で取り消していることから，タイム・テーブルに反映させるその他有価証券評価差額金は存在しない。

3．X3年度の連結財務諸表作成のための連結修正仕訳

(1) 開始仕訳

(借) 資本金当期首残高	3,000		(貸) 関 係 会 社 株 式	9,500	
資本剰余金当期首残高	2,000		非支配株主持分当期首残高	2,250	*12
利益剰余金当期首残高	3,585	*11			
評 価 差 額	3,000	*6			
の れ ん	165				

(*11) 支配獲得時利益剰余金3,600
　　　－非支配株主に帰属する支配獲得後利益剰余金70＋のれん償却額55＝3,585

(*12) X2年度末資本合計11,250×非支配株主持分比率20％＝2,250

(2) のれんの償却

(借) の れ ん 償 却 額	55	*13	(貸) の れ ん	55

(*13) のれん220÷償却年数4年＝55

(3) 当期純利益の按分

(借) 非支配株主に帰属する当期純損益	350	*14	(貸) 非支配株主持分当期変動額	350

(*14) ｛S社当期純利益2,500－評価差額の実現（1,250－500)｝×非支配株主持分比率20％＝350

(4) 剰余金の配当（その他資本剰余金からの配当）

(借) 関 係 会 社 株 式	400	*15	(貸) 資本剰余金当期変動額	500
非支配株主持分当期変動額	100	*16	（剰 余 金 の 配 当）	

(*15) その他資本剰余金からの配当500×P社持分比率80％＝400

(*16) その他資本剰余金からの配当500×非支配株主持分比率20％＝100

> 🖊 **その他資本剰余金を原資とする配当**
> 　子会社がその他資本剰余金を原資として配当した場合，親会社では配当受領時に受取配当金の増加ではなく，投資の払戻しとして関係会社株式を減額しているため，これを取り消す修正仕訳が必要となる。

(5) 剰余金の配当（利益剰余金からの配当）

(借) 受 取 配 当 金	1,200	*17	(貸) 利益剰余金当期変動額	1,500
非支配株主持分当期変動額	300	*18	（剰 余 金 の 配 当）	

(*17) 利益剰余金からの配当1,500×P社持分比率80％＝1,200

(*18) 利益剰余金からの配当1,500×非支配株主持分比率20％＝300

(6) 親会社株式の純資産の部からの控除

(借) 自己株式当期変動額	640	*19	(貸) 親 会 社 株 式	800
（自己株式の取得）				
非支配株主持分当期変動額	160	*20		

(*19) 取得原価800×P社持分比率80％＝640

(*20) 取得原価800×非支配株主持分比率20％＝160

> 🖊 **連結子会社が保有する親会社株式**
> 　連結子会社が保有する親会社株式（親会社持分相当額）は，企業集団で考えた場合，親会社の保有する自己株式と同様の性格を有する。そのため，連結貸借対照表上，親会社が保有する自己株式と合わせ，純資産の部の株主資本に対する控除項目として表示する。

(7) 土地の未実現損失の消去（アップ・ストリーム）

（借）土　　　　　　地	100	（貸）有形固定資産売却損	100	*21
（借）法 人 税 等 調 整 額	40 *22	（貸）繰延税金負債（S社）	40	
（借）非支配株主に属する当期純損益	12 *23	（貸）非支配株主持分当期変動額	12	

（*21）売却額1,400－売却簿価1,500＝△100

（*22）未実現損失100（*21）×売却元S社法定実効税率40％＝40

（*23）（100（*21）－40（*22））×非支配株主持分比率20％＝12

(8) 商品から備品への用途変更（ダウン・ストリーム）

（借）売　　上　　高	1,500	（貸）売　　上　　原　　価	1,000	
		備　　　　　品	500	
（借）繰延税金資産（P社）	200 *24	（貸）法 人 税 等 調 整 額	200	
（借）減 価 償 却 累 計 額	100	（貸）減 価 償 却 費	100	*25
（借）法 人 税 等 調 整 額	40 *26	（貸）繰延税金資産（P社）	40	

（*24）備品に含まれる未実現利益500×P社の法定実効税率40％＝200

（*25）備品に含まれる未実現利益500÷耐用年数5年＝100

（*26）100（*25）×売却元P社法定実効税率40％＝40

(9) 有価証券の未実現利益の消去（ダウン・ストリーム）

（借）投資有価証券売却益	200	（貸）投 資 有 価 証 券	200	
（借）繰延税金資産（P社）	80	（貸）法 人 税 等 調 整 額	80	*27

（*27）未実現利益200×売却元P社法定実効税率40％＝80

Ⅱ．A社（関連会社）

1．個別財務諸表の修正

(1) 関連会社の資産・負債の時価評価（部分時価評価法）

（借）土　　　　　　地	50 *1	（貸）繰延税金負債（A社）	20	*2
		評　価　差　額	30	*3
（借）土　　　　　　地	225 *4	（貸）繰延税金負債（A社）	90	*5
		評　価　差　額	135	*6

（*1）（X2年度末時価1,500－帳簿価額1,000）×P社原始取得比率10％＝50

（*2）50（*1）×A社の法定実効税率40％＝20

（*3）50（*1）×（1－A社の法定実効税率40％）＝30

（*4）（X3年度末時価2,500－帳簿価額1,000）×P社追加取得比率15％＝225

（*5）225（*4）×A社の法定実効税率40％＝90

（*6）225（*4）×（1－A社の法定実効税率40％）＝135

2．タイム・テーブル

	X2年度末	10%	X3年度末
P　社　比　率	＋10％		＋15％
資　本　金	500		500
		P社持分　80　△40	
利　益　剰　余　金	200	→	600
合　　　計	700		1,100
持　　　分	70 (10%)		165 (15%)
評　価　差　額	（*3）30		（*6）135
P　社　持　分	100		300
取　得　原　価	100		500
の　　れ　　ん	0		200

3．X3年度の連結財務諸表作成のための連結修正仕訳

（1）当期純利益の認識

（借）関 係 会 社 株 式	80	（貸）利益剰余金当期変動額 <small>（持分法適用会社の増加に伴う利益剰余金増加高）</small>	80 *7

（＊7）A社当期純利益800×P社持分比率10％＝80

（2）剰余金の配当

（借）利益剰余金当期変動額 <small>（持分法適用会社の増加に伴う利益剰余金減少高）</small>	40 *8	（貸）関 係 会 社 株 式	40

（＊8）剰余金の配当400×P社持分比率10％＝40

| 問題6 | 持分法適用会社の増加に伴う利益剰余金増加高：80－40＝40）

> ✎ **持分法適用開始日までに株式を段階取得している場合**
>
> 持分法適用開始日までに株式を段階取得している場合，部分時価評価法（原則法）においては，持分法適用開始日までに生じた取得後利益剰余金のうち投資会社帰属分及びのれんの償却額を，持分法適用初年度の連結株主資本等変動計算書上の利益剰余金の区分に，「持分法適用会社の増加に伴う利益剰余金増加（減少）高」等の科目をもって表示する。

Ⅲ．X3年度の連結株主資本等変動計算書

連 結 株 主 資 本 等 変 動 計 算 書 （単位：千円）

	株主資本					その他有価証券評価差額金	非支配株主持分	純資産合計
	資本金	資 本剰余金	利 益剰余金	自己株式	株主資本合 計			
当期首残高	10,000	5,000	7,665	△200	22,465	－	2,250	24,715
当期変動額								
剰余金の配当		△200	△700		△900			△900
持分法適用会社の増加に伴う利益剰余金増加高			40		40			40
親会社株主に帰属する当期純利益			6,833		6,833			6,833
自己株式の取得				△740	△740			△740
株主資本以外の項目の当期変動額						100	△198	△98
当期変動額合計	－	△200	6,173	△740	5,233	100	△198	5,135
当期末残高	10,000	4,800	13,838	△940	27,698	100	2,052	29,850

| 問題2 | 非支配株主持分：期首2,250＋当期変動額△198＝2,052

又は，タイム・テーブルより，2,200（S社X3末資本合計11,000×非支配株主持分比率20％）－親会社株式の純資産の部からの控除160＋土地の未実現利益の消去12＝2,052

| 問題3 | 資本剰余金：期首5,000（P社）－当期変動額200（P社剰余金の配当）＝4,800

| 問題4 | 親会社株主に帰属する当期純利益：個別上の当期純利益9,500（P社7,000＋S社2,500）＋個別財務諸表の修正△750（△1,250＋500）＋連結修正仕訳△1,917（△55＋△350＋△1,200＋100＋△40＋△12＋△1,500＋1,000＋200＋100＋△40＋△200＋80）＝6,833

| 問題5 | 利益剰余金当期首残高：個別上12,000（P社8,000＋S社4,000）＋個別財務諸表の修正△750（△1,250＋500）＋連結修正仕訳△3,585＝7,665

【問題⑥】

P社の連結財務諸表作成に関する次の〔前提条件〕及び〔資料Ⅰ〕〜〔資料Ⅲ〕に基づき，以下の 問題1 〜 問題6 に答えなさい。

〔前提条件〕

1．のれんは，発生した年度の翌期から10年間にわたり定額法により償却する。

2．貸倒引当金は考慮しない。

3．税効果会計は，子会社と関連会社の土地の時価評価差額及び未実現損益の消去から生じる一時差異のみに適用し，P社の法定実効税率は毎期50％，S社及びA社の法定実効税率は毎期40％とする。

〔資料Ⅰ〕S社に関する事項

1．X1年度末において，P社はS社（資本金7,000千円，資本剰余金4,000千円，利益剰余金3,300千円，自己株式△800千円（保有自己株式数100株），発行済株式数1,100株）の株式810株を12,960千円で取得し，同社を子会社とした。

2．X3年度末において，S社は非支配株主へ自己株式80株を1,600千円で処分した。

3．S社の保有する土地（簿価2,000千円）のX1年度末の時価は4,500千円である。

4．X3年度より，P社はS社に商品の販売を開始しており，X3年度におけるP社のS社に対する売上高は15,000千円であった。X3年度末におけるS社の手許商品棚卸高の中には，P社から仕入れた商品が2,600千円含まれている。当該商品はP社が連結外部から4,000千円で仕入れたものであり，X3年度末における正味売却価額は3,000千円であった（正味売却価額の回復の可能性はないものとする）。

5．X2年度期首に，P社はS社に対して建物（簿価4,000千円）を6,000千円で売却した。S社では当該建物を耐用年数5年，残存価額ゼロの定額法により減価償却を行っている。その後S社は，当該建物をX3年度末に連結外部へ4,200千円で売却している。

〔資料Ⅱ〕A社に関する事項

1．X1年度末において，P社はA社（資本金1,000千円，利益剰余金2,200千円）の発行済株式数の40％を2,800千円で取得し，同社を関連会社とした。

2．X3年度末において，P社はA社の発行済株式数の30％を2,400千円で売却し，残存持分である10％をその他有価証券に分類した。P社がX3年度末に保有するその他有価証券はA社株式のみであり，市場価格が存在するため時価評価している。

3．A社の保有する土地（簿価2,000千円）のX1年度末の時価は5,000千円である。

〔資料Ⅲ〕X3年度における各社の株主資本等変動計算書

株主資本等変動計算書

（単位：千円）

借　方	P社	S社	A社	貸　方	P社	S社	A社
資本金当期末残高	10,000	7,000	1,000	資本金当期首残高	10,000	7,000	1,000
資本剰余金当期末残高	2,700	4,960	—	資本剰余金当期首残高	2,000	4,000	—
				自己株式の処分	700	960	—
剰余金の配当	800	400	600	利益剰余金当期首残高	3,000	4,300	2,800
利益剰余金当期末残高	8,200	5,100	3,000	当 期 純 利 益	6,000	1,200	800
自己株式当期首残高	900	800	—	自己株式の処分	300	640	—
				自己株式当期末残高	600	160	—
その他有価証券評価差額金当期末残高	100	—	—	その他有価証券評価差額金当期首残高	—	—	—
				その他有価証券評価差額金当期変動額	100	—	—

問題 1　X3年度末の連結貸借対照表におけるのれんの金額として最も適切なものの番号を一つ選びなさい。

　　1．　0千円　　　　　2．　130千円　　　　　3．　648千円
　　4．729千円　　　　　5．1,060千円　　　　　6．1,532千円

問題 2　X3年度末の連結貸借対照表における非支配株主持分の金額として最も適切なものの番号を一つ選びなさい。

　　1．4,225千円　　　　2．4,516千円　　　　3．4,556千円
　　4．4,600千円　　　　5．4,640千円　　　　6．4,850千円

問題 3　X3年度末の連結貸借対照表における資本剰余金の金額として最も適切なものの番号を一つ選びなさい。

　　1．2,192千円　　　　2．2,700千円　　　　3．2,892千円
　　4．3,612千円　　　　5．3,660千円　　　　6．3,852千円

問題 4　X3年度の連結損益計算書における親会社株主に帰属する当期純利益の金額として最も適切なものの番号を一つ選びなさい。

　　1．7,127千円　　　　2．7,447千円　　　　3．7,567千円
　　4．7,647千円　　　　5．7,807千円　　　　6．8,047千円

問題 5　X3年度の連結株主資本等変動計算書における利益剰余金当期首残高の金額として最も適切なものの番号を一つ選びなさい。

　　1．1,089千円　　　　2．2,289千円　　　　3．2,689千円
　　4．2,929千円　　　　5．3,089千円　　　　6．3,889千円

問題 6　X3年度の連結株主資本等変動計算書における持分法適用会社の減少に伴う利益剰余金減少高の金額として最も適切なものの番号を一つ選びなさい。

　　1．△40千円　　　　　2．△80千円　　　　　3．△200千円
　　4．△360千円　　　　　5．△400千円　　　　　6．△520千円

解答

| 問題1 | 3 | 問題2 | 4 | 問題3 | 3 | 問題4 | 2 | 問題5 | 5 | 問題6 | 1 |

解説 （単位：千円）

Ⅰ．S社（連結子会社）

1．個別財務諸表の修正

（1）子会社の資産・負債の時価評価（全面時価評価法）

（借）土　　　　　　地	2,500 *1	（貸）繰延税金負債（S社）	1,000 *2
		評　価　差　額	1,500 *3

（*1）X1年度末時価4,500－帳簿価額2,000＝2,500

（*2）2,500（*1）×S社の法定実効税率40％＝1,000

（*3）2,500（*1）×（1－S社の法定実効税率40％）＝1,500

2．自己株式処分に伴う持分の変動

	自己株式処分前		自己株式処分後		持分変動
	株数	持分	株数	持分	
P　　　　社	810株	81％	810株	75％	△6％
他の株主	190株	19％	270株	25％	＋6％
合　　　計	（*4）1,000株	100％	（*5）1,080株	100％	

（*4）発行済株式総数1,100株－子会社が保有する自己株式100株＝1,000株

（*5）発行済株式総数1,100株－子会社が保有する自己株式20株＝1,080株

3．タイム・テーブル

```
                    X1年度末      81％      X2年度末       81％       X3年度末
P  社  比  率          ＋81％                                         △6％
資     本     金        7,000                   7,000                  7,000
資  本  剰  余  金      4,000                   4,000  ── ＋960 ──→   4,960
                      P社持分   810        972 △324
利  益  剰  余  金      3,300    ──────→    4,300  ────────────→   5,100
                      非支配株主持分  190    228 △76
自  己  株  式          △800                   △800  ── ＋640 ──→   △160
評  価  差  額       （*3）1,500           （*3）1,500          （*3） 1,500
    合     計          15,000                  16,000                 18,400
P  社  持  分          12,150             （*6）1,296    （*7）△1,104
取  得  原  価          12,960             （*6）1,296    （*8）△1,296
資  本  剰  余  金                                                      192
の     れ     ん          810      △81        729      △81            648    問題1
```

（*6）自己株式処分の対価1,600×自己株式処分前P社持分比率81％＝1,296

（*7）X3年度末増資後資本合計18,400×P社持分減少比率6％＝1,104

（*8）1,296（*6）－実際売却額0＝1,296

4．X3年度の連結財務諸表作成のための連結修正仕訳

（1）開始仕訳

（借）資本金当期首残高	7,000	（貸）自己株式当期首残高	800
資本剰余金当期首残高	4,000	関 係 会 社 株 式	12,960
利益剰余金当期首残高	3,571 *9	非支配株主持分当期首残高	3,040 *10
評　価　差　額	1,500 *3		
の　　れ　　ん	729		

（*9）支配獲得時利益剰余金3,300

　　　　＋非支配株主に帰属する支配獲得後利益剰余金190＋のれん償却額81＝3,571

（*10）X2年度末資本合計16,000×非支配株主持分比率19％＝3,040

177

(2) のれんの償却

(借) のれん償却額	81 *11	(貸) の れ ん	81

(*11) のれん810÷償却年数10年＝81

(3) 当期純利益の按分

(借) 非支配株主に帰属する当期純損益	228 *12	(貸) 非支配株主持分当期変動額	228

(*12) S社当期純利益1,200×非支配株主持分比率19％＝228

(4) 剰余金の配当

(借) 受 取 配 当 金	324 *13	(貸) 利益剰余金当期変動額	400
非支配株主持分当期変動額	76 *14	（剰 余 金 の 配 当）	

(*13) 剰余金の配当400×P社持分比率81％＝324

(*14) 剰余金の配当400×非支配株主持分比率19％＝76

(5) 自己株式の処分

① みなし割当（自己株式処分前の持分比率で自己株式を処分したものとみなす）

(借) 自己株式当期変動額	640	(貸) 関 係 会 社 株 式	1,296 *6
（自己株式の処分）			
(借) 資本剰余金当期変動額	960	(貸) 非支配株主持分当期変動額	304 *15
（自己株式の処分）			

(*15) 自己株式処分の対価1,600×自己株式処分前非支配株主持分比率19％＝304

② みなし売却（減少比率分の一部売却があったものとみなす）

(借) 関 係 会 社 株 式	1,296 *8	(貸) 非支配株主持分当期変動額	1,104 *7
		資本剰余金当期変動額	192 *16
		（連結子会社の自己株式の処分による持分の増減）	

(*16) 1,296（*8）－1,104（*7）＝192

(6) P社売上高とS社仕入高の相殺消去

(借) 売 上 高	15,000	(貸) 売 上 原 価	15,000

(7) 商品の未実現損失の消去（ダウン・ストリーム）

(借) 棚 卸 資 産	400	(貸) 売 上 原 価	400 *17
(借) 法人税等調整額	200 *18	(貸) 繰延税金負債（P社）	200

(*17) 未実現損1,400－回収不能部分1,000＝400

(*18) 400（*17）×販売元P社法定実効税率50％＝200

> ✏️ **未実現損失について，売手側の帳簿価額のうち回収不能と認められる部分**
> 　商品に含まれる未実現損失は1,400であるが，当該商品の正味売却価額は3,000（回復の可能性なし）であるため，売手側のP社の帳簿価額4,000のうち1,000は回収不能である。この部分については，事実上確定した損失と考え，未実現損失の消去対象とはしない。

(8) 建物の未実現利益の調整（ダウン・ストリーム）

① 未実現利益の消去及び減価償却による実現

(借) 利益剰余金当期首残高	2,000	(貸) 建 物	2,000 *19
(借) 減価償却累計額	400 *20	(貸) 利益剰余金当期首残高	400
(借) 減価償却累計額	400 *20	(貸) 減 価 償 却 費	400
(借) 繰延税金資産（P社）	600 *21	(貸) 利益剰余金当期首残高	800 *23
法 人 税 等 調 整 額	200 *22		

(*19) 売却価額6,000－帳簿価額4,000＝2,000

(*20) 未実現利益2,000（*19）÷耐用年数5年＝400

(*21) （2,000－400－400）×売却元P社の法定実効税率50％＝600

(*22) 400×売却元P社の法定実効税率50％＝200

(*23) （2,000－400）×売却元P社の法定実効税率50％＝800

② 外部売却による実現

a. S社個別上の処理

（借）現 金 預 金	4,200	（貸）建 物	3,600 *24
		有形固定資産売却益	600

（*24）6,000－（6,000÷耐用年数5年×償却済2年）＝3,600

b. 連結上のあるべき処理

（借）現 金 預 金	4,200	（貸）建 物	2,400 *25
		有形固定資産売却益	1,800

（*25）4,000－（4,000÷耐用年数5年×償却済2年）＝2,400

c. 連結修正仕訳（b.－a.）

（借）建 物	1,200	（貸）有形固定資産売却益	1,200

d. c. に係る税効果

（借）法 人 税 等 調 整 額	600 *26	（貸）繰延税金資産（P社）	600

（*26）1,200×売却元P社の法定実効税率50％＝600

Ⅱ．A社（関連会社）

1．個別財務諸表の修正

(1) 関連会社の資産・負債の時価評価（部分時価評価法）と評価差額の取崩し

（借）土 地	1,200 *1	（貸）繰延税金負債（A社）	480 *2
		評 価 差 額	720 *3
（借）繰延税金負債（A社）	360 *5	（貸）土 地	900 *4
評 価 差 額	540 *6		

（*1）（X1年度末時価5,000－帳簿価額2,000）×P社持分比率40％＝1,200

（*2）1,200（*1）×A社の法定実効税率40％＝480

（*3）1,200（*1）×（1－A社の法定実効税率40％）＝720

（*4）1,200（*1）×売却比率30％／売却前持分比率40％＝900

（*5）900（*4）×A社の法定実効税率40％＝360

（*6）900（*4）×（1－A社の法定実効税率40％）＝540

2．タイム・テーブル

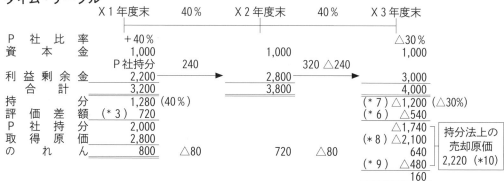

（*7）X3年度末資本合計4,000×売却比率30％＝1,200

（*8）取得原価2,800×売却比率30％／売却前持分比率40％＝個別上の売却原価2,100

（*9）640×売却比率30％／売却前持分比率40％＝480

3．X3年度の連結財務諸表作成のための連結修正仕訳

(1) 開始仕訳

(借) 関 係 会 社 株 式	160	(貸) 利益剰余金当期首残高	160 *11

(*11) P社に帰属する投資後利益剰余金240－のれん償却額80＝160

(2) のれんの償却

(借) 持分法による投資損益	80 *12	(貸) 関 係 会 社 株 式	80

(*12) のれん800÷償却年数10年＝80

(3) 当期純利益の認識

(借) 関 係 会 社 株 式	320	(貸) 持分法による投資損益	320 *13

(*13) A社当期純利益800×P社持分比率40％＝320

(4) 剰余金の配当

(借) 受 取 配 当 金	240 *14	(貸) 関 係 会 社 株 式	240

(*14) 剰余金の配当600×P社持分比率40％＝240

(5) 一部売却（30％売却）

① 個別上の処理

(借) 現 金 預 金	2,400	(貸) 関 係 会 社 株 式	2,100 *8
		関係会社株式売却益	300 *15

(*15) 売却価額2,400－個別上の売却原価2,100（*8）＝個別上の売却益300

② 持分法上のあるべき処理

(借) 現 金 預 金	2,400	(貸) 関 係 会 社 株 式	2,220 *10
		関係会社株式売却益	180 *16

(*16) 売却価額2,400－持分法上の売却原価2,220（*10）＝連結上の売却益180

③ 持分法修正仕訳（②－①）

(借) 関係会社株式売却益	120	(貸) 関 係 会 社 株 式	120

(6) 持分法適用除外

(借) 利益剰余金当期変動額 （持分法適用会社の減少に伴う利益剰余金減少高）	40 *17	(貸) 関 係 会 社 株 式	40

(*17) タイム・テーブルより，（240＋320（*13）－240（*14）－80×2年）

　　　　　　　　　　　　　　×売却後持分比率10％／売却前持分比率40％＝40

　　　若しくは，一部売却後の持分法上の簿価740（*18）－一部売却後の個別上の簿価700＝40

（ 問題6 持分法適用会社の減少に伴う利益剰余金減少高：△40）

(*18) X3末資本合計4,000×売却後持分比率10％

　　　　＋売却後評価差額180（720（*3）－540（*6））＋売却後のれん残高160＝740

> 🖊 持分法除外時に残存持分10％は取得原価700に振り戻されるが，その他有価証券に分類されるため，X3年末のP社個別財務諸表及び連結財務諸表では，800（2,400÷30％×10％）で時価評価し，本問では税効果を適用しないため，その差を，その他有価証券評価差額金100として計上することになる。

Ⅲ．X3年度の連結株主資本等変動計算書

連 結 株 主 資 本 等 変 動 計 算 書　　　　（単位：千円）

	株主資本					その他有価証券評価差額金	非支配株主持分	純資産合計
	資本金	資本剰余金	利益剰余金	自己株式	株主資本合計			
当期首残高	10,000	2,000	3,089	△900	14,189	—	3,040	17,229
当期変動額								
連結子会社の自己株式の処分による持分の増減		192			192			192
剰余金の配当			△800		△800			△800
持分法適用会社の減少に伴う利益剰余金減少高			△40		△40			△40
親会社株主に帰属する当期純利益			7,447		7,447			7,447
自己株式の処分		700		300	1,000			1,000
株主資本以外の項目の当期変動額						100	1,560	1,660
当期変動額合計	—	892	6,607	300	7,799	100	1,560	9,459
当期末残高	10,000	2,892	9,696	△600	21,988	100	4,600	26,688

問題 2　非支配株主持分：期首3,040＋当期変動額1,560（228－76＋304＋1,104）＝4,600
　　　　又は，Ｓ社Ｘ3年度末資本合計18,400×非支配株主持分比率25％＝4,600

問題 3　資本剰余金：期首2,000（Ｐ社）＋当期変動額892（192＋700）＝2,892

問題 4　親会社株主に帰属する当期純利益：個別上の当期純利益7,200（Ｐ社6,000＋Ｓ社1,200）
　　　　＋連結修正仕訳247（△81＋△228＋△324＋400＋△200＋400＋△200＋1,200＋△600
　　　　＋△80＋320＋△240＋△120）＝7,447

問題 5　利益剰余金当期首残高：個別上7,300（Ｐ社3,000＋Ｓ社4,300）
　　　　＋連結修正仕訳△4,211（△3,571＋△2,000＋400＋800＋160）＝3,089

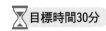

【問題⑦】

P社の連結財務諸表作成に関する次の〔前提条件〕及び〔資料Ⅰ〕～〔資料Ⅱ〕に基づき，以下の 問題1 ～ 問題6 に答えなさい。

〔前提条件〕

1．のれんは，発生年度の翌期から5年間で定額法により償却し，負ののれんが生じる場合には，発生年度の利益として処理する。

2．税効果会計は，子会社と関連会社の土地の時価評価差額及び未実現損益の消去から生じる一時差異のみに適用し，P社の法定実効税率は毎期35％，S社とA社の法定実効税率は毎期40％とする。

3．P社の資本勘定の推移は下記のとおりである。なお，P社は剰余金の配当を行っていない。

	X1年度末	X2年度末	X3年度末
資　本　金	10,000千円	10,000千円	10,000千円
利益剰余金	5,000千円	8,000千円	12,000千円

〔資料Ⅰ〕S社に関する事項

1．X1年度末において，P社はS社の発行済株式数100株の80％にあたる80株を12,000千円で取得し，同社を子会社とした。

2．X3年度末において，S社は発行価格@140千円，発行株式数25株の第三者割当増資を行い，発行価格のうち@70千円を資本金に組み入れた。なお，連結外部の第三者がS社の発行した25株の全てを引き受けている。

3．S社の土地（簿価8,000千円）のX1年度末の時価は6,000千円である。

4．S社の資本勘定の推移は下記のとおりである。

	X1年度末	X2年度末	X3年度末
資　本　金	6,000千円	6,000千円	7,750千円
資本剰余金	4,000千円	4,000千円	5,750千円
利益剰余金	2,200千円	4,200千円	5,400千円

5．X3年度の当期純利益は2,000千円であり，X3年度に利益剰余金を原資とする剰余金の配当を800千円行っている。

6．X2年度より，S社はP社から商品の一部を掛けで仕入れている。X3年度におけるP社のS社への売上高は5,600千円であり，S社におけるP社からの仕入高は5,300千円であった。なお，X2年度末において，P社がS社に販売した商品400千円が未達となっている。また，X3年度末において，P社がS社に販売した商品700千円が未達となっている。

7．S社のX2年度末及びX3年度末における商品（未達分を含まない）には，P社から仕入れたものがそれぞれ1,000千円及び1,300千円含まれている。なお，P社のS社に対する売上利益率は，毎期20％である。

8．X2年度末におけるP社のS社に対する売掛金残高は1,200千円，S社のP社に対する買掛金残高は800千円である。また，X3年度末におけるP社のS社に対する売掛金残高は1,700千円，S社のP社に対する買掛金残高は1,000千円である。なお，債権に対する貸倒引当金は考慮しない。

〔資料Ⅱ〕A社に関する事項

1．X1年度末において，P社はA社の発行済株式数100株の20％にあたる20株を3,600千円で取得し，同社を関連会社とした。なお，連結貸借対照表上，持分法で評価したA社株式は投資有価証券勘定で表示する。

2．X3年度末において，A社は発行価格＠100千円，発行株式数25株の第三者割当増資を行い，発行価額の全額を資本金に組み入れた。なお，P社がA社の発行した25株の全てを引き受けている。

3．A社の土地（簿価4,000千円）のX1年度末及びX3年度末の時価は，それぞれ3,000千円及び3,375千円である。

4．A社の資本勘定の推移は下記のとおりである。

	X1年度末	X2年度末	X3年度末
資　本　金	9,000千円	9,000千円	11,500千円
利益剰余金	6,600千円	7,000千円	7,500千円

5．X3年度の当期純利益は1,000千円であり，X3年度に利益剰余金を原資とする剰余金の配当を500千円行っている。

問題1　X3年度末の連結貸借対照表におけるのれんの金額として最も適切なものの番号を一つ選びなさい。

1．384千円　　　　2．768千円　　　　3．1,888千円
4．1,920千円　　　5．2,304千円　　　6．2,560千円

問題2　X3年度末の連結貸借対照表における投資有価証券（A社株式）の金額として最も適切なものの番号を一つ選びなさい。

1．6,040千円　　　2．6,140千円　　　3．6,160千円
4．7,020千円　　　5．7,060千円　　　6．7,120千円

問題3　X3年度末の連結貸借対照表における利益剰余金の金額として最も適切なものの番号を一つ選びなさい。

1．13,108千円　　2．13,908千円　　3．13,940千円
4．13,948千円　　5．14,008千円　　6．14,308千円

問題4　X3年度末の連結貸借対照表における非支配株主持分の金額として最も適切なものの番号を一つ選びなさい。

1．5,672千円　　　2．5,972千円　　　3．6,372千円
4．6,532千円　　　5．6,804千円　　　6．7,236千円

問題5　X3年度の連結損益計算書における当期純利益の金額として最も適切なものの番号を一つ選びなさい。

1．4,622千円　　　2．5,202千円　　　3．5,602千円
4．5,700千円　　　5．5,702千円　　　6．6,242千円

問題6　X3年度の連結株主資本等変動計算書における利益剰余金当期首残高の金額として最も適切なものの番号を一つ選びなさい。

1．8,640千円　　　2．8,706千円　　　3．8,738千円
4．8,750千円　　　5．8,778千円　　　6．9,018千円

問題1	4	問題2	4	問題3	2	問題4	3	問題5	3	問題6	3

解説 （単位：千円）

Ⅰ．S社（連結子会社）

1．個別財務諸表の修正

（1）子会社の資産・負債の時価評価（全面時価評価法）

（借）繰延税金資産（S社）	800 *2	（貸）土　　　　　地	2,000 *1
評　価　差　額	1,200 *3		

（*1）X1年度末時価6,000 − 帳簿価額8,000 = 2,000

（*2）2,000（*1）× S社の法定実効税率40% = 800

（*3）2,000（*1）×（1 − S社の法定実効税率40%）= 1,200

2．増資に伴う持分の変動

	増資前		増資後		持分変動
	株数	持分	株数	持分	
P　　　社	80株	80%	80株	64%	△16%
他 の 株 主	20株	20%	45株	36%	+16%
合　　　計	100株	100%	125株	100%	

3．タイム・テーブル

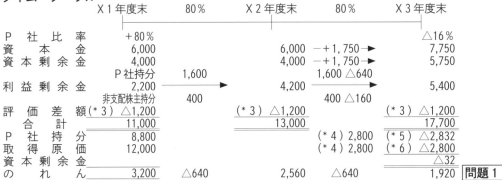

（*4）払込金額@140千円×25株×増資前P社持分比率80% = 2,800

（*5）X3年度末増資後資本合計17,700×P社持分減少比率16% = 2,832

（*6）P社の実際払込金額@140千円×0株−みなし割当時のS社株式2,800（*4）= △2,800

4．X3年度の連結財務諸表作成のための連結修正仕訳

（1）開始仕訳

（借）資本金当期首残高	6,000	（貸）関 係 会 社 株 式	12,000
資本剰余金当期首残高	4,000	評　価　差　額	1,200 *3
利益剰余金当期首残高	3,240 *7	非支配株主持分当期首残高	2,600 *8
の　　れ　　ん	2,560		

（*7）支配獲得時利益剰余金2,200
　　　　　+非支配株主に帰属する支配獲得後利益剰余金400 +のれん償却額640 = 3,240

（*8）X2年度末資本合計13,000×非支配株主持分比率20% = 2,600

（2）のれんの償却

（借）の れ ん 償 却 額	640 *9	（貸）の　　れ　　ん	640

（*9）のれん3,200÷償却年数5年 = 640

(3) 当期純利益の按分

(借)非支配株主に帰属する当期純損益	400 *10	(貸)非支配株主持分当期変動額	400

(*10) S社当期純利益2,000×非支配株主持分比率20%＝400

(4) 剰余金の配当

(借)受 取 配 当 金	640 *11	(貸)利益剰余金当期変動額	800
非支配株主持分当期変動額	160 *12	（剰 余 金 の 配 当）	

(*11) 剰余金の配当800×P社持分比率80%＝640

(*12) 剰余金の配当800×非支配株主持分比率20%＝160

(5) 時価発行増資

① みなし割当（増資前の持分比率で新株を取得したものとみなす）

(借)資本金当期変動額	1,750	(貸)関 係 会 社 株 式	2,800 *4
（新 株 の 発 行）			
(借)資本剰余金当期変動額	1,750	(貸)非支配株主持分当期変動額	700 *13
（新 株 の 発 行）			

(*13) 払込金額@140千円×25株×増資前非支配株主持分比率20%＝700

② みなし売却（減少比率分の一部売却があったものとみなす）

(借)関 係 会 社 株 式	2,800 *6	(貸)非支配株主持分当期変動額	2,832 *5
資本剰余金当期変動額	32 *14		
（連結子会社の増資による持分の増減）			

(*14) 2,832（*5）－2,800（*6）＝32

> 🖉 みなし売却においては，実際に親会社が子会社株式を売却していないため，親会社の個別財務諸表で当該取引に関して法人税等が計上されていない。そのため，子会社株式の一部売却（親会社と子会社の支配関係が継続している場合に限る）とは異なり，子会社株式のみなし売却により生じる資本剰余金から，法人税等相当額を控除する会計処理は必要ない。

⑹ 利益剰余金による，負の残高になった資本剰余金の補填

(借)利益剰余金当期変動額	32	(貸)資本剰余金当期変動額	32 *15
（利益剰余金による資本剰余金の補填）		（利益剰余金による資本剰余金の補填）	

(*15) P社0 ＋ S社5,750 － 開始仕訳4,000 － 子会社株式の時価発行増資（1,750＋32）＝△32

(7) 未達取引の修正

① X2年度末分

(借)売 上 原 価	400	(貸)売 上 原 価	400
（期首商品棚卸高）		（当期商品仕入高）	

② X3年度末分

(借)売 上 原 価	700	(貸)買 掛 金	700
（当期商品仕入高）			
(借)棚 卸 資 産	700	(貸)売 上 原 価	700
		（期末商品棚卸高）	

(8) P社売上高とS社仕入高の相殺消去

(借)売 上 高	5,600	(貸)売 上 原 価	5,600 *16

(*16) S社仕入高：5,300－X2年度末仕入未達分400＋X3年度末仕入未達分700＝5,600

(9) 商品の未実現利益の消去（ダウン・ストリーム）

① 期首商品

(借)利益剰余金当期首残高	280	(貸)売 上 原 価	280 *17
(借)法 人 税 等 調 整 額	98 *18	(貸)利益剰余金当期首残高	98

(*17) P社より仕入分：売価1,400（未達以外分1,000＋未達分400）×売上利益率20%＝280

(*18) 未実現利益280（*17）×販売元P社法定実効税率35%＝98

② 期末商品

(借)売 上 原 価	400 *19	(貸)棚 卸 資 産	400
(借)繰延税金資産(P社)	140	(貸)法人税等調整額	140 *20

(*19) P社より仕入分：売価2,000（未達以外分1,300＋未達分700）×売上利益率20％＝400

(*20) 未実現利益400（*19）×販売元P社法定実効税率35％＝140

⑩ P社売掛金とS社買掛金の相殺消去

(借)買 掛 金	1,700 *21	(貸)売 掛 金	1,700

(*21) S社買掛金：1,000＋X3年度末仕入未達700＝1,700

Ⅱ．A社（関連会社）

1．個別財務諸表の修正

(1) 関連会社の資産・負債の時価評価（部分時価評価法）

(借)繰延税金資産(A社)	80 *2	(貸)土 地	200 *1
評 価 差 額	120 *3		
(借)繰延税金資産(A社)	40 *5	(貸)土 地	100 *4
評 価 差 額	60 *6		

(*1) （帳簿価額4,000－X1年度末時価3,000）×P社原始取得比率20％＝200

(*2) 200（*1）×A社の法定実効税率40％＝80

(*3) 200（*1）×（1－A社の法定実効税率40％）＝120

(*4) （帳簿価額4,000－X3年度末時価3,375）×P社持分増加比率16％＝100

(*5) 100（*4）×A社の法定実効税率40％＝40

(*6) 100（*4）×（1－A社の法定実効税率40％）＝60

2．増資に伴う持分の変動

	増資前		増資後		持分変動
	株数	持分	株数	持分	
P 社	20株	20％	45株	36％	＋16％
他 の 株 主	80株	80％	80株	64％	△16％
合 計	100株	100％	125株	100％	

3．タイム・テーブル

	X1年度末	20％	X2年度末	20％	X3年度末	
P 社 比 率	＋20％				＋16％	
資 本 金	9,000		9,000 ─ ＋2,500 →		11,500	
	P社持分	80	200 △100			
利 益 剰 余 金	6,600	→	7,000	→	7,500	
合 計	15,600		16,000		19,000	
持 分	3,120 (20%)		(*7) 500		(*8) 3,040 (16%)	
評 価 差 額 (*3)	△120				(*6) △60	
P 社 持 分	3,000				2,980	
取 得 原 価	3,600		(*7) 500		(*9) 2,000	
負ののれん発生益					(*10) 980	
の れ ん	600	△120	480	△120	360	

(*7) 払込金額@100千円×25株×増資前P社持分比率20％＝500

(*8) X3年度末増資後資本合計19,000×P社持分増加比率16％＝3,040

(*9) P社の実際払込金額2,500－500（*7）＝2,000

(*10) 2,980－2,000（*9）＝980

4．X3年度の連結財務諸表作成のための連結修正仕訳

(1) 開始仕訳

(借)利益剰余金当期首残高	40 *11	(貸)関 係 会 社 株 式	40

(*11) P社に帰属する投資後利益剰余金80－のれん償却額120＝△40

(2) のれんの償却

（借）持分法による投資損益	120 *12	（貸）関 係 会 社 株 式	120

(*12) のれん600÷償却年数 5 年＝120

(3) 当期純利益の認識

（借）関 係 会 社 株 式	200	（貸）持分法による投資損益	200 *13

(*13) A社当期純利益1,000×P社持分比率20％＝200

(4) 剰余金の配当

（借）受 取 配 当 金	100 *14	（貸）関 係 会 社 株 式	100

(*14) 剰余金の配当500×P社持分比率20％＝100

(5) 時価発行増資

① 個別上の処理

（借）関 係 会 社 株 式	2,500	（貸）現 金 預 金	2,500

② 持分法上のあるべき処理

a. みなし割当

（借）関 係 会 社 株 式	500 *7	（貸）現 金 預 金	500

b. みなし取得

（借）関 係 会 社 株 式	2,000 *9	（貸）現 金 預 金	2,000
（借）関 係 会 社 株 式	980	（貸）持分法による投資損益	980 *10

③ 持分法修正仕訳（②−①）

（借）関 係 会 社 株 式	980	（貸）持分法による投資損益	980

(6) 勘定科目の変更

（借）投 資 有 価 証 券	7,020	（貸）関 係 会 社 株 式	7,020 *15

(*15) 個別上6,100＋連結修正仕訳920（△40＋△120＋200＋△100＋980）＝7,020

若しくは，X 3 年度末増資後資本合計19,000×P社持分比率36％

＋評価差額（△120（* 3 ）＋△60（* 6 ））＋のれん未償却残高360＝7,020

（ 問題 2 ） 投資有価証券（A社株式）：7,020

問題 3 　利益剰余金：個別上17,400（P社12,000＋S社5,400）

＋連結修正仕訳△3,492（△3,240＋△640＋△400＋△640＋800＋△32＋△400＋140＋△40

＋△120＋200＋△100＋980）＝13,908

又は，利益剰余金当期首残高8,738（問題 6 ）＋親会社株主に帰属する当期純利益5,202（＊ 1 ）

－負の残高になった資本剰余金の補填32＝13,908

（＊ 1 ）当期純利益（問題 5 ）5,602－非支配株主に帰属する当期純利益400＝5,202

問題 4 　非支配株主持分：2,600＋400－160＋700＋2,832＝6,372

又は，X 3 年度末資本合計17,700×非支配株主持分比率36％＝6,372

問題 5 　当期純利益：P 社4,000（12,000－8,000）＋S社2,000＋連結修正仕訳△398（△640＋△640

＋280＋△98＋△400＋140＋△120＋200＋△100＋980）＝5,602

問題 6 　利益剰余金当期首残高：個別上12,200（P社8,000＋S社4,200）

＋連結修正仕訳△3,462（△3,240＋△280＋98＋△40）＝8,738

【問題⑧】

P社の連結財務諸表作成に関する次の〔前提条件〕及び〔資料Ⅰ〕～〔資料Ⅲ〕に基づき，以下の 問題1 ～ 問題6 に答えなさい。

〔前提条件〕

1．のれんは，発生した年度の翌期から5年間にわたり定額法により償却する。

2．税効果会計は，子会社と関連会社の土地の時価評価差額，その他有価証券評価差額金及び未実現損益の消去から生じる一時差異のみに適用し，P社の法定実効税率は毎期40％，S社の法定実効税率は毎期45％，A社の法定実効税率は毎期50％とする。

〔資料Ⅰ〕 S社に関する事項

1．X1年度末において，P社はS社（資本金10,000千円，利益剰余金4,450千円，発行済株式数8,000株）の株式6,000株を12,000千円で取得し，同社を子会社とした。

2．S社の保有する土地（簿価2,000千円）のX1年度末の時価は3,000千円である。

3．X3年度において，S社は新株予約権50個を以下の条件で発行し，P社が25個を引き受けた。

(1) 新株予約権の目的である株式及びその数：普通株式5,000株（新株予約権1個につき100株）

(2) 新株予約権の発行に伴う払込金額：1個につき40千円

(3) 新株予約権の行使に伴う払込金額：1株当たり5千円

(4) 資本金組入額：会社法規定の原則額

4．P社はS社から引き受けた新株予約権をその他有価証券として保有していたが，X3年度末において，このうち20個を行使し，S社の株式2,000株を10,800千円で取得した。なお，当該新株予約権のX3年度末の時価は，1個当たり80千円である。

5．X3年度末現在，権利行使された新株予約権は，上記4．に示したもののみである。

〔資料Ⅱ〕 A社に関する事項

1．X1年度末において，P社はA社（資本金80千ドル，利益剰余金70千ドル）の発行済株式数の20％を5,100千円（60千ドル）で取得し，同社を関連会社とした。なお，連結貸借対照表上，持分法で評価したA社株式は投資有価証券勘定で表示する。

2．A社の土地（簿価600千ドル）のX1年度末の時価は700千ドルである。

3．X2年度以前に，A社は剰余金の配当を行っていない。

4．P社はX3年度よりA社に売上利益率25％で甲商品を販売している。X3年度末におけるA社の棚卸資産にはP社から仕入れた甲商品が50千ドル（仕入時の為替相場：1ドル＝94円）含まれている。

5．A社はX3年度よりP社に原価の20％増しの価格で乙商品を販売している。X3年度末におけるP社の棚卸資産にはA社から仕入れた乙商品が60千ドル（仕入時の為替相場：1ドル＝102円）含まれている。

6．為替相場の状況は以下のとおりである。

	決算時	期中平均	A社配当決議時
X1年度	1ドル＝ 85円	—	—
X2年度	1ドル＝110円	1ドル＝100円	—
X3年度	1ドル＝ 95円	1ドル＝105円	1ドル＝ 90円

〔資料Ⅲ〕X3年度における各社の株主資本等変動計算書

(P社及びS社の単位：千円，A社の単位：千ドル)

株主資本等変動計算書

借　　　方	P社	S社	A社	貸　　　方	P社	S社	A社
資本金当期末残高	80,000	20,800	80	資本金当期首残高	80,000	10,000	80
				新株予約権の行使による新株の発行	—	10,800	
資本剰余金当期末残高	5,000	—	—	資本剰余金当期首残高	5,000	—	—
剰余金の配当	800	1,000	20	利益剰余金当期首残高	3,000	5,450	100
利益剰余金当期末残高	8,200	5,950	130	当期純利益	6,000	1,500	50
その他有価証券評価差額金当期末残高	120			その他有価証券評価差額金当期首残高	—	—	—
				その他有価証券評価差額金当期変動額	120	—	—
新株予約権当期末残高	—	1,200	—	新株予約権当期首残高	—	—	—
				新株予約権当期変動額	—	1,200	

問題1 X3年度末の連結貸借対照表における資本剰余金の金額として最も適切なものの番号を一つ選びなさい。

1．3,575千円　　　2．3,635千円　　　3．3,665千円
4．3,725千円　　　5．4,200千円　　　6．5,000千円

問題2 X3年度末の連結貸借対照表における利益剰余金の金額として最も適切なものの番号を一つ選びなさい。

1．9,052千円　　　2．9,056千円　　　3．9,252千円
4．9,612千円　　　5．10,002千円　　　6．10,052千円

問題3 X3年度末の連結貸借対照表におけるその他の包括利益累計額の金額として最も適切なものの番号を一つ選びなさい。

1．270千円　　　2．370千円　　　3．410千円
4．510千円　　　5．530千円　　　6．630千円

問題4 X3年度末の連結貸借対照表における新株予約権の金額として最も適切なものの番号を一つ選びなさい。

1．0千円　　　2．1,000千円　　　3．1,100千円
4．1,200千円　　　5．2,000千円　　　6．2,400千円

問題5 X3年度末の連結貸借対照表における非支配株主持分の金額として最も適切なものの番号を一つ選びなさい。

1．5,300千円　　　2．5,350千円　　　3．5,460千円
4．5,590千円　　　5．5,700千円　　　6．6,825千円

問題6 X3年度の連結包括利益計算書における包括利益の金額として最も適切なものの番号を一つ選びなさい。

1．5,617千円　　　2．5,737千円　　　3．5,767千円
4．5,817千円　　　5．5,887千円　　　6．5,967千円

解説 （単位：千円）

Ⅰ．S社（連結子会社）

1．個別財務諸表の修正

(1) 子会社の資産・負債の時価評価（全面時価評価法）

（借)土 地	1,000 *1	（貸)繰延税金負債（S社)	450 *2
		評 価 差 額	550 *3

(*1) X1年度末時価3,000−帳簿価額2,000＝1,000

(*2) 1,000（*1）×S社の法定実効税率45％＝450

(*3) 1,000（*1）×（1−S社の法定実効税率45％）＝550

2．P社の新株予約権行使に伴う持分の変動

	新株予約権行使前		新株予約権行使後		持分変動
	株数	持分	株数	持分	
P 社	6,000株	75％	8,000株	80％	＋5％
他の株主	2,000株	25％	2,000株	20％	△5％
合 計	8,000株	100％	10,000株	100％	

3．タイム・テーブル

(*4) 権利行使に伴う払込金額10,000（*5）＋新株予約権の発行に伴う払込金額800（*6）＝10,800

(*5) 権利行使に伴う払込金額：@5×2,000株＝10,000

(*6) 新株予約権の帳簿価額：@40×20個＝800

(*7) 権利行使に伴うS社資本の増加額10,800（*4）×権利行使前P社持分比率75％＝8,100

(*8) X3年度末権利行使後資本合計27,300×P社持分増加比率5％＝1,365

(*9) 権利行使に伴うS社資本の増加額10,800（*4）×権利行使前非支配株主持分比率25％＝2,700
若しくは，実際のP社払込金額10,800（*4）−みなし割当「関係会社株式」8,100（*7）＝2,700

> 🖉 子会社が発行した新株予約権は，資本連結において，親会社の子会社に対する投資と相殺消去
> される子会社の資本には含まれないため，タイム・テーブルには記載しない。

4．X3年度の連結財務諸表作成のための連結修正仕訳

(1) 開始仕訳

（借)資本金当期首残高	10,000	（貸)関 係 会 社 株 式	12,000
利益剰余金当期首残高	4,850 *10	非支配株主持分当期首残高	4,000 *11
評 価 差 額	550 *3		
の れ ん	600		

(*10) 支配獲得時利益剰余金4,450

  ＋非支配株主に帰属する支配獲得後利益剰余金250＋のれん償却額150＝4,850

(*11) X 2 年度末資本合計16,000×非支配株主持分比率25％＝4,000

(2) のれんの償却

（借）の れ ん 償 却 額	150 *12	（貸）の れ ん	150

(*12) のれん750÷償却年数 5 年＝150

(3) 当期純利益の按分

（借）非支配株主に帰属する当期純損益	375 *13	（貸）非支配株主持分当期変動額	375

(*13) S 社当期純利益1,500×非支配株主持分比率25％＝375

(4) 剰余金の配当

（借）受 取 配 当 金	750 *14	（貸）利益剰余金当期変動額	1,000
非支配株主持分当期変動額	250 *15	（剰 余 金 の 配 当）	

(*14) 剰余金の配当1,000× P 社持分比率75％＝750

(*15) 剰余金の配当1,000×非支配株主持分比率25％＝250

(5) P 社による新株予約権の行使

［個別上の処理］

① P 社

（借）関 係 会 社 株 式	10,800	（貸）現 金 預 金	10,000 *5
		投 資 有 価 証 券	800 *6

② S 社

（借）現 金 預 金	10,000 *5	（貸）資本金当期変動額	10,800 *4
新株予約権当期変動額	800 *6	（新株予約権の行使による新株の発行）	

［連結修正仕訳］

① みなし割当（権利行使前の持分比率で株主割当増資が行われたとみなす）

（借）資本金当期変動額	10,800 *4	（貸）関 係 会 社 株 式	8,100 *7
（新株予約権の行使による新株の発行）		非支配株主持分当期変動額	2,700 *9

② みなし取得（増加比率分の追加取得があったものとみなす）

（借）非支配株主持分当期変動額	1,365 *8	（貸）関 係 会 社 株 式	2,700 *9
資本剰余金当期変動額	1,335 *16		
（連結子会社の増資による持分の増減）			

(*16) 1,365（*8）－2,700（*9）＝1,335

(6) 新株予約権の相殺消去（P 社引受分のうち，未行使分 5 個）

① 時価評価の修正

（借）繰延税金負債（P 社）	80 *18	（貸）投 資 有 価 証 券	200 *17
その他有価証券評価差額金当期変動額	120 *19		

(*17) （X 3 年度末時価＠80－取得原価＠40）×未行使分 5 個（引受分25個－行使分20個）＝200

(*18) 200（*17）× P 社の法定実効税率40％＝80

(*19) 200（*17）×（ 1 － P 社の法定実効税率40％）＝120

② 新株予約権の相殺消去

（借）新株予約権当期変動額	200	（貸）投 資 有 価 証 券	200 *20

(*20) 取得原価＠40×未行使分 5 個＝200

> 🖉 親会社が子会社の新株予約権を保有している場合には，連結会社相互間の債権債務の相殺消去に準じて，親会社の保有する新株予約権（投資有価証券）と子会社の新株予約権を相殺消去する。

Ⅱ．A社（関連会社）

1．個別財務諸表の修正

(1) 関連会社の資産・負債の時価評価（部分時価評価法）

(借)土　　　　　　地	20千ドル *1	(貸)繰延税金負債（A社）	10千ドル *2
		評　価　差　額	10千ドル *3

(*1) （X1年度末時価700千ドル－帳簿価額600千ドル）×P社持分比率20％＝20千ドル
(*2) 20千ドル（*1）×A社の法定実効税率50％＝10千ドル
(*3) 20千ドル（*1）×（1－A社の法定実効税率50％）＝10千ドル

2．タイム・テーブル

	X1年度末	20％	X2年度末	20％	X3年度末
	HR85円	AR100円	CR110円	AR105円	CR95円
P　社　比　率	＋20％				
資　　本　　金	6,800		6,800		6,800
	P社持分	600		1,050 △360	
利　益　剰　余　金	5,950	→→	(*4) 8,950	→→	(*8) 12,400
	P社持分	810		△660	
為替換算調整勘定	－	→→	(*5) 4,050		(*9) 750
合　　計	12,750		(*6) 19,800		(*10) 19,950
	(150千ドル)		(180千ドル)		(210千ドル)
持　　　　　分	2,550 (20％)				
	(30千ドル)				
評　価　差　額	850	250		△150	
	((*3)10千ドル)		(*7) 250	→→	(*11) 100
為替換算調整勘定	－	→→			
P　社　持　分	3,400				
	(40千ドル)				
取　得　原　価	5,100				
	(60千ドル)				
のれん（CR換算前）	1,700	△400	1,300	△420	880
	(20千ドル)	(△4千ドル)	(16千ドル)	(△4千ドル)	(12千ドル)
		460		△200	
為替換算調整勘定	－	→→	460	→→	260
のれん（CR換算後）	1,700		1,760		1,140

(*4) 5,950＋30千ドル（X2年度末100千ドル－X1年度末70千ドル）×AR100円＝8,950
(*5) 19,800（*6）－6,800－8,950（*4）＝4,050
(*6) （資本金80千ドル＋利益剰余金100千ドル）×CR110円＝19,800
(*7) （評価差額10千ドル×CR110円）－850（評価差額10千ドル×HR85円）＝250
(*8) 8,950（*4）＋当期純利益50千ドル×AR105円－剰余金の配当20千ドル×HR90円＝12,400
(*9) 19,950（*10）－6,800－12,400（*8）＝750
(*10) （資本金80千ドル＋利益剰余金130千ドル）×CR95円＝19,950
(*11) （評価差額10千ドル×CR95円）－850（評価差額10千ドル×HR85円）＝100

3．X3年度の連結財務諸表作成のための連結修正仕訳

(1) 開始仕訳

(借)関　係　会　社　株　式	1,720	(貸)利益剰余金当期首残高	200 *12
		為替換算調整勘定当期首残高	1,520 *13

(*12) P社に帰属する投資後利益剰余金600－のれん償却額400＝200
(*13) 資本合計分810＋評価差額分250＋のれん分460＝1,520

(2) のれんの償却

(借)持分法による投資損益	420 *14	(貸)関　係　会　社　株　式	420

(*14) のれん20千ドル÷償却年数5年×AR105円＝420

(3) 当期純利益の認識

(借)関　係　会　社　株　式	1,050	(貸)持分法による投資損益	1,050 *15

(*15) A社当期純利益50千ドル×P社持分比率20％×AR105円＝1,050

(4) 剰余金の配当

| （借）受 取 配 当 金 | 360 | *16 | （貸）関 係 会 社 株 式 | 360 |

(*16) 剰余金の配当20千ドル×Ｐ社持分比率20％×HR90円＝360

(5) 為替換算調整勘定の認識

| （借）為替換算調整勘定当期変動額 | 1,010 | *17 | （貸）関 係 会 社 株 式 | 1,010 |

(*17) 資本合計分△660＋評価差額分△150＋のれん分△200＝△1,010

(6) 棚卸資産の未実現利益の消去（ダウン・ストリーム）

| （借）売 上 高 | 235 | *18 | （貸）関 係 会 社 株 式 | 235 | |
| （借）繰延税金資産（Ｐ社） | 94 | | （貸）法 人 税 等 調 整 額 | 94 | *19 |

(*18) 50千ドル（Ｐ社より仕入分）×売上利益率25％×Ｐ社持分比率20％×HR94円＝235

(*19) 未実現利益235（*18）×販売元Ｐ社法定実効税率40％＝94

(7) 棚卸資産の未実現利益の消去（アップ・ストリーム）

| （借）持分法による投資損益 | 204 | *20 | （貸）棚 卸 資 産 | 204 | |
| （借）関 係 会 社 株 式 | 102 | | （貸）持分法による投資損益 | 102 | *21 |

(*20) 期末商品（Ａ社より仕入分）60千ドル÷1.2×0.2×Ｐ社持分比率20％×HR102円＝204

(*21) 未実現利益204（*20）×販売元Ａ社法定実効税率50％＝102

(8) 勘定科目の変更

| （借）投 資 有 価 証 券 | 5,947 | | （貸）関 係 会 社 株 式 | 5,947 | *22 |

(*22) 個別上5,100

　　　＋連結修正仕訳847（200＋1,520－420＋1,050－360－1,010－235＋102）＝5,947

問題1　資本剰余金：Ｐ社5,000－連結修正仕訳1,335＝3,665

問題2　利益剰余金：個別上14,150（Ｐ社8,200＋Ｓ社5,950）

　　　＋連結修正仕訳△4,898（△4,850＋△150＋△375＋△750＋1,000＋200＋△420

　　　＋1,050＋△360＋△235＋94＋△204＋102）＝9,252

　　　又は，利益剰余金当期首残高3,800（＊1）＋親会社株主に帰属する当期純利益6,252（＊2）

　　　　　　　　　　　　　　　　　　　　　　　－剰余金の配当（Ｐ社）800＝9,252

　　　（＊1）個別上8,450（Ｐ社3,000＋Ｓ社5,450）＋連結修正仕訳△4,650（△4,850＋200）＝3,800

　　　（＊2）問題6の当期純利益6,627－非支配株主に帰属する当期純利益375＝6,252

問題3　その他の包括利益累計額：その他有価証券評価差額金0（＊1）

　　　　　　　　　　　　　　　　　＋為替換算調整勘定510（＊2）＝510

　　　（＊1）個別上（Ｐ社）120－連結修正仕訳120＝0

　　　（＊2）当期首残高1,520－当期変動額1,010＝510

問題4　新株予約権：個別上（Ｓ社）1,200－連結修正仕訳200＝1,000

　　　又は，Ｐ社以外引受分25個（全て未行使）×新株予約権の発行に伴う払込金額@40＝1,000

問題5　非支配株主持分：4,000＋375－250＋2,700－1,365＝5,460

　　　又は，Ｓ社Ｘ3末資本合計27,300×非支配株主持分比率20％＝5,460

問題6　包括利益：当期純利益6,627（＊1）＋その他の包括利益△1,010（＊2）＝5,617

　　　（＊1）個別上7,500（Ｐ社6,000＋Ｓ社1,500）＋連結修正仕訳△873（△150＋△750＋△420

　　　＋1,050＋△360＋△235＋94＋△204＋102）＝6,627

　　　（＊2）その他有価証券評価差額金：当期末残高0（個別上120－連結修正仕訳120）－当期首残高0＝0

　　　　　　為替換算調整勘定：当期末残高510－当期首残高1,520＝△1,010

　　　　　∴その他有価証券評価差額金0＋為替換算調整勘定△1,010＝△1,010

【問題⑨】

P社の連結財務諸表作成に関する次の〔前提条件〕及び〔資料Ⅰ〕～〔資料Ⅲ〕に基づき，以下の
問題1 ～ 問題6 に答えなさい。

〔前提条件〕

1．P社，S1社及びA社の会計期間は，いずれも3月31日を決算日とする1年間であるが，S2社の会計期間は12月31日を決算日とする1年間である。なお，P社とS2社の決算日の差異は3ヶ月を超えないため，S2社の正規の決算を基礎として連結決算を行う。

2．負ののれんが生じる場合には，発生年度の利益として処理する。

3．各社とも剰余金の配当は行っていない。

4．税金及び税効果会計は考慮しない。

5．P社の資本勘定の推移は下記のとおりである。

	X2年3月31日	X3年3月31日	X4年3月31日
資 本 金	10,000千円	10,000千円	10,000千円
利 益 剰 余 金	2,000千円	10,500千円	22,500千円

〔資料Ⅰ〕S1社に関する事項

1．P社は，X2年3月31日にS1社の設立に際し80％の出資を行い，同社を子会社とした。

2．S1社の資本勘定の推移は下記のとおりである。

	X2年3月31日	X3年3月31日	X4年3月31日
資 本 金	10,000千円	10,000千円	10,000千円
利 益 剰 余 金	0千円	△13,000千円	△2,000千円

3．X3年3月31日にS1社が債務超過になったことに伴い，X2年度のP社の個別財務諸表上，S1社株式を1千円まで減損処理し，評価損7,999千円を計上している。

〔資料Ⅱ〕S2社に関する事項

1．X1年12月31日に，P社はS2社の発行済株式数の60％を3,200千円で取得し（証券会社に対する支払手数料500千円を含む），同社を子会社とした。

2．S2社の資本勘定の推移は下記のとおりである。

	X1年12月31日	X2年12月31日	X3年12月31日
資 本 金	4,000千円	4,000千円	4,000千円
利 益 剰 余 金	1,000千円	2,500千円	6,000千円

3．S2社は確定給付型の企業年金制度を採用しており，各年度末において，以下のように未認識数理計算上の差異（全て有利差異）の残高が存在する。

X1年12月31日	X2年12月31日	X3年12月31日
―	3,000千円	2,000千円

4．P社はX3年度よりS2社へ商品販売を開始しており，X3年度のS2社の取引は下記の取引のみである。当該取引は連結会社間の取引に係る会計記録の重要な不一致に該当するため，必要な整理を行うものとする。なお，P社はS2社に対する債権に4％の貸倒引当金を設定している。

(1) P社は，S2社に対してX4年2月に商品を原価の25％増しの9,750千円で掛販売している。なお，S2社はX4年3月31日時点において当該商品を保有しており，掛代金は決済されていない。

(2) P社は，S2社に対してX4年3月に帳簿価額2,000千円の土地を5,000千円で売却した。なお，S2社はX4年3月31日時点において当該土地を保有しており，代金は決済されていない。

〔資料Ⅲ〕 A社に関する事項

1. P社は，X2年3月31日にA社の設立に際し20%の出資を行い，同社を関連会社とした。なお，連結貸借対照表上，持分法で評価したA社株式は投資有価証券勘定で表示する。

2. A社の株主間でA社の欠損は出資割合に応じて負担する旨の合意があるものとする。また，P社はA社に対して長期貸付金375千円を有している。なお，貸倒引当金については考慮しないこと。

3. A社の資本勘定の推移は下記のとおりである。

	X2年3月31日	X3年3月31日	X4年3月31日
資 本 金	25,000千円	25,000千円	25,000千円
利益剰余金	0千円	△27,500千円	△15,000千円

4. X3年3月31日にA社が債務超過になったことに伴い，X2年度のP社の個別財務諸表上，A社株式を1千円まで減損処理し，評価損4,999千円を計上している。

問題1 X2年度末の連結貸借対照表における持分法適用に伴う負債の金額として最も適切なものの番号を一つ選びなさい。

1. 125千円　　　　　2. 500千円　　　　　3. 1,100千円
4. 2,500千円　　　　5. 5,124千円　　　　6. 5,499千円

問題2 X2年度末の連結貸借対照表における非支配株主持分の金額として最も適切なものの番号を一つ選びなさい。

1. 800千円　　　　　2. 1,400千円　　　　3. 2,000千円
4. 2,600千円　　　　5. 3,200千円　　　　6. 3,800千円

問題3 X2年度の連結損益計算書における親会社株主に帰属する当期純利益の金額として最も適切なものの番号を一つ選びなさい。

1. △7,100千円　　　2. △3,000千円　　　3. △2,101千円
4. 899千円　　　　　5. 5,898千円　　　　6. 6,498千円

問題4 X3年度末の連結貸借対照表における非支配株主持分の金額として最も適切なものの番号を一つ選びなさい。

1. 4,800千円　　　　2. 5,400千円　　　　3. 6,400千円
4. 6,800千円　　　　5. 7,200千円　　　　6. 7,600千円

問題5 X3年度の連結株主資本等変動計算書における利益剰余金当期首残高の金額として最も適切なものの番号を一つ選びなさい。

1. △4,300千円　　　2. 2,699千円　　　　3. 6,198千円
4. 7,698千円　　　　5. 8,198千円　　　　6. 8,998千円

問題6 X3年度の連結包括利益計算書における包括利益の金額として最も適切なものの番号を一つ選びなさい。

1. 20,640千円　　　2. 21,040千円　　　3. 23,440千円
4. 23,640千円　　　5. 24,040千円　　　6. 28,590千円

| 問題1 | 1 | 問題2 | 6 | 問題3 | 5 | 問題4 | 3 | 問題5 | 4 | 問題6 | 4 |

解説 (単位：千円)

Ⅰ．S1社 (連結子会社)

1．タイム・テーブル

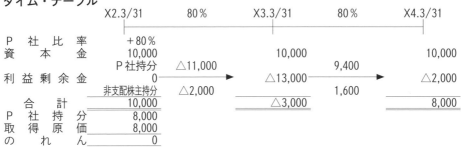

2．X2年度の連結財務諸表作成のための連結修正仕訳

(1) 個別財務諸表の修正

① S1社株式評価損の振り戻し

| (借) 関 係 会 社 株 式 | 7,999 | (貸) 関係会社株式評価損 | 7,999 *1 |

(*1) 取得原価8,000 (資本金10,000×出資割合80%) － 簿価1 ＝7,999

> 🖉 連結上で子会社の当期純損失を計上することにより，損失の二重計上となるため，個別上の関係会社株式評価損を取り消す会計処理が必要となる。

(2) 連結修正仕訳

① 開始仕訳

| (借) 資本金当期首残高 | 10,000 | (貸) 関 係 会 社 株 式 | 8,000 |
| | | 非支配株主持分当期首残高 | 2,000 *2 |

(*2) X2.3/31資本合計10,000×非支配株主持分比率20% ＝2,000

② 当期純損失の按分

| (借) 非支配株主持分当期変動額 | 2,000 | (貸) 非支配株主に帰属する当期純損益 | 2,000 *3 |

(*3) 当期純損失13,000×非支配株主持分比率20% ＞ 非支配株主持分残高2,000 → ∴ 2,000

> 🖉 子会社に欠損 (マイナスの利益剰余金) が生じているが，非支配株主持分の残高が2,000しかないため，非支配株主持分には2,000しか負担させない。この場合，600 (*4) (当期純損失13,000×20％－2,000) は親会社の持分に負担させることになる。

3．X3年度の連結財務諸表作成のための連結修正仕訳

(1) 個別財務諸表の修正

① S1社株式評価損の振り戻し

| (借) 関 係 会 社 株 式 | 7,999 | (貸) 利益剰余金当期首残高 | 7,999 *1 |

(2) 連結修正仕訳

① 開始仕訳

| (借) 資本金当期首残高 | 10,000 | (貸) 関 係 会 社 株 式 | 8,000 |
| | | 利益剰余金当期首残高 | 2,000 *3 |

② 当期純利益の按分

（借）非支配株主に帰属する当期純損益	1,600 ＊5	（貸）非支配株主持分当期変動額	1,600

（＊5） 当期純利益11,000×非支配株主持分比率20％－過年度親会社負担分600（＊4）＝1,600

> 🖊 子会社の欠損を親会社持分に負担させた後の年度に子会社に利益が計上された場合は，親会社が負担した欠損が回収されるまで，その利益の金額を親会社持分に加算する。本問では，過年度において親会社が負担した欠損が600（＊4）あるため，当期の純利益に係る非支配株主持分2,200から600を控除した金額だけを非支配株主持分に按分する。

Ⅱ．S 2 社（連結子会社）

1．タイム・テーブル

2．X 2 年度の連結財務諸表作成のための連結修正仕訳

（1） 個別財務諸表の修正

① 退職給付

（借）退職給付に係る負債	3,000	（貸）退職給付に係る調整累計額当期変動額	3,000 ＊2

（＊2） X2.12/31未認識残高3,000（有利）

（2） 連結修正仕訳

① 取得関連費用の修正

（借）利益剰余金当期首残高	500 ＊3	（貸）関 係 会 社 株 式	500

（＊3） 取得関連費用は，連結上，子会社株式の取得原価に含めず，発生時の期間費用とする。

② 開始仕訳

（借）資本金当期首残高	4,000	（貸）関 係 会 社 株 式	2,700 ＊1
利益剰余金当期首残高	700 ＊4	非支配株主持分当期首残高	2,000 ＊5

（＊4） 支配獲得時利益剰余金1,000－負ののれん発生益300＝700

（＊5） X1.12/31資本合計5,000×非支配株主持分比率40％＝2,000

③ 当期純利益の按分

（借）非支配株主に帰属する当期純損益	600 ＊6	（貸）非支配株主持分当期変動額	600

（＊6） S 2 社当期純利益1,500×非支配株主持分比率40％＝600

④ 退職給付に係る調整累計額の按分

（借）退職給付に係る調整累計額当期変動額	1,200 ＊7	（貸）非支配株主持分当期変動額	1,200

（＊7）（X2.12/31 3,000－ X1.12/31 0 ）×非支配株主持分比率40％＝1,200

3．X3年度の連結財務諸表作成のための連結修正仕訳

(1) 個別財務諸表の修正

① 退職給付

(借) 退職給付に係る負債	3,000	(貸) 退職給付に係る調整累計額当期首残高	3,000 *2
(借) 退職給付に係る調整累計額当期変動額	1,000 *8	(貸) 退職給付に係る負債	1,000

(*8) X3.12/31未認識残高2,000（有利） － X2.12/31未認識残高3,000（有利） ＝1,000

② 連結会社間取引の不一致の整理

a. 商品の仕入取引（S2社側）

(借) 売 上 原 価	9,750	(貸) 買 掛 金	9,750
（当期商品仕入高）			
(借) 棚 卸 資 産	9,750	(貸) 売 上 原 価	9,750
		（期末商品棚卸高）	

b. 土地の購入取引（S2社側）

(借) 土 地	5,000	(貸) 未 払 金	5,000

> 🖊 子会社の決算日が異なることから生じる連結会社間の取引に係る会計記録の重要な不一致について，S2社側で未達取引の処理に準じて会計処理を行う。

(2) 連結修正仕訳

① 取得関連費用の修正

(借) 利益剰余金当期首残高	500 *3	(貸) 関 係 会 社 株 式	500

② 開始仕訳

(借) 資本金当期首残高	4,000	(貸) 関 係 会 社 株 式	2,700 *1
利益剰余金当期首残高	1,300 *9	非支配株主持分当期首残高	3,800 *11
退職給付に係る調整累計額当期首残高	1,200 *10		

(*9) 支配獲得時利益剰余金1,000
　　　＋非支配株主に帰属する支配獲得後利益剰余金600－負ののれん発生益300＝1,300

(*10) 支配獲得時退職給付に係る調整累計額0
　　　＋非支配株主に帰属する支配獲得後退職給付に係る調整累計額1,200＝1,200

(*11) X2.12/31資本合計9,500×非支配株主持分比率40％＝3,800

③ 当期純利益の按分

(借) 非支配株主に帰属する当期純損益	1,400 *12	(貸) 非支配株主持分当期変動額	1,400

(*12) S2社当期純利益3,500×非支配株主持分比率40％＝1,400

④ 退職給付に係る調整累計額の按分

(借) 非支配株主持分当期変動額	400	(貸) 退職給付に係る調整累計額当期変動額	400 *13

(*13) （X3.12/31 2,000 － X2.12/31 3,000） ×非支配株主持分比率40％ ＝△400

⑤ P社売上高とS2社仕入高の相殺消去

(借) 売 上 高	9,750	(貸) 売 上 原 価	9,750

⑥ 債権債務の相殺消去

a. P社売掛金とS2社買掛金の相殺消去

(借) 買 掛 金	9,750	(貸) 売 掛 金	9,750

b. P社未収金とS2社未払金の相殺消去

(借) 未 払 金	5,000	(貸) 未 収 金	5,000

⑦ 貸倒引当金の調整

（借）貸 倒 引 当 金	390 *14	（貸）貸倒引当金繰入額	390
（借）貸 倒 引 当 金	200 *15	（貸）貸倒引当金繰入額	200

（*14）売掛金9,750×4％＝390

（*15）未収金5,000×4％＝200

⑧ 未実現利益の消去（ダウン・ストリーム）

　a. 商品

（借）売 上 原 価	1,950 *16	（貸）棚 卸 資 産	1,950

（*16）Ｐ社より仕入分：売価9,750－原価7,800（売価9,750÷1.25）＝1,950

　b. 土地

（借）有形固定資産売却益	3,000 *17	（貸）土 　 地	3,000

（*17）売却額5,000－売却簿価2,000＝3,000

Ⅲ．Ａ社（関連会社）

1．タイム・テーブル

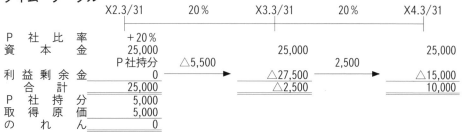

2．Ｘ2年度の連結財務諸表作成のための連結修正仕訳

（1） 個別財務諸表の修正

① Ａ社株式評価損の振り戻し

（借）関 係 会 社 株 式	4,999	（貸）関係会社株式評価損	4,999 *1

（＊1）取得原価5,000（資本金25,000×出資割合20％）－簿価1＝4,999

> 🖉 持分法で関連会社の当期純損失を計上することにより，損失の二重計上となるため，個別上の関係会社株式評価損を取り消す会計処理が必要となる。

（2） 連結修正仕訳

① 開始仕訳

仕訳なし

② 当期純損失の認識

（借）持分法による投資損益	5,500 *2	（貸）関 係 会 社 株 式	5,000 *3
		長 期 貸 付 金	375
		持分法適用に伴う負債	125

（＊2）当期純損失27,500×Ｐ社持分比率20％＝5,500

（＊3）投資額（取得原価）

（ 問題1 　持分法適用に伴う負債：125）

> 🖉 本問では，関連会社Ａ社の欠損は出資割合に応じて負担するため，関連会社に対し貸付金等がある場合には，Ｐ社は投資勘定をゼロとした後は当該貸付金等を減額する。また，投資勘定及び貸付金等の額を超える損失を負担する場合には，「持分法適用に伴う負債」等適切な科目をもって負債の部に計上する。

3．X3年度の連結財務諸表作成のための連結修正仕訳

(1) 個別財務諸表の修正

① A社株式評価損の振り戻し

（借）関 係 会 社 株 式	4,999		（貸）利益剰余金当期首残高	4,999	*1

(2) 連結修正仕訳

① 開始仕訳

（借）利益剰余金当期首残高	5,500	*2	（貸）関 係 会 社 株 式	5,000	*3
			長 期 貸 付 金	375	
			持分法適用に伴う負債	125	

② 当期純利益の認識

（借）持分法適用に伴う負債	125		（貸）持分法による投資損益	2,500	*4
長 期 貸 付 金	375				
関 係 会 社 株 式	2,000	*5			

(*4) 当期純利益12,500×P社持分比率20％＝2,500

(*5) X4.3/31資本合計10,000×P社持分比率20％＝2,000

> 🖉 関連会社に利益が計上された場合には，「持分法適用に伴う負債」，「長期貸付金」，「関係会社株式」の順番で振り戻す。

(3) 勘定科目の変更

（借）投 資 有 価 証 券	2,000		（貸）関 係 会 社 株 式	2,000	*5

問題2 非支配株主持分（X3.3/31）：S1社0（2,000－2,000）＋S2社3,800（2,000＋600＋1,200）＝3,800

問題3 親会社株主に帰属する当期純利益（X2年度）：P社8,500（10,500－2,000）＋S1社△13,000（△13,000－0）＋S2社1,500（2,500－1,000）＋連結修正仕訳8,898⎰S1社（7,999＋2,000）＋S2社△600＋A社（4,999＋△5,500）⎱＝5,898

問題4 非支配株主持分（X4.3/31）：S1社1,600＋S2社4,800（3,800＋1,400－400）＝6,400

問題5 利益剰余金当期首残高（X3年度）：個別上0（P社10,500＋S1社△13,000＋S2社2,500）＋連結修正仕訳7,698（7,999＋2,000＋△500＋△1,300＋4,999＋△5,500）＝7,698

問題6 包括利益（X3年度）：当期純利益24,640（*1）＋その他の包括利益△1,000（*2）＝23,640

(*1) 個別上26,500⎰P社12,000（22,500－10,500）＋S1社11,000（△2,000－△13,000）＋S2社3,500（6,000－2,500）⎱＋連結修正仕訳△1,860（390＋200＋△1,950＋△3,000＋2,500）＝24,640

(*2) 退職給付に係る調整累計額（X4.3/31 2,000－X3.3/31 3,000）＝△1,000

【問題⑩】

P社の連結財務諸表作成に関する次の〔前提条件〕及び〔資料Ⅰ〕～〔資料Ⅲ〕に基づき，以下の
問題1 ～ 問題6 に答えなさい。

〔前提条件〕

1．各社の会計期間は，いずれも3月31日を決算日とする1年間である。

2．のれんは，発生した年度の翌期から10年間にわたり定額法により償却し，負ののれんが生じる場合には，発生年度の利益として処理する。

3．貸倒引当金は考慮しないこと。

4．税効果会計は，子会社と関連会社の土地の時価評価差額及び未実現損益の消去から生じる一時差異のみに適用し，P社の法定実効税率は毎期50％，S1社及びS2社の法定実効税率は毎期40％，A社の法定実効税率は毎期30％とする。

5．P社の資本勘定の推移は下記のとおりである。

	X2年3月31日	X3年3月31日	X4年3月31日
資 本 金	10,000千円	10,000千円	10,000千円
利益剰余金	8,000千円	10,500千円	12,500千円

6．X3年度のP社，S1社，S2社及びA社の当期純利益は，それぞれ2,000千円，1,500千円，3,500千円及び2,800千円である。なお，S2社を除き，剰余金の配当は行っていない。

〔資料Ⅰ〕S1社に関する事項

1．P社は，X2年3月31日にS1社の発行済株式数の90％を6,300千円で取得し，同社を子会社とした。また，P社は，X4年3月31日にS1社の発行済株式数の20％を1,800千円で売却した。なお，S1社株式の一部売却において，関連する法人税等は資本剰余金から控除すること。

2．X2年3月31日におけるS1社の土地（簿価1,000千円）の時価は2,500千円であった。

3．S1社は，X3年度より売上利益率30％でP社へ商品を販売している。X3年度におけるS1社からP社への売上高は12,000千円である。

4．X4年3月31日におけるS1社の売掛金のうち，3,500千円がP社に対するものである。

5．X4年3月31日におけるP社の商品のうち，1,500千円がS1社からの仕入分である。

6．S1社の資本勘定の推移は下記のとおりである。

	X2年3月31日	X3年3月31日	X4年3月31日
資 本 金	3,000千円	3,000千円	3,000千円
利益剰余金	2,100千円	3,500千円	5,000千円

〔資料Ⅱ〕S2社に関する事項

1．P社は，X2年3月31日にS2社の発行済株式数の60％を5,000千円で取得し，同社を子会社とした。P社は，X3年4月1日にS2社の発行済株式数の15％を1,800千円で追加取得した。

2．X2年3月31日におけるS2社の土地（簿価2,500千円）の時価は5,000千円であった。

3．S2社の資本勘定の推移は下記のとおりである。

	X2年3月31日	X3年3月31日	X4年3月31日
資 本 金	4,000千円	4,000千円	4,000千円
利益剰余金	2,500千円	5,500千円	8,000千円

4．S2社は年1回配当を行っており，配当基準日は毎年3月31日である。X3年3月31日を配当基準日とする利益剰余金の配当1,000千円をX3年6月に行っている。

〔資料Ⅲ〕 A社に関する事項

1．P社は，X2年3月31日にA社の発行済株式数の20％を2,500千円で取得し，同社を関連会社とした。また，P社は，X4年3月31日にA社の発行済株式数の5％を600千円で追加取得した。なお，連結貸借対照表上，持分法で評価したA社株式は投資有価証券勘定で表示する。

2．X2年3月31日におけるA社の土地（簿価2,000千円）の時価は6,000千円であった。また，X4年3月31日におけるA社の土地（簿価2,000千円）の時価は8,000千円であった。

3．A社の資本勘定の推移は下記のとおりである。

	X2年3月31日	X3年3月31日	X4年3月31日
資 本 金	5,000千円	5,000千円	5,000千円
利益剰余金	3,200千円	4,000千円	6,800千円

問題1 X3年度末の連結貸借対照表におけるのれんの金額として最も適切なものの番号を一つ選びなさい。

1．660千円 2．720千円 3．880千円
4．990千円 5．1,120千円 6．1,280千円

問題2 X3年度末の連結貸借対照表における資本剰余金の金額として最も適切なものの番号を一つ選びなさい。

1．△263千円 2．△226千円 3．0千円
4．27千円 5．37千円 6．74千円

問題3 X3年度末の連結貸借対照表における利益剰余金の金額として最も適切なものの番号を一つ選びなさい。

1．17,669千円 2．18,213千円 3．18,679千円
4．18,706千円 5．18,969千円 6．19,023千円

問題4 X3年度末の連結貸借対照表における非支配株主持分の金額として最も適切なものの番号を一つ選びなさい。

1．5,964千円 2．6,018千円 3．6,045千円
4．6,114千円 5．6,168千円 6．6,195千円

問題5 X3年度の連結損益計算書における持分法による投資利益の金額として最も適切なものの番号を一つ選びなさい。

1．530千円 2．540千円 3．560千円
4．674千円 5．730千円 6．760千円

問題6 X3年度の連結株主資本等変動計算書における利益剰余金当期首残高の金額として最も適切なものの番号を一つ選びなさい。

1．13,180千円 2．13,317千円 3．13,450千円
4．13,580千円 5．13,610千円 6．14,580千円

解答

| 問題1 | 3 | 問題2 | 3 | 問題3 | 4 | 問題4 | 1 | 問題5 | 5 | 問題6 | 4 |

解説 （単位：千円）

Ⅰ．S1社（連結子会社）

1．個別財務諸表の修正

(1) 子会社の資産・負債の時価評価（全面時価評価法）

（借）土　　　　　　　　地	1,500 *1	（貸）繰延税金負債（S1社）	600 *2
		評　価　差　額	900 *3

(*1) X2.3/31時価2,500 − 帳簿価額1,000 = 1,500

(*2) 1,500（*1）× S1社の法定実効税率40% = 600

(*3) 1,500（*1）×（1 − S1社の法定実効税率40%）= 900

2．タイム・テーブル

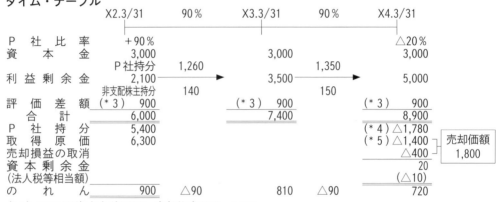

(*4) X4.3/31資本合計8,900 × 売却比率20% = 1,780

(*5) 個別上の取得原価6,300 × 売却比率20% / 売却前持分比率90% = 1,400

3．X3年度の連結財務諸表作成のための連結修正仕訳

(1) 開始仕訳

（借）資本金当期首残高	3,000	（貸）関 係 会 社 株 式	6,300
利益剰余金当期首残高	2,330 *6	非支配株主持分当期首残高	740 *7
評　価　差　額	900 *3		
の　　れ　　ん	810		

(*6) 支配獲得時利益剰余金2,100
　　　　+ 非支配株主に帰属する支配獲得後利益剰余金140 + のれん償却額90 = 2,330

(*7) X3.3/31資本合計7,400 × 非支配株主持分比率10% = 740

(2) のれんの償却

（借）の れ ん 償 却 額	90 *8	（貸）の　　れ　　ん	90

(*8) のれん900 ÷ 償却年数10年 = 90

(3) 当期純利益の按分

（借）非支配株主に帰属する当期純損益	150 *9	（貸）非支配株主持分当期変動額	150

(*9) S1社当期純利益1,500 × 非支配株主持分比率10% = 150

(4) 一部売却（20%売却）

① 個別上の処理

（借）現　金　預　金	1,800	（貸）関 係 会 社 株 式	1,400 *5
		関係会社株式売却益	400

② 連結上のあるべき処理

（借）現　金　預　金	1,800	（貸）非支配株主持分当期変動額	1,780 *4
		資本剰余金当期変動額	20 *10
		（非支配株主との取引に係る親会社の持分変動）	

(*10) 貸借差額

③ 連結修正仕訳（②－①）

（借）関 係 会 社 株 式	1,400	（貸）非支配株主持分当期変動額	1,780
関係会社株式売却益	400	資本剰余金当期変動額	20
		（非支配株主との取引に係る親会社の持分変動）	

④ 子会社株式の一部売却に関連する法人税等相当額の調整

| （借）資本剰余金当期変動額 | 10 *11 | （貸）法 人 税 等 | 10 |
| （非支配株主との取引に係る親会社の持分変動） | | | |

(*11) 資本剰余金20（*10）× P 社法定実効税率50％＝10

(5) Ｓ１社売上高とＰ社仕入高の相殺消去

| （借）売 上 高 | 12,000 | （貸）売 上 原 価 | 12,000 |

(6) 商品の未実現利益の消去（アップ・ストリーム＋持分変動）

① 未実現利益の消去

（借）売 上 原 価	450 *12	（貸）棚 卸 資 産	450
（借）繰延税金資産（Ｓ１社）	180	（貸）法 人 税 等 調 整 額	180 *13
（借）非支配株主持分当期変動額	27	（貸）非支配株主に帰属する当期純損益	27 *14

(*12) 期末商品（Ｓ１社より仕入分）1,500×売上利益率30％＝450

(*13) 未実現利益450（*12）×販売元Ｓ１社法定実効税率40％＝180

(*14) （450（*12）－180（*13））×一部売却前非支配株主持分比率10％＝27

> 📝 期末に持分変動がある場合の未実現損益（アップ・ストリーム）の非支配株主への按分は，子会社の当期純利益の按分の仕訳を修正するものであるため，期中の非支配株主持分比率10％で行う。

② 一部売却時における売却持分の調整

| （借）非支配株主持分当期変動額 | 54 | （貸）資本剰余金当期変動額 | 54 *15 |
| | | （非支配株主との取引に係る親会社の持分変動） | |

(*15) （450（*12）－180（*13））×一部売却によるＰ社持分減少比率20％＝54

> 📝 **アップ・ストリームと子会社の持分変動**
> 　　Ｓ１社がＰ社に対して商品を販売しているため，未実現利益の消去に伴い，Ｓ１社の利益が270（450（*12）－180（*13））減少する。そのため，一部売却時におけるＳ１社資本は270減少しており，当該未実現利益消去後の子会社資本の金額8,630（8,900－270）に基づき一部売却の会計処理が行われるように，（4）一部売却の会計処理を修正する必要がある。具体的には，子会社資本の金額の減少270に伴い，非支配株主持分当期変動額を54減額し，貸借差額として資本剰余金当期変動額を54増加させる。
> 　　これらの会計処理は，当初から未実現利益消去後の子会社資本の金額8,630（8,900－270）に基づき一部売却の会計処理を行った場合と等しい結果となる。

③ 子会社株式の一部売却に関連する法人税等相当額の調整

| （借）資本剰余金当期変動額 | 27 *16 | （貸）法 人 税 等 | 27 |
| （非支配株主との取引に係る親会社の持分変動） | | | |

(*16) 資本剰余金54（*15）× P 社法定実効税率50％＝27

✐ (4)④の修正として，(6)②で生じた資本剰余金当期変動額に係る法人税等相当額を調整する。

(7)　S 1 社売掛金とP社買掛金の相殺消去

(借) 買　　　掛　　　金	3,500	(貸) 売　　　掛　　　金	3,500

Ⅱ．S 2 社 (連結子会社)

1．個別財務諸表の修正

(1)　子会社の資産・負債の時価評価（全面時価評価法）

(借) 土　　　　　　　地	2,500 *1	(貸) 繰延税金負債 (S 2 社)	1,000 *2
		評　価　差　額	1,500 *3

（*1）X2.3/31時価5,000 − 帳簿価額2,500 = 2,500

（*2）2,500（*1）× S 2 社の法定実効税率40% = 1,000

（*3）2,500（*1）×（1 − S 2 社の法定実効税率40%）= 1,500

2．タイム・テーブル

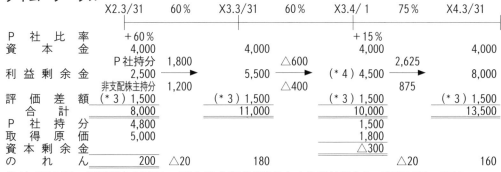

（*4）X3.3/31の利益剰余金5,500 − X3.3/31を配当基準日とする利益剰余金の配当1,000 = 4,500

3．X 3 年度の連結財務諸表作成のための連結修正仕訳

(1)　開始仕訳

(借) 資本金当期首残高	4,000	(貸) 関 係 会 社 株 式	5,000
利益剰余金当期首残高	3,720 *5	非支配株主持分当期首残高	4,400 *6
評　価　差　額	1,500 *3		
の　　れ　　ん	180		

（*5）支配獲得時利益剰余金2,500

　　　　　+非支配株主に帰属する支配獲得後利益剰余金1,200 + のれん償却額20 = 3,720

（*6）X3.3/31資本合計11,000×非支配株主持分比率40% = 4,400

(2)　剰余金の配当

(借) 受 取 配 当 金	600 *7	(貸) 利益剰余金当期変動額	1,000
非支配株主持分当期変動額	400 *8	（剰 余 金 の 配 当）	

（*7）X 3 年度における剰余金の配当1,000×権利落ち株式追加取得前P社持分比率60% = 600

（*8）X 3 年度における剰余金の配当1,000×権利落ち株式追加取得前非支配株主持分比率40% = 400

✐ 配当金は，通常，決算日を配当基準日として決算日現在の株主に対して支払われるため，決算日後に取得した株式（権利落ち株式という。）については，配当金を受け取る権利がない。そのため，剰余金の配当の処理は，決算日現在の持分比率に基づき行うことになる。

(3) 追加取得 (15%)

(借) 非支配株主持分当期変動額	1,500	*9	（貸）関 係 会 社 株 式	1,800
資本剰余金当期変動額	300	*10		
(非支配株主との取引に係る親会社の持分変動)				

(*9) 権利落ち調整後 X3.4/1 資本合計10,000×追加取得比率15％＝1,500

(*10) 貸借差額又は，個別上の取得原価1,800－非支配株主持分減少額1,500（*9）＝300

> 🖊 権利落ち株式の追加取得に際しては，配当後の子会社の資本を基準として投資と資本の相殺消去を行う。

(4) 利益剰余金による，負の残高になった資本剰余金の補填

| (借) 利益剰余金当期変動額 | 263 | | （貸）資本剰余金当期変動額 | 263 | *11 |
| (利益剰余金による資本剰余金の補填) | | | (利益剰余金による資本剰余金の補填) | | |

(*11) 個別上の資本剰余金 0 ＋連結修正仕訳△263（20－10＋54－27－300）＝△263

> 🖊 連結会計年度末において，資本剰余金が負の値となる場合には，資本剰余金をゼロとし，当該負の値を利益剰余金から減額する。

(5) のれんの償却

| (借) の れ ん 償 却 額 | 20 | *12 | （貸）の れ ん | 20 |

(*12) のれん200÷償却年数10年＝20

(6) 当期純利益の按分

| (借) 非支配株主に帰属する当期純損益 | 875 | *13 | （貸）非支配株主持分当期変動額 | 875 |

(*13) S 2 社当期純利益3,500×権利落ち株式追加取得後非支配株主持分比率25％＝875

Ⅲ．A社 (関連会社)

1．個別財務諸表の修正

(1) 関連会社の資産・負債の時価評価（部分時価評価法）

(借) 土 地	800	*1	（貸）繰延税金負債（A社）	240	*2
			評 価 差 額	560	*3
(借) 土 地	300	*4	（貸）繰延税金負債（A社）	90	*5
			評 価 差 額	210	*6

(*1)（X2.3/31時価6,000－帳簿価額2,000）×P社原始取得比率20％＝800

(*2) 800（*1）×A社の法定実効税率30％＝240

(*3) 800（*1）×（1－A社の法定実効税率30％）＝560

(*4)（X4.3/31時価8,000－帳簿価額2,000）×P社追加取得比率 5 ％＝300

(*5) 300（*4）×A社の法定実効税率30％＝90

(*6) 300（*4）×（1－A社の法定実効税率30％）＝210

2．タイム・テーブル

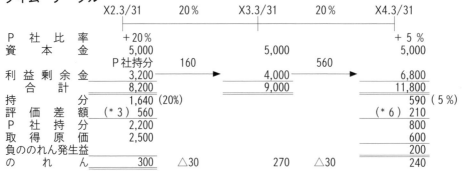

	X2.3/31	20％	X3.3/31	20％	X4.3/31
P 社 比 率	＋20％				＋ 5 ％
資 本 金	5,000		5,000		5,000
	P社持分	160		560	
利 益 剰 余 金	3,200	→	4,000	→	6,800
合 計	8,200		9,000		11,800
持 分	1,640 (20%)				590 (5%)
評 価 差 額	(*3) 560				(*6) 210
P 社 持 分	2,200				800
取 得 原 価	2,500				600
負ののれん発生益					200
の れ ん	300	△30	270	△30	240

３．Ｘ３年度の連結財務諸表作成のための連結修正仕訳

（１）　開始仕訳

（借）関 係 会 社 株 式	130	（貸）利益剰余金当期首残高	130 *7

（＊７）　Ｐ社に帰属する投資後利益剰余金160－のれん償却額30＝130

（２）　のれんの償却

（借）持分法による投資損益	30 *8	（貸）関 係 会 社 株 式	30

（＊８）　のれん300÷償却年数10年＝30

（３）　当期純利益の認識

（借）関 係 会 社 株 式	560	（貸）持分法による投資損益	560 *9

（＊９）　Ａ社当期純利益2,800×Ｐ社持分比率20％＝560

（４）　追加取得（５％取得）

①　個別上の処理

（借）関 係 会 社 株 式	600	（貸）現 　 金 　 預 　 金	600

②　持分法上のあるべき処理

（借）関 係 会 社 株 式	600	（貸）現 　 金 　 預 　 金	600
（借）関 係 会 社 株 式	200	（貸）持分法による投資損益	200 *10

（＊10）（X4.3/31資本合計11,800×追加取得比率５％＋評価差額210（＊６）） －取得原価600＝200

 負ののれんは，持分法による投資利益（営業外収益）で表示する。

③　持分法修正仕訳（②－①）

（借）関 係 会 社 株 式	200	（貸）持分法による投資損益	200

（５）　勘定科目の変更

（借）投 資 有 価 証 券	3,960	（貸）関 係 会 社 株 式	3,960 *11

（＊11）個別上3,100＋連結修正仕訳860（130－30＋560＋200）＝3,960

　　　　若しくは，X4.3/31資本合計11,800×Ｐ社持分比率25％＋評価差額（560＋210）

　　　　　　　　　　　　　　　　　　　　　　　　＋のれんの未償却残高240＝3,960

問題１　のれん：Ｓ１社720＋Ｓ２社160＝880

問題２　資本剰余金：個別上０＋連結修正仕訳０（20－10＋54－27－300＋263）＝０

問題３　利益剰余金：個別上25,500（Ｐ社12,500＋Ｓ１社5,000＋Ｓ２社8,000）

　　＋連結修正仕訳△6,794（△2,330＋△90＋△150＋△400＋10＋△450＋180＋27＋27＋△3,720

　　＋△600＋1,000＋△263＋△20＋△875＋130＋△30＋560＋200）＝18,706

　　　　又は，利益剰余金当期首残高13,580（問題６）＋親会社株主に帰属する当期純利益5,389

　　　　－利益剰余金による資本剰余金の補填263＝18,706

問題４　非支配株主持分：Ｓ１社2,589（740＋150＋1,780－81）

　　　　　　　　　　　　　　＋Ｓ２社3,375（4,400－400－1,500＋875）＝5,964

問題５　持分法による投資利益：△30＋560＋200＝730

問題６　利益剰余金当期首残高：個別上19,500（Ｐ社10,500＋Ｓ１社3,500＋Ｓ２社5,500）

　　　　　　　　　　　　　　　　＋連結修正仕訳△5,920（△2,330＋△3,720＋130）＝13,580

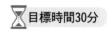

【問題⑪】

P社の連結財務諸表作成に関する次の〔前提条件〕及び〔資料Ⅰ〕～〔資料Ⅱ〕に基づき，以下の 問題1 ～ 問題6 に答えなさい。

〔前提条件〕

1．各社の会計期間は，いずれも3月31日を決算日とする1年間である。

2．のれんは，発生した年度の翌期から10年間にわたり定額法により償却する。

3．以下の(1)及び(2)に基づき，税効果会計を適用する。

 (1) 税効果会計は，S1社の土地の時価評価差額，未実現損益の消去から生じる一時差異，貸倒引当金の調整から生じる一時差異及びS2社への投資に係る一時差異のみに適用する。なお，個別財務諸表上，各社とも税効果の対象となる一時差異は生じていなかったものとする。

 (2) 各社の法定実効税率は，従来よりP社は45％，S1社は40％，S2社は35％であったが，X3年度において税法の改正が国会で成立し，各社のX4年度以降の法定実効税率は，P社が40％，S1社が35％，S2社が30％へ変更されることとなった。

4．P社の資本勘定の推移は下記のとおりである。

	X2年3月31日	X3年3月31日	X4年3月31日
資 本 金	15,000千円	15,000千円	15,000千円
資本剰余金	2,000千円	2,000千円	2,000千円
利益剰余金	5,000千円	8,500千円	12,000千円

5．各社とも剰余金の配当は行っていない。

〔資料Ⅰ〕S1社に関する事項

1．P社は，X2年3月31日にS1社の発行済株式数の60％を7,700千円で取得し，同社を子会社とした。

2．X2年3月31日におけるS1社の土地（簿価1,000千円）の時価は2,000千円であった。

3．P社は，毎期とも売上利益率20％でS1社へ商品を販売している。X3年度におけるP社のS1社への売上高は10,000千円である。

4．S1社にはP社から仕入れた商品がX3年3月31日に2,000千円，X4年3月31日に3,000千円ある。

5．P社のS1社に対する売掛金が，X3年3月31日に2,500千円，X4年3月31日に4,000千円ある。なお，P社はS1社に対する売掛金期末残高に対して4％の貸倒引当金を差額補充法で設定している。

6．X2年4月1日に，P社はS1社に対して建物（帳簿価額3,000千円）を4,000千円で売却した。S1社では，当該建物を耐用年数5年，残存価額ゼロの定額法で減価償却している。

7．S1社の資本勘定の推移は下記のとおりである。

	X2年3月31日	X3年3月31日	X4年3月31日
資 本 金	4,000千円	4,000千円	4,000千円
利益剰余金	2,400千円	4,900千円	7,500千円

〔資料Ⅱ〕 S 2 社に関する事項

1．P社は，X 2 年 3 月31日に S 2 社の発行済株式数の60％を4,900千円で取得し，同社を子会社とした。P社は，X 3 年 3 月31日に S 2 社の発行済株式総数の10％を1,450千円で追加取得した。

2．S 2 社の資産及び負債について，帳簿価額と時価に乖離が生じているものはないものとする。

3．S 2 社の資本勘定の推移は下記のとおりである。

	X 2 年 3 月31日	X 3 年 3 月31日	X 4 年 3 月31日
資 本 金	4,000千円	4,000千円	4,000千円
利益剰余金	2,500千円	5,500千円	8,000千円

4．P社は X 4 年 3 月31日に，保有する S 2 社株式の全てを X 4 年度中に連結外部へ売却する意思決定を行った。

問題 1　X 3 年度末の連結貸借対照表におけるのれんの金額として最も適切なものの番号を一つ選びなさい。

1．3,550千円　　　　2．3,576千円　　　　3．3,600千円
4．3,650千円　　　　5．4,000千円　　　　6．4,050千円

問題 2　X 3 年度末の連結貸借対照表における繰延税金負債の金額として最も適切なものの番号を一つ選びなさい。

1．664千円　　　　　2．879千円　　　　　3．929千円
4．1,014千円　　　　5．1,084千円　　　　6．1,554千円

問題 3　X 3 年度末の連結貸借対照表における資本剰余金の金額として最も適切なものの番号を一つ選びなさい。

1．1,500千円　　　　2．1,700千円　　　　3．1,725千円
4．2,000千円　　　　5．2,300千円　　　　6．2,500千円

問題 4　X 3 年度末の連結貸借対照表における非支配株主持分の金額として最も適切なものの番号を一つ選びなさい。

1．8,440千円　　　　2．8,460千円　　　　3．8,842千円
4．8,862千円　　　　5．9,390千円　　　　6．9,410千円

問題 5　X 3 年度の連結損益計算書における法人税等調整額（借方）の金額として最も適切なものの番号を一つ選びなさい。

1．1,109千円　　　　2．1,299千円　　　　3．1,309千円
4．1,319千円　　　　5．1,329千円　　　　6．1,339千円

問題 6　X 3 年度の連結株主資本等変動計算書における利益剰余金当期首残高の金額として最も適切なものの番号を一つ選びなさい。

1．10,185千円　　　2．10,545千円　　　3．10,565千円
4．10,690千円　　　5．10,745千円　　　6．10,790千円

問題1 3　　問題2 4　　問題3 2　　問題4 2　　問題5 3　　問題6 5

解説（単位：千円）

Ⅰ．S 1 社（連結子会社）

1．個別財務諸表の修正（全面時価評価法）

(1)　支配獲得時における時価評価

（借）土　　　　　地	1,000 *1	（貸）繰延税金負債（S 1 社）	400 *2
		評　価　差　額	600 *3

（*1）X2.3/31時価2,000 － 帳簿価額1,000 ＝ 1,000

（*2）1,000（*1）× S 1 社変更前法定実効税率40％ ＝ 400

（*3）1,000（*1）×（1 － S 1 社変更前法定実効税率40％）＝ 600

(2)　税率変更による修正

（借）繰延税金負債（S 1 社）	50	（貸）法人税等調整額	50 *4

（*4）1,000（*1）×（S 1 社変更後法定実効税率35％ － S 1 社変更前法定実効税率40％）＝ 50

2．タイム・テーブル

```
              X2.3/31      60％      X3.3/31      60％      X4.3/31
P 社 比 率     ＋60％
資   本   金    4,000                 4,000                 4,000
              P社持分   1,500  →        1,590  →
利 益 剰 余 金    2,400                 4,900         (*5) 7,550
              非支配株主持分 1,000              1,060
評 価 差 額 (*3) 600             (*3) 600           (*3) 600
  合   計      7,000                 9,500                12,150
P 社 持 分    4,200
取 得 原 価    7,700
の   れ   ん    3,500  △350          3,150  △350          2,800
```

（*5）個別上7,500 ＋ 法人税等調整額50（*4）＝ 7,550

3．X 3 年度の連結財務諸表作成のための連結修正仕訳

(1)　開始仕訳

（借）資本金当期首残高	4,000	（貸）関　係　会　社　株　式	7,700
利益剰余金当期首残高	3,750 *6	非支配株主持分当期首残高	3,800 *7
評　価　差　額	600 *3		
の　れ　ん	3,150		

（*6）支配獲得時利益剰余金2,400

　　　　＋非支配株主に帰属する支配獲得後利益剰余金1,000＋のれん償却額350＝3,750

（*7）X3.3/31資本合計9,500×非支配株主持分比率40％＝3,800

(2)　のれんの償却

（借）の れ ん 償 却 額	350 *8	（貸）の　　れ　　ん	350

（*8）のれん3,500÷償却年数10年＝350

(3)　当期純利益の按分

（借）非支配株主に帰属する当期純損益	1,060 *9	（貸）非支配株主持分当期変動額	1,060

（*9）｛S 1 社当期純利益2,600（X4.3/31利益剰余金7,500 － X3.3/31利益剰余金4,900）

　　　　　　　＋法人税等調整額50（*4）｝×非支配株主持分比率40％＝1,060

(4) Ｐ社売上高とＳ１社仕入高の相殺消去

（借）売　上　高	10,000	（貸）売　上　原　価	10,000

(5) 商品の未実現利益の消去（ダウン・ストリーム）

① 期首商品

（借）利益剰余金当期首残高	400		（貸）売　上　原　価	400	*10
（借）法人税等調整額	180	*11	（貸）利益剰余金当期首残高	180	

(*10) 期首商品（Ｐ社より仕入分）2,000×売上利益率20％＝400

(*11) 未実現利益400（*10）×販売元Ｐ社変更前法定実効税率45％＝180

② 期末商品

（借）売　上　原　価	600	*12	（貸）棚　卸　資　産	600	
繰延税金資産（Ｐ社）	270		法人税等調整額	270	*13

(*12) 期末商品（Ｐ社より仕入分）3,000×売上利益率20％＝600

(*13) 未実現利益600（*12）×販売元Ｐ社変更前法定実効税率45％＝270

(6) Ｐ社売掛金とＳ１社買掛金の相殺消去

（借）買　掛　金	4,000	（貸）売　掛　金	4,000

(7) 貸倒引当金の修正

（借）貸　倒　引　当　金	160	*14	（貸）利益剰余金当期首残高	100	*15
			貸倒引当金繰入額	60	
（借）利益剰余金当期首残高	45	*16	（貸）繰延税金負債（Ｐ社）	64	*17
法人税等調整額	19				

(*14) X4.3/31のＳ１社に対する売掛金4,000×貸倒引当金繰入率4％＝160

(*15) X3.3/31のＳ１社に対する売掛金2,500×貸倒引当金繰入率4％＝100

(*16) 100（*15）×債権者側Ｐ社変更前法定実効税率45％＝45

(*17) 160（*14）×債権者側Ｐ社変更後法定実効税率40％＝64

(8) 建物の未実現利益の調整（ダウン・ストリーム）

① 開始仕訳

（借）利益剰余金当期首残高	1,000		（貸）建　　　物	1,000	*18
（借）減価償却累計額	200	*19	（貸）利益剰余金当期首残高	200	
（借）繰延税金資産（Ｐ社）	360	*20	（貸）利益剰余金当期首残高	360	

(*18) 売却額4,000－売却簿価3,000＝1,000

(*19) 未実現利益1,000（*18）÷Ｓ１社耐用年数5年＝200

(*20) （1,000（*18）－200（*19））×売却元Ｐ社変更前法定実効税率45％＝360

② 減価償却による未実現利益の実現

（借）減価償却累計額	200	*19	（貸）減　価　償　却　費	200	
（借）法人税等調整額	90		（貸）繰延税金資産（Ｐ社）	90	*21

(*21) 200（*19）×売却元Ｐ社変更前法定実効税率45％＝90

Ⅱ．S 2 社（連結子会社）

1．タイム・テーブル

	X2.3/31	60％	X3.3/31	70％	X4.3/31
P　社　比　率	＋60％		＋10％		
資　　本　　金	4,000		4,000		4,000
		P社持分　1,800 →		1,750 →	
利　益　剰　余　金	2,500		5,500		8,000
		非支配株主持分　1,200 →		750 →	
合　　計	6,500		9,500		12,000
P　社　持　分	3,900		950		
取　得　原　価	4,900		1,450		
資　本　剰　余　金			△500		
の　れ　ん	1,000	△100	900	△100	800

2．X 3 年度の連結財務諸表作成のための連結修正仕訳

(1)　開始仕訳

（借）資本金当期首残高	4,000		（貸）関 係 会 社 株 式	6,350 *3
資本剰余金当期首残高	500 *1		非支配株主持分当期首残高	2,850 *4
利益剰余金当期首残高	3,800 *2			
の　　れ　　ん	900			

（*1）X3.3/31資本合計9,500×追加取得比率10％－追加取得額1,450＝500

（*2）支配獲得時利益剰余金2,500
　　　　　　　＋非支配株主に帰属する支配獲得後利益剰余金1,200＋のれん償却額100＝3,800

（*3）原始取得分4,900＋追加取得分1,450＝6,350

（*4）X3.3/31資本合計9,500×非支配株主持分比率30％＝2,850

(2)　のれんの償却

（借）の れ ん 償 却 額	100 *5		（貸）の　　れ　　ん	100

（*5）のれん1,000÷償却年数10年＝100

(3)　当期純利益の按分

（借）非支配株主に帰属する当期純損益	750 *6		（貸）非支配株主持分当期変動額	750

（*6）S 2 社当期純利益2,500（X4.3/31利益剰余金 8,000 － X3.3/31利益剰余金 5,500）
　　　　　　　　　　　　　　　　　　　　　　×非支配株主持分比率30％＝750

(4)　S 2 社への投資に係る一時差異に対する税効果会計

（借）法 人 税 等 調 整 額	1,340		（貸）繰延税金負債（P社）	1,340 *7
（借）繰延税金負債（P社）	200 *8		（貸）資本剰余金当期変動額	200

（*7）｜取得後利益剰余金のうち親会社帰属分（1,800＋1,750）－のれん償却額（100×2年）｜
　　　　　　　　　　　　　　　　　　　　×P社変更後法定実効税率40％＝1,340

（*8）500（*1）×P社変更後法定実効税率40％＝200

> 🖉 **子会社に対する投資に係る税効果**
>
> 　子会社への投資に係る一時差異（取得後利益剰余金のうち親会社帰属分やのれん償却額など）
> については，本問のように，子会社株式の売却の意思決定が行われる等，一時差異が解消する可
> 能性が高い場合には税効果を認識することになる。
> 　なお，子会社株式の追加取得等によって生じた親会社の持分変動による差額は資本剰余金とし
> て計上されるが，当該資本剰余金も子会社への投資に係る一時差異を構成するため，子会社株式
> の売却の意思決定が行われる等，一時差異が解消する可能性が高い場合には税効果を認識するこ
> とになる。この場合，当該一時差異に係る繰延税金資産・繰延税金負債は，資本剰余金から控除
> して計上する。

Ⅲ. 繰延税金資産と繰延税金負債の相殺

| （借）繰延税金負債（P社） | 540 | （貸）繰延税金資産（P社） | 540 *1 |

（＊1）同一納税主体の繰延税金資産と繰延税金負債は，双方を相殺して表示する。そのため，P社の繰延税金資産540とP社の繰延税金負債1,204を相殺する必要がある。

税効果会計における税率の変更

	子会社の評価差額	貸倒引当金の修正	子会社への投資に係る一時差異	未実現損益の消去
税効果会計の方法	資産負債法			繰延法
適用税率	将来の一時差異解消年度の子会社の税率 （変更後の税率）	将来の一時差異解消年度の債権者側の税率 （変更後の税率）	将来の一時差異解消年度の親会社の税率 （変更後の税率）	売却年度の売却元の税率 （変更前の税率）
税率変更時の会計処理	変更後の税率に基づき，繰延税金資産及び繰延税金負債の金額を再計算し，修正差額は「法人税等調整額」として処理する。			繰延税金資産及び繰延税金負債の再計算は行わない。

問題1 のれん：S1社2,800＋S2社800＝3,600

問題2 繰延税金負債：P社664（1,204（＊1）－相殺540（＊2））＋S1社350（＊3）＝1,014
（＊1）繰延税金負債（貸倒引当金の調整64＋子会社投資に係る一時差異1,140）＝1,204
（＊2）繰延税金資産（未実現利益の消去（商品）270＋未実現利益の消去（建物）270）＝540
（＊3）土地の時価評価350

問題3 資本剰余金：個別上2,000（P社2,000）＋連結修正仕訳△300（△500＋200）＝1,700

問題4 非支配株主持分：S1社4,860（3,800＋1,060）＋S2社3,600（2,850＋750）＝8,460

問題5 法人税等調整額（借方）：△50＋180＋△270＋19＋90＋1,340＝1,309

問題6 利益剰余金当期首残高：個別上18,900（P社8,500＋S1社4,900＋S2社5,500）
＋連結修正仕訳△8,155（△3,750＋△400＋180＋100＋△45＋△1,000＋200＋360＋△3,800）
＝10,745

【問題⑫】

　P社の連結財務諸表作成に関する次の〔前提条件〕及び〔資料Ⅰ〕～〔資料Ⅳ〕に基づき，以下の 問題1 ～ 問題6 に答えなさい。

〔前提条件〕

1．P社，S社及びA社の会計期間は，いずれも3月31日を決算日とする1年間である。

2．S社及びA社の発行済株式数は，それぞれ1,000千株及び500千株である。

3．子会社に係るのれんは支配獲得日から，関連会社に係るのれんは株式取得日から，それぞれ10年間にわたり定額法により月割りで償却する。

4．将来の業績に依存する条件付取得対価について追加的に認識するのれんは，支配獲得日時点で認識されたものと仮定して計算することに留意する。

5．P社において，その他の包括利益は生じていない。

6．税金及び税効果会計は考慮しない。

〔資料Ⅰ〕S社株式の取得に係る事項等

1．P社は，X1年10月1日に，S社の親会社であったT社からS社株式600千株を7,120千円で取得した（証券会社への支払手数料40千円を含む）。契約書によれば，X2年度（X2年4月1日～X3年3月31日）のS社の経常利益が500千円を上回っている場合には，P社は追加で600千円をT社に支払うこととなっている。

2．支配獲得日におけるS社の純資産の金額は，次のとおりであった。

資本金	資本剰余金	利益剰余金	その他有価証券評価差額金
5,000千円	1,800千円	2,000千円	500千円

3．X1年10月1日にS社が保有する土地の帳簿価額は2,000千円であり，その時価は2,500千円であった。X3年度にS社は当該土地の半分を連結外部に1,600千円で売却した。

4．X2年度のS社の経常利益が500千円を上回ることがほぼ確実となったため，X2年度末にP社はT社に対する条件付取得対価の支払額について未払金600千円を計上した。

5．S社のX3年3月31日における個別貸借対照表上の，その他有価証券評価差額金の金額は600千円であった。

〔資料Ⅱ〕A社株式の取得に係る事項等

1．P社は，X1年4月1日に，A社株式200千株を1,620千円で取得した（証券会社への支払手数料20千円を含む）。

2．X1年4月1日にA社が保有する土地の帳簿価額は1,000千円であり，その時価は1,200千円であった。X3年度にA社は当該土地の半分を連結外部に800千円で売却した。

3．X1年4月1日におけるA社の純資産の金額は，次のとおりであった。

資本金	資本剰余金	利益剰余金	その他有価証券評価差額金
800千円	1,000千円	1,300千円	200千円

4．連結貸借対照表上，持分法で評価したA社株式は投資有価証券勘定で表示する。

5．A社のX3年3月31日における個別貸借対照表上の，その他有価証券評価差額金の金額は300千円であった。

〔資料Ⅲ〕連結会社間取引に関する事項等

1．S社は，X2年4月1日以降，A社から甲商品を仕入れ，外部に販売している。また，外部から乙商品を仕入れ，P社及び外部に販売している。

⑴　X2年度及びX3年度におけるS社のA社からの仕入高及びS社のP社への売上高は，それぞれ以下のとおりであった。

	X2年度	X3年度
S社のA社からの仕入高（甲商品）	8,000千円	9,500千円
S社のP社への売上高（乙商品）	12,500千円	14,000千円

⑵　S社の甲商品期末棚卸高に含まれているA社からの仕入分及びP社の乙商品期末棚卸高に含まれているS社からの仕入分は，それぞれ次のとおりである。A社からS社への甲商品販売及びS社からP社への乙商品販売における売上総利益率は，それぞれ毎期10％及び20％である。

	X3年3月31日	X4年3月31日
S社のA社からの仕入高（甲商品）	600千円	800千円
P社のS社からの仕入高（乙商品）	2,000千円	2,500千円

2．S社はX2年度に連結外部から取得した土地（帳簿価額800千円）を，X3年10月1日にA社へ2,300千円で売却した。連結財務諸表の作成に際して，P社は，状況からみて，当該取引から生じる売却益のうち，A社に対する他の株主の持分については実質的に実現していると判断した。なお，A社は，X3年度末において当該土地を引き続き保有している。

3．各決算期末において，連結会社間取引から生じる営業債権債務の残高は存在しない。

4．社債取引に関する事項は以下のとおりである。

⑴　P社はX2年4月1日に社債額面25,000千円を@95円で発行した。S社は当該社債のうち額面金額12,500千円を，X4年3月31日の利払後に証券市場より13,000千円で取得した。

⑵　当該社債の発行条件は，年利率4％，利払日3月末，償還期限5年である。

⑶　P社は当該社債について償却原価法（定額法）を採用している。

⑷　S社は当該社債を満期保有目的の債券に分類し，償却原価法（定額法）を採用している。

5．P社，S社及びA社が行った剰余金の配当は，次のとおりであった。

⑴　P社は，X3年度中に3,000千円の利益剰余金を原資とする配当を行った。

⑵　S社は，X1年10月1日～X3年3月31日までに合計で300千円，X3年度中に500千円の利益剰余金を原資とする配当を行った。

⑶　A社は，剰余金の配当を行っていない。

〔資料Ⅳ〕X3年度における各社の損益計算書及び貸借対照表

損　益　計　算　書　　　　　　　　　（単位：千円）

費　　　用	P社	S社	A社	収　　　益	P社	S社	A社
売　上　原　価	56,000	41,000	25,000	売　上　高	95,000	56,000	30,700
販売費及び一般管理費	28,300	17,050	5,650	受取利息及び配当金	550	950	150
社　債　利　息	1,250	―	―	有形固定資産売却益	―	2,100	300
当　期　純　利　益	10,000	1,000	500				
合　　　計	95,550	59,050	31,150	合　　　計	95,550	59,050	31,150

貸借対照表

(単位：千円)

資産	P社	S社	A社	負債・純資産	P社	S社	A社
現 金 預 金	20,860	4,000	1,500	買 掛 金	4,250	22,500	10,300
売 掛 金	14,300	2,500	1,100	社 債	24,250	—	—
棚 卸 資 産	19,000	8,500	4,000	資 本 金	20,000	5,000	800
土 地	5,000	1,000	2,800	資 本 剰 余 金	5,000	1,800	1,000
投 資 有 価 証 券	—	17,500	5,300	利 益 剰 余 金	15,000	3,200	2,500
関 係 会 社 株 式	9,340	—	—	その他有価証券評価差額金	—	1,000	100
合 計	68,500	33,500	14,700	合 計	68,500	33,500	14,700

問題1 X3年度末の連結貸借対照表におけるのれんの金額として最も適切なものの番号を一つ選びなさい。

1．930千円　　　　2．1,350千円　　　　3．1,410千円
4．1,440千円　　　5．1,504千円　　　　6．1,530千円

問題2 X3年度末の連結貸借対照表における投資有価証券の金額として最も適切なものの番号を一つ選びなさい。

1．5,844千円　　　2．5,854千円　　　　3．5,916千円
4．5,956千円　　　5．6,476千円　　　　6．6,516千円

問題3 X3年度末の連結貸借対照表における非支配株主持分の金額として最も適切なものの番号を一つ選びなさい。

1．4,060千円　　　2．4,140千円　　　　3．4,160千円
4．4,247千円　　　5．4,300千円　　　　6．4,360千円

問題4 X3年度の連結損益計算書における売上原価の金額として最も適切なものの番号を一つ選びなさい。

1．82,600千円　　　2．83,100千円　　　3．83,108千円
4．83,500千円　　　5．97,100千円　　　6．108,100千円

問題5 X3年度の連結包括利益計算書における包括利益の金額として最も適切なものの番号を一つ選びなさい。

1．8,985千円　　　2．9,025千円　　　　3．9,145千円
4．9,185千円　　　5．9,385千円　　　　6．10,020千円

問題6 X3年度の連結株主資本等変動計算書における利益剰余金当期首残高の金額として最も適切なものの番号を一つ選びなさい。

1．7,846千円　　　2．7,968千円　　　　3．8,082千円
4．8,104千円　　　5．8,128千円　　　　6．8,144千円

解答

| 問題1 | 2 | 問題2 | 2 | 問題3 | 1 | 問題4 | 2 | 問題5 | 3 | 問題6 | 3 |

解説 （単位：千円）

Ⅰ．Ｓ社（子会社）

1．個別財務諸表の修正

(1) 子会社の資産・負債の時価評価（全面時価評価法）

① 評価差額の計上

| （借）土　　　　　　　　地 | 500 | （貸）評　価　差　額 | 500 *1 |

（*1） X1.10/1時価2,500 － 帳簿価額2,000 ＝ 500

② 評価差額の実現

| （借）有形固定資産売却益 | 250 *2 | （貸）土　　　　　　　地 | 250 |

（*2） 500（*1）× 1/2 ＝ 250

2．タイム・テーブル（条件付取得対価の支払確定後の金額に基づいて作成）

```
            X1.10/1      60%      X3.3/31      60%      X4.3/31
```

Ｐ　社　比　率（*3）	＋60%				
資　本　金	5,000		5,000		5,000
資　本　剰　余　金	1,800		1,800		1,800
		Ｐ社持分 420		450 △300	
利　益　剰　余　金	2,000	➤	（*7）2,700	➤	（*8）2,950
		非支配株主持分 280		300 △200	
		Ｐ社持分 60		240	
その他有価証券評価差額金	500	➤	600	➤	1,000
		非支配株主持分 40		160	
評　価　差　額	（*1）500		（*1）500		（*1）500
合　　　計	9,800		10,600		11,250
Ｐ　社　持　分	5,880				
取　得　原　価	（*4）7,720	連結上の取得原価 7,680（*10）			
取　得　関　連　費　用	（*5）△40				
の　れ　ん	1,800	（*6）△270	1,530	△180	1,350 問題1

（*3） 取得株式数600千株 / 発行済株式数1,000千株 ＝ 60%

（*4） 7,120（7,080 ＋ 取得関連費用40（*5））＋ 条件付取得対価600 ＝ 7,720

※ Ｘ2年度末のＰ社個別上のＴ社に対する未払金の計上（条件付取得対価の支払確定時）

| （借）関　係　会　社　株　式 | 600 | （貸）未　　払　　金 | 600 |

（*6） 1,800÷10年×18ヶ月（X1.10～X3.3末）/12ヶ月 ＝ 270

（*7） 修正後 X4.3/31利益剰余金2,950（*8）－ 修正後当期純利益750（*9）＋ 剰余金の配当500 ＝ 2,700

（*8） X4.3/31利益剰余金3,200 － 評価差額の実現250（*2）＝ 2,950

（*9） 個別上の当期純利益1,000 － 評価差額の実現250（*2）＝ 750

3．Ｘ3年度の連結財務諸表作成のための連結修正仕訳

(1) 取得関連費用の修正

| （借）利益剰余金当期首残高 | 40 *11 | （貸）関　係　会　社　株　式 | 40 |

（*11） 取得関連費用は，連結上，子会社株式の取得原価に含めず，発生時の期間費用とする。

(2) 開始仕訳

（借）資本金当期首残高	5,000	（貸）関　係　会　社　株　式	7,680 *10
資本剰余金当期首残高	1,800	非支配株主持分当期首残高	4,240 *14
利益剰余金当期首残高	2,550 *12		
評　価　差　額	500 *1		
その他有価証券評価差額金当期首残高	540 *13		
の　れ　ん	1,530		

(*12) 支配獲得時利益剰余金2,000
　　　　＋非支配株主に帰属する支配獲得後利益剰余金280＋のれん償却額270＝2,550
(*13) 支配獲得時その他有価証券評価差額金500
　　　　＋非支配株主に帰属する支配獲得後その他有価証券評価差額金40＝540
(*14) X3.3/31資本合計10,600×非支配株主持分比率40％＝4,240

> 📝 **将来の業績に依存する条件付取得対価**
> 　本問では，「将来の業績に依存する条件付取得対価について追加的に認識するのれんは，支配獲得日時点で認識されたものと仮定して計算する」と指示があり，Ｘ2年度に条件付取得対価の支払がほぼ確実になっている。そのため，Ｘ2年度以降の連結財務諸表の作成は，条件付取得対価の支払確定後の金額に基づいて行えばよい。

(3) のれんの償却

（借）のれん償却額	180 *15	（貸）の　　れ　　ん	180

(*15) のれん1,800÷償却年数10年＝180

(4) 当期純利益の按分

（借）非支配株主に帰属する当期純損益	300 *16	（貸）非支配株主持分当期変動額	300

(*16) （Ｓ社当期純利益1,000－評価差額の実現250（＊2））×非支配株主持分比率40％＝300

(5) 剰余金の配当

（借）受取利息及び配当金	300 *17	（貸）利益剰余金当期変動額	500
非支配株主持分当期変動額	200 *18	（剰余金の配当）	

(*17) 剰余金の配当500×Ｐ社持分比率60％＝300
(*18) 剰余金の配当500×非支配株主持分比率40％＝200

(6) その他有価証券評価差額金の按分

（借）その他有価証券評価差額金当期変動額	160 *19	（貸）非支配株主持分当期変動額	160

(*19) （X4.3/31 1,000－X3.3/31 600）×非支配株主持分比率40％＝160

(7) Ｓ社売上高とＰ社仕入高の相殺消去

（借）売　　上　　高	14,000	（貸）売　　上　　原　　価	14,000

(8) 乙商品の未実現利益の消去（Ｓ社→Ｐ社）

　① 期首商品

（借）利益剰余金当期首残高	400	（貸）売　　上　　原　　価	400 *20
（借）非支配株主持分当期首残高	160	（貸）利益剰余金当期首残高	160 *21
（借）非支配株主に帰属する当期純損益	160 *21	（貸）非支配株主持分当期変動額	160

(*20) 2,000（Ｓ社より仕入分）×売上利益率20％＝400
(*21) 未実現利益400（*20）×非支配株主持分比率40％＝160

　② 期末商品

（借）売　　上　　原　　価	500 *22	（貸）棚　　卸　　資　　産	500
（借）非支配株主持分当期変動額	200 *23	（貸）非支配株主に帰属する当期純損益	200

(*22) 2,500（Ｓ社より仕入分）×売上利益率20％＝500
(*23) 未実現利益500(*22)×非支配株主持分比率40％＝200

(9) 社債と投資有価証券の相殺

（借）社　　　　債	12,125 *24	（貸）投資有価証券	13,000 *26
社　債　償　還　損	875		

(*24) X4.3/31償却原価：額面金額12,500×@95/@100＋償却額250（*25）＝12,125
(*25) 額面金額12,500×（@100－@95）/@100×2年／5年＝250
(*26) X4.3/31償却原価（＝Ｓ社の取得原価）

> 📝 連結上は，社債が買入償還されたとみなすため，社債と投資有価証券を相殺し，差額を社債償還損益として処理する。なお，当該社債償還損益は発行会社であるＰ社に帰属するため，非支配株主への按分は必要ない。

Ⅱ．A社（関連会社）

1．個別財務諸表の修正

（1）関連会社の資産・負債の時価評価（部分時価評価法）

（借）土　　　　　　　　地	80	（貸）評　価　差　額	80 *1

（*1）（X1.4/1時価1,200 － 帳簿価額1,000）× P社持分比率40％ ＝ 80

2．タイム・テーブル

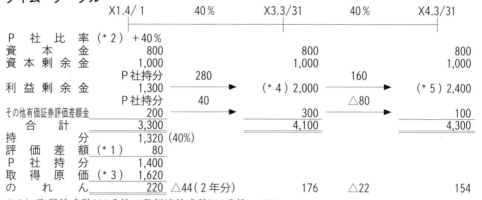

	X1.4/1	40％	X3.3/31	40％	X4.3/31
P　社　比　率（*2）	＋40％				
資　　本　　金	800		800		800
資　本　剰　余　金	1,000		1,000		1,000
		P社持分 280		160	
利　益　剰　余　金	1,300		（*4）2,000		（*5）2,400
		P社持分 40		△80	
その他有価証券評価差額金	200		300		100
合　　　　計	3,300		4,100		4,300
持　　　　分	1,320（40％）				
評　価　差　額（*1）	80				
P　社　持　分	1,400				
取　得　原　価（*3）	1,620				
の　　れ　　ん	220	△44（2年分）	176	△22	154

（*2）取得株式数200千株 / 発行済株式数500千株＝40％

（*3）関連会社に対する持分法の適用に際して，取得関連費用は投資原価に含めたままとする。

（*4）修正後 X4.3/31利益剰余金2,400（*5）－ 修正後当期純利益400（*6）＝ 2,000

（*5）X4.3/31利益剰余金2,500 － 土地売却益の修正100（*7）＝ 2,400

（*6）個別上の当期純利益500 － 土地売却益の修正100（*7）＝ 400

（*7）連結上の売却益200（売却額800 － 簿価600）

　　　　　　　　　　　　　　　　　　　　－ 個別上の土地売却益300（売却額800 － 簿価500）＝ 100

3．X3年度の連結財務諸表作成のための連結修正仕訳

（1）開始仕訳

（借）関　係　会　社　株　式	276	（貸）利益剰余金当期首残高	236 *8
		その他有価証券評価差額金当期首残高	40 *9

（*8）P社に帰属する投資後利益剰余金280 － のれん償却額44 ＝ 236

（*9）（X3.3/31 300 － X1.4/1 200）× P社持分比率40％ ＝ 40

（2）のれんの償却

（借）持分法による投資損益	22 *10	（貸）関　係　会　社　株　式	22

（*10）のれん220 ÷ 償却年数10年 ＝ 22

（3）当期純利益の認識

（借）関　係　会　社　株　式	160	（貸）持分法による投資損益	160 *11

（*11）土地売却益の修正後A社当期純利益400（*6）× P社持分比率40％ ＝ 160

※ 以下の①及び②の仕訳に分けて考えることができる。

①　当期純利益の認識

（借）関　係　会　社　株　式	200	（貸）持分法による投資損益	200 *12

（*12）個別上のA社当期純利益500 × P社持分比率40％ ＝ 200

②　評価差額の実現

（借）持分法による投資損益	40 *13	（貸）関　係　会　社　株　式	40

（*13）80（*1）× 1/2 ＝ 40

（4）その他有価証券評価差額金の認識

（借）その他有価証券評価差額金当期変動額	80 *14	（貸）関　係　会　社　株　式	80

（*14）（X4.3/31 100 － X3.3/31 300）× P社持分比率40％ ＝ △80

(5) 甲商品の未実現利益の消去（A社→S社）

① 期首商品

（借）利益剰余金当期首残高	24	（貸）持分法による投資損益	24 *15

(*15) 600（A社より仕入分）×売上利益率10％×P社持分比率40％＝24

② 期末商品

（借）持分法による投資損益	32 *16	（貸）棚　卸　資　産	32

(*16) 800（A社より仕入分）×売上利益率10％×P社持分比率40％＝32

> 🖊 連結子会社と関連会社との取引も，企業集団（親会社及び連結子会社）と持分法適用会社との取引であるという点では，投資会社と持分法適用会社との取引の場合と同様であるため，通常のアップ・ストリームと同様の処理を行う。なお，利益を計上しているのは持分法適用会社であるため，下記の（6）のように未実現利益の消去に伴い非支配株主への按分は不要である。

(6) 土地の未実現利益の消去（S社→A社）

（借）有形固定資産売却益	600 *17	（貸）関 係 会 社 株 式	600
（借）非支配株主持分当期変動額	240	（貸）非支配株主に帰属する当期純損益	240 *18

(*17) 1,500（売却価額2,300－売却簿価800）×P社持分比率40％＝600

(*18) 未実現利益600（*17）×S社非支配株主持分比率40％＝240

> 🖊 本問では，「A社に対する他の株主の持分については実質的に実現していると判断した」と記載があるため，売却益のうちP社持分比率40％のみを消去する。なお，売却した土地は財務諸表が合算されない持分法適用関連会社に計上されるため，土地勘定を減額できず「関係会社株式」で調整する。また，未実現利益の消去に伴いS社の当期純利益が変動するため，非支配株主への按分が必要となる。

(7) 勘定科目の変更

（借）投 資 有 価 証 券	1,354	（貸）関 係 会 社 株 式	1,354 *19

(*19) 個別上1,620＋連結修正仕訳△266（276－22＋160－80－600）＝1,354

問題2	投資有価証券：S社17,500＋連結修正仕訳△11,646（△13,000＋1,354）＝5,854

問題3	非支配株主持分：当期首残高4,080（4,240－160）

　　　　　　　　　　＋当期変動額△20（300－200＋160＋160－200－240）＝4,060

問題4	売上原価：個別上97,000（P社56,000＋S社41,000）

　　　　　　　　　　＋連結修正仕訳△13,900（△14,000＋△400＋500）＝83,100

問題5	包括利益：当期純利益8,825（*1）＋その他の包括利益320（*2）＝9,145

　　　（*1）個別上11,000（P社10,000＋S社1,000）＋個別財務諸表の修正△250＋連結修正仕訳

　　　　　　△1,925（△180＋△300＋400＋△500＋△875＋△22＋160＋24＋△32＋△600）＝8,825

　　　（*2）S社：（1,000－600）＝400

　　　　　　A社：（100－300）×P社持分比率40％＝△80

　　　　　　∴　400＋△80＝320

問題6	利益剰余金当期首残高：個別上10,700（P社8,000（*1）＋S社2,700（*2））

　　　　　　　　＋連結修正仕訳△2,618（△40＋△2,550＋△400＋160＋236＋△24）＝8,082

　　　（*1）X4.3/31利益剰余金15,000＋剰余金の配当3,000－当期純利益10,000＝8,000

　　　（*2）X4.3/31利益剰余金3,200＋剰余金の配当500－当期純利益1,000＝2,700

【問題⑬】

P社の連結財務諸表作成に関する次の〔前提条件〕及び〔資料Ⅰ〕～〔資料Ⅱ〕に基づき，以下の 問題1 ～ 問題6 に答えなさい。

〔前提条件〕

1．のれんは，発生年度の翌期から10年間にわたり定額法で償却する。

2．税金及び税効果会計は考慮しない。

3．S2社のドル建て財務諸表項目の円換算に当たって使用する為替相場は，次のとおりである。

	期中平均相場	決算日相場
X1年度	－	1ドル＝120円
X2年度	1ドル＝125円	1ドル＝130円
X3年度	1ドル＝135円	1ドル＝140円

4．各社とも剰余金の配当は行っていない。

〔資料Ⅰ〕株式の取得等に関する資料

1．X1年度期末において，P社は，S1社の発行済株式数1,000株のうち800株（80％）を22,000千円で取得し，S1社を子会社とした。なお，支配獲得時のS1社の土地に関して，1,000千円の評価差額（差損）が生じている。

2．X1年度期末において，P社は，S2社の発行済株式数500株のうち300株（60％）を130千ドル（15,600千円）で取得して，S2社を子会社（在外子会社）とした。なお，支配獲得時のS2社の土地に関して，20千ドルの評価差額（差益）が生じている。

3．X2年度期末において，S2社は，S1社株式100株（10％）を3,250千円（25千ドル）で取得した。

〔資料Ⅱ〕各社の個別貸借対照表における純資産の推移

1．P社の個別貸借対照表における純資産の推移（単位：千円）

	資本金	資本剰余金	利益剰余金	評価・換算差額等	純資産合計
X1年度期末	20,000	5,000	10,000	2,000	37,000
X2年度期末	20,000	5,000	30,000	3,000	58,000
X3年度期末	20,000	5,000	40,000	7,000	72,000

2．S1社の個別貸借対照表における純資産の推移（単位：千円）

	資本金	資本剰余金	利益剰余金	評価・換算差額等	純資産合計
X1年度期末	8,000	2,000	15,000	1,000	26,000
X2年度期末	8,000	2,000	24,000	6,000	40,000
X3年度期末	8,000	2,000	38,000	5,000	53,000

3．S2社の個別貸借対照表における純資産の推移（単位：千ドル）

	資本金	利益剰余金	純資産合計
X1年度期末	100	80	180
X2年度期末	100	120	220
X3年度期末	100	170	270

問題1　X2年度末の連結貸借対照表における利益剰余金の金額として最も適切なものの番号を一つ選びなさい。

1．39,875千円　　　2．39,880千円　　　3．40,000千円
4．40,075千円　　　5．41,675千円　　　6．41,875千円

問題2　X2年度末の連結貸借対照表における非支配株主持分の金額として最も適切なものの番号を一つ選びなさい。

1．14,580千円　　　2．15,380千円　　　3．15,500千円
4．16,380千円　　　5．16,418千円　　　6．20,280千円

問題3　X2年度の連結包括利益計算書における包括利益の金額として最も適切なものの番号を一つ選びなさい。

1．39,975千円　　　2．40,170千円　　　3．40,970千円
4．41,090千円　　　5．41,895千円　　　6．41,970千円

問題4　X3年度末の連結貸借対照表におけるのれんの金額として最も適切なものの番号を一つ選びなさい。

1．2,360千円　　　2．2,540千円　　　3．2,675千円
4．2,720千円　　　5．2,740千円　　　6．2,770千円

問題5　X3年度末の連結貸借対照表における資本剰余金の金額として最も適切なものの番号を一つ選びなさい。

1．4,350千円　　　2．5,000千円　　　3．5,650千円
4．6,500千円　　　5．6,950千円　　　6．7,000千円

問題6　X3年度末の連結貸借対照表における利益剰余金の金額として最も適切なものの番号を一つ選びなさい。

1．64,780千円　　　2．64,790千円　　　3．65,125千円
4．65,350千円　　　5．65,630千円　　　6．66,190千円

| 問題1 | 1 | 問題2 | 4 | 問題3 | 6 | 問題4 | 4 | 問題5 | 3 | 問題6 | 5 |

解説 （単位：千円）

Ⅰ．S 1 社（連結子会社）

1．個別財務諸表の修正

(1) 子会社の資産・負債の時価評価（全面時価評価法）

| （借）評 価 差 額 | 1,000 *1 | （貸）土 地 | 1,000 |

2．タイム・テーブル

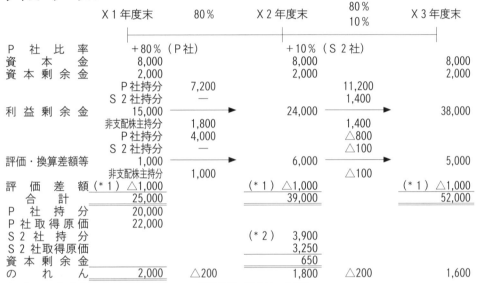

（*2）X 2 年度末資本合計39,000× S 2 社取得比率10％＝3,900

3．X 2 年度の連結財務諸表作成のための連結修正仕訳

(1) 開始仕訳

（借）資本金当期首残高	8,000	（貸）関 係 会 社 株 式	22,000
資本剰余金当期首残高	2,000	評 価 差 額	1,000 *1
利益剰余金当期首残高	15,000	非支配株主持分当期首残高	5,000 *3
評価・換算差額等	1,000		
の れ ん	2,000		

（*3）X 1 年度末資本合計25,000×非支配株主持分比率20％＝5,000

(2) のれんの償却

| （借）の れ ん 償 却 額 | 200 *4 | （貸）の れ ん | 200 |

（*4）のれん2,000÷償却年数10年＝200

(3) 当期純利益の按分

| （借）非支配株主に帰属する当期純損益 | 1,800 *5 | （貸）非支配株主持分当期変動額 | 1,800 |

（*5）S 1 社当期純利益9,000×非支配株主持分比率20％＝1,800

(4) 評価・換算差額等の按分

| （借）評価・換算差額等当期変動額 | 1,000 *6 | （貸）非支配株主持分当期変動額 | 1,000 |

（*6）（X 2 年度末6,000－X 1 年度末1,000）×非支配株主持分比率20％＝1,000

(5) 追加取得

（借）非支配株主持分当期変動額	3,900 *2	（貸）関 係 会 社 株 式	3,250
		資本剰余金当期変動額	650 *7
		(非支配株主との取引に係る親会社の持分変動)	

（*7）貸借差額又は，非支配株主持分減少額3,900（*2）－個別上の取得原価3,250＝650

4．X3年度の連結財務諸表作成のための連結修正仕訳

(1) 開始仕訳

（借）資本金当期首残高	8,000	（貸）関 係 会 社 株 式	25,250 *11
資本剰余金当期首残高	1,350 *8	評 価 差 額	1,000 *1
利益剰余金当期首残高	17,000 *9	非支配株主持分当期首残高	3,900 *12
評価・換算差額等	2,000 *10		
の れ ん	1,800		

（*8）支配獲得時資本剰余金2,000－追加取得650（*7）＝1,350

（*9）支配獲得時利益剰余金15,000

　　　　＋非支配株主に帰属する支配獲得後利益剰余金1,800＋のれん償却額200＝17,000

（*10）支配獲得時その他有価証券評価差額金1,000

　　　　　＋非支配株主に帰属する支配獲得後その他有価証券評価差額金1,000＝2,000

（*11）P社取得原価22,000＋S2社取得原価3,250＝25,250

（*12）X2年度末資本合計39,000×非支配株主持分比率10％＝3,900

(2) のれんの償却

（借）の れ ん 償 却 額	200 *4	（貸）の れ ん	200

(3) 当期純利益の按分

（借）非支配株主に帰属する当期純損益	1,400 *13	（貸）非支配株主持分当期変動額	1,400

（*13）S1社当期純利益14,000（X3年度末利益剰余金38,000－X2年度末利益剰余金24,000）

　　　　　　　　　　　　　　　　　　　　　　　×非支配株主持分比率10％＝1,400

(4) 評価・換算差額等の按分

（借）非支配株主持分当期変動額	100	（貸）評価・換算差額等当期変動額	100 *14

（*14）（X3年度末5,000－X2年度末6,000）×非支配株主持分比率10％＝△100

Column　連結キャッシュ・フロー計算書

　高い収益力を維持している企業でも資金繰りに失敗し，支払不能に陥り，倒産するという，いわゆる黒字倒産が生じることがあります。これは，発生主義に基づく損益計算書は企業の収益力を示すことでは優れていますが，短期的な支払能力の評価等に関する情報提供という観点からは，必ずしも十分ではないことを示しており，企業の現金収入の余剰を生み出す能力や，債務を返済する能力を評価するには，収入・支出や期末の資金残高に関するキャッシュ・フローの情報が必要となります。

　そのため，企業集団の一会計期間におけるキャッシュ・フローの状況を報告することを目的に「連結キャッシュ・フロー計算書」が作成されます。連結キャッシュ・フロー計算書は，一会計期間における企業集団のキャッシュ・フローを活動区分ごとに，どの程度の資金を主たる営業活動から獲得したかを示す「営業活動によるキャッシュ・フロー」，将来の利益獲得及び資金運用のために，どの程度の資金を支出し又は回収したかを示す「投資活動によるキャッシュ・フロー」及び，営業活動及び投資活動を維持するためにどの程度の資金が調達又は返済されたかを示す「財務活動によるキャッシュ・フロー」の3つの区分に分けて表示することとされています。

Ⅱ．S 2 社（連結子会社）

1．個別財務諸表の修正

(1) 子会社の資産・負債の時価評価（全面時価評価法）

（借）土　　　地	20千ドル	（貸）評　価　差　額	20千ドル [*1]

2．タイム・テーブル

	X1年度末	60％	X2年度末	60％	X3年度末
	HR120円	AR125円	CR130円	AR135円	CR140円
P 社 比 率	＋60％				
資 本 金	(*2) 12,000		(*2) 12,000		(*2) 12,000
	P社持分	3,000		4,050	
利 益 剰 余 金	(*3) 9,600	→	(*5) 14,600	→	(*8) 21,350
	非支配株主持分	2,000		2,700	
評 価 差 額	(*4) 2,400		(*4) 2,400		(*4) 2,400
	P社持分	1,320		1,590	
為替換算調整勘定		→	(*6) 2,200	→	(*9) 4,850
	非支配株主持分	880		1,060	
	P社持分			840	
子会社S1社影響分（利益剰余金）	—		—	→	(*10) 1,400
	非支配株主持分			560	
	P社持分			△60	
子会社S1社影響分（評価・換算差額等）	—		—	→	(*11) △100
	非支配株主持分			△40	
合 計	24,000		(*7) 31,200		(*12) 41,900
	(200千ドル)		(240千ドル)		(290千ドル)
P 社 持 分	14,400				
	(120千ドル)				
取 得 原 価	15,600				
	(130千ドル)				
のれん（CR換算前）	1,200	(*13) △125	(*14) 1,075	(*16) △135	(*17) 940
	(10千ドル)	(△1千ドル)	(9千ドル)	(△1千ドル)	(8千ドル)
		95		85	
為替換算調整勘定	—	→	95	→	180
のれん（CR換算後）	1,200		(*15) 1,170		(*18) 1,120

(*2) 100千ドル× HR120 = 12,000

(*3) 80千ドル× HR120 = 9,600

(*4) 20千ドル（*1）× HR120 = 2,400

(*5) 9,600（*3）＋（X2年度末120千ドル － X1年度末80千ドル）× AR125 = 14,600

(*6) 31,200（*7）－円貨建資本合計（資本金12,000（*2）＋利益剰余金14,600（*5）
　　　　　　　　　　　　　　　　　　　＋評価差額2,400（*4）） = 2,200

(*7) （資本金100千ドル＋利益剰余金120千ドル＋評価差額20千ドル（*1））× CR130 = 31,200

(*8) 14,600（*5）＋（X3年度末170千ドル － X2年度末120千ドル）× AR135 = 21,350

(*9) 41,900（*12）－円貨建資本合計（資本金12,000（*2）＋利益剰余金21,350（*8）
　　　　　　　　　　　　＋評価差額2,400（*4）＋1,400（*10）＋△100（*11）） = 4,850

(*10) S1社タイム・テーブルより

(*11) S1社タイム・テーブルより

(*12) （資本金100千ドル＋利益剰余金170千ドル＋評価差額20千ドル）× CR140
　　　　　　　　　　　　　　　　＋1,400（*10）＋△100（*11） = 41,900

(*13) 外貨建のれん10千ドル÷償却年数10年× AR125 = 125

(*14) 1,200 － 125（*13） = 1,075

(*15) 外貨建のれん残高9千ドル× CR130 = 1,170

(*16) 外貨建のれん10千ドル÷償却年数10年× AR135 = 135

(*17) 1,075（*14）－ 135（*16） = 940

(*18) 外貨建のれん残高8千ドル× CR140 = 1,120

3．X2年度の連結財務諸表作成のための連結修正仕訳

(1) 開始仕訳

（借）資本金当期首残高	12,000	*2	（貸）関係会社株式	15,600	
利益剰余金当期首残高	9,600	*3	非支配株主持分当期首残高	9,600	*19
評価差額	2,400	*4			
のれん	1,200				

(*19) X1年度末資本合計24,000×非支配株主持分比率40％＝9,600

(2) のれんの償却

| （借）のれん償却額 | 125 | *13 | （貸）のれん | 125 |

(3) のれんに係る為替換算調整勘定の計上

| （借）のれん | 95 | *20 | （貸）為替換算調整勘定当期変動額 | 95 |

(*20) （のれん（CR換算後）1,170（*15））－のれん（CR換算前）1,075（*14）－0＝95

(4) 当期純利益の按分

| （借）非支配株主に帰属する当期純損益 | 2,000 | *21 | （貸）非支配株主持分当期変動額 | 2,000 |

(*21) S2社当期純利益5,000（*22）×非支配株主持分比率40％＝2,000

(*22) （X2年度末利益剰余金120千ドル－X1年度末利益剰余金80千ドル）×AR125＝5,000

(5) 資本合計に係る為替換算調整勘定の按分

| （借）為替換算調整勘定当期変動額 | 880 | *23 | （貸）非支配株主持分当期変動額 | 880 |

(*23) 資本合計分（X2年度末2,200（*6）－X1年度末0）×非支配株主持分比率40％＝880

4．X3年度の連結財務諸表作成のための連結修正仕訳

(1) 個別財務諸表の修正

　① S2社の保有するS1社株式の修正

| （借）為替換算調整勘定当期変動額 | 250 | *24 | （貸）関係会社株式 | 250 |

(*24) （25千ドル×X3年度末CR140円）－取得原価3,250＝250

> 🖉 在外子会社S2社の資産及び負債は全て「決算時の為替相場」で換算されるため，S2社の保有するS1社株式も「決算時の為替相場」で換算される。しかし，当該S1社株式は連結上，取得原価をもって投資と資本の相殺消去を行う必要があるため，在外子会社S2社の個別上，「決算時の為替相場」で換算されたS1社株式を取得原価に振り戻す修正処理が必要となる。なお，振り戻しの結果生じる為替換算調整勘定は非支配株主に按分する必要がある（下記（2）⑦の仕訳参照）。

(2) 連結修正仕訳

　① 開始仕訳

（借）資本金当期首残高	12,000	*2	（貸）関係会社株式	15,600	
利益剰余金当期首残高	11,725	*25	非支配株主持分当期首残高	12,480	*27
評価差額	2,400	*4			
為替換算調整勘定当期首残高	785	*26			
のれん	1,170				

(*25) 支配獲得時利益剰余金9,600（*3）
　　　＋非支配株主に帰属する支配獲得後利益剰余金2,000（*21）＋のれん償却額125（*13）＝11,725

(*26) 資本合計分880－のれん分95＝785

(*27) X2年度末資本合計31,200×非支配株主持分比率40％＝12,480

　② のれんの償却

| （借）のれん償却額 | 135 | *16 | （貸）のれん | 135 |

③ のれんに係る為替換算調整勘定の計上

(借) の れ ん	85 *28	(貸) 為替換算調整勘定当期変動額	85

(*28)（のれん（CR換算後）1,120（*18）－のれん（CR換算前）940（*17））－95＝85

④ 当期純利益の按分

(借) 非支配株主に帰属する当期純損益	3,260 *29	(貸) 非支配株主持分当期変動額	3,260

(*29)（S2社当期純利益6,750（*30）＋子会社S1社影響分1,400（*10））

　　　　　　　　　　　　　　　　　　　　　×非支配株主持分比率40％＝3,260

(*30)（X3年度末利益剰余金170千ドル－X2年度末利益剰余金120）×AR135＝6,750

⑤ 評価・換算差額等の按分

(借) 非支配株主持分当期変動額	40	(貸) 評価・換算差額等当期変動額	40 *31

(*31) 子会社S1社影響分△100（*11）×非支配株主持分比率40％＝△40

⑥ 資本合計に係る為替換算調整勘定の按分

(借) 為替換算調整勘定当期変動額	1,060 *32	(貸) 非支配株主持分当期変動額	1,060

(*32) 資本合計分（4,850（*9）－2,200（*6））×非支配株主持分比率40％＝1,060

⑦ S2社の保有するS1社株式の修正に伴う為替換算調整勘定の按分

(借) 非支配株主持分当期変動額	100	(貸) 為替換算調整勘定当期変動額	100 *33

(*33) 250（*24）×非支配株主持分比率40％＝100

問題1　利益剰余金（X2年度）：個別上（P社30,000＋S1社24,000＋S2社14,600）

　　　　　　　　　＋連結修正仕訳（△15,000＋△200＋△1,800＋△9,600＋△125＋△2,000）＝39,875

　　　　　又は，P社個別上30,000＋S1社タイム・テーブル（7,200－200）

　　　　　　　　　　　　　　　　＋S2社タイム・テーブル（3,000－125）＝39,875

問題2　非支配株主持分（X2年度）：S1社連結修正仕訳（5,000＋1,800＋1,000－3,900）

　　　　　　　　　　　　　　　＋S2社連結修正仕訳（9,600＋2,000＋880）＝16,380

　　　　　又は，S1社X2年度末資本合計39,000×非支配株主持分比率10％

　　　　　　　　　＋S2社X2年度末資本合計31,200×非支配株主持分比率40％＝16,380

問題3　包括利益（X2年度）：当期純利益33,675（*1）＋その他の包括利益8,295（*2）＝41,970

　　　（*1）P社（30,000－10,000）＋S1社（24,000－15,000）＋S2社｛（120千ドル－80千ドル）

　　　　　　　　　×AR125｝＋連結修正仕訳（S1社△200＋S2社△125）＝33,675

　　　（*2）P社評価・換算差額等（3,000－2,000）＋S1社評価・換算差額等（6,000－1,000）

　　　　　　　　　＋S2社為替換算調整勘定｛資本合計分（2,200－0）＋のれん分（95－0）｝＝8,295

問題4　のれん（X3年度）：S1社1,600＋S2社1,120＝2,720

問題5　資本剰余金（X3年度）：個別上（P社5,000＋S1社2,000）＋連結修正仕訳△1,350＝5,650

問題6　利益剰余金（X3年度）：個別上（P社40,000＋S1社38,000＋S2社21,350）

　　　　　　　　　＋連結修正仕訳（△17,000＋△200＋△1,400＋△11,725＋△135＋△3,260）＝65,630

　　　　　又は，P社個別上40,000＋S1社タイム・テーブル（7,200＋11,200－200－200）

　　　　　　　　　＋S2社タイム・テーブル（3,000＋4,050＋子会社S1社影響分840－125－135）＝65,630

【問題⑭】

P社の連結財務諸表作成に関する次の〔前提条件〕及び〔資料Ⅰ〕～〔資料Ⅲ〕に基づき，以下の 問題1 ～ 問題6 に答えなさい。

〔前提条件〕

1. のれんは，発生した年度の翌期から5年間にわたり定額法により償却する。
2. 非連結子会社S2社に関して，株式の取得に要した付随費用及び追加取得から生じる差額については，連結子会社の会計処理に準じて取り扱う。
3. 連結財務諸表作成上，子会社の土地の時価評価差額及び未実現損益の消去から生じる一時差異に税効果会計を適用する。なお，各社の法定実効税率は毎期40%とする。

〔資料Ⅰ〕S1社に関する事項

1. X0年度末において，P社はS1社の発行済株式数の10%（100株）を1,200千円（@12千円）で取得し，その他有価証券に分類した。その後，X1年度末において，P社はS1社（資本金4,000千円，利益剰余金3,800千円）の発行済株式数の45%（450株）を4,500千円（@10千円）で追加取得し，同社を子会社とした。
2. X1年度末にS1社が保有する土地（簿価3,000千円）のX1年度末における時価は5,000千円である。なお，X3年度に当該土地を連結外部に4,000千円で売却した。
3. X3年度より，P社は連結外部の第三者であるM社を通じてS1社に商品を販売している。当該取引は実質的に連結会社間取引であることが明確である。X3年度において，P社は仕入原価500千円の商品をM社に600千円で販売し，M社はS1社へ650千円で販売している。S1社では当該商品の全てをX3年度末に保有している。なお，当該取引に係る債権債務は決済済みである。
4. X3年度期首において，S1社はP社に対して建物（簿価500千円）を1,300千円で売却した。P社では，当該建物を定率法（耐用年数8年，年償却率25%，残存価額10%）により減価償却を行っている。
5. X3年度において，S1社はP社に対して土地（簿価800千円）を1,800千円で売却した。なお，当該土地はX2年度においてS1社が連結外部から取得したものである。

〔資料Ⅱ〕S2社に関する事項

1. X1年度末において，P社はS2社（資本金500千円，利益剰余金320千円）の発行済株式数の60%を730千円で取得し（証券会社に対する支払手数料50千円を含む。），同社を子会社としたが，重要性が乏しいことから，非連結子会社とし持分法を適用する。
2. X3年度末において，P社はS2社の発行済株式数の20%を180千円で追加取得した。
3. S2社の保有する土地（簿価200千円）のX1年度末の時価は500千円である。
4. 連結貸借対照表上，持分法で評価したS2社株式は投資有価証券勘定で表示する。

〔資料Ⅲ〕X3年度における各社の株主資本等変動計算書と貸借対照表は，次のとおりであった。

株主資本等変動計算書

(単位：千円)

借　　方	P社	S1社	S2社	貸　　方	P社	S1社	S2社
資本金当期末残高	15,000	4,000	500	資本金当期首残高	15,000	4,000	500
剰余金の配当	1,000	500	80	利益剰余金当期首残高	7,000	5,000	420
利益剰余金当期末残高	9,000	8,000	520	当期純利益	3,000	3,500	180

228

貸 借 対 照 表 （単位：千円）

資　　　産	P社	S1社	S2社	負債・純資産	P社	S1社	S2社
現 金 預 金	1,590	2,000	200	買 　掛　 金	3,000	5,000	480
売 　掛　 金	3,000	8,000	350	資 　本　 金	15,000	4,000	500
棚 卸 資 産	6,300	7,000	750	利 益 剰 余 金	9,000	8,000	520
建 　　　 物	4,500	—	—				
土 　　　 地	5,000	—	200				
関係会社株式	6,610	—	—				
合 　　計	27,000	17,000	1,500	合 　　計	27,000	17,000	1,500

問題1 X3年度末の連結貸借対照表における流動資産の合計金額として最も適切なものの番号を一つ選びなさい。

1．27,790千円　　2．27,830千円　　3．27,890千円
4．28,430千円　　5．29,090千円　　6．29,190千円

問題2 X3年度末の連結貸借対照表における固定資産の合計金額として最も適切なものの番号を一つ選びなさい。

1．8,910千円　　2．9,858千円　　3．9,878千円
4．9,918千円　　5．9,968千円　　6．10,218千円

問題3 X3年度末の連結貸借対照表における資本剰余金の金額として最も適切なものの番号を一つ選びなさい。

1．0千円　　2．24千円　　3．60千円
4．84千円　　5．204千円　　6．240千円

問題4 X3年度末の連結貸借対照表における非支配株主持分の金額として最も適切なものの番号を一つ選びなさい。

1．4,698千円　　2．4,752千円　　3．4,968千円
4．4,992千円　　5．5,022千円　　6．5,217千円

問題5 X3年度の連結損益計算書における親会社株主に帰属する当期純利益の金額として最も適切なものの番号を一つ選びなさい。

1．3,246千円　　2．3,306千円　　3．3,336千円
4．3,939千円　　5．3,996千円　　6．4,896千円

問題6 X3年度の連結株主資本等変動計算書における利益剰余金当期首残高の金額として最も適切なものの番号を一つ選びなさい。

1．7,300千円　　2．7,344千円　　3．7,350千円
4．7,394千円　　5．7,544千円　　6．7,594千円

| 問題1 | 1 | 問題2 | 4 | 問題3 | 3 | 問題4 | 3 | 問題5 | 3 | 問題6 | 2 |

解説 （単位：千円）

Ⅰ．S1社（連結子会社）

1．個別財務諸表の修正

(1) 子会社の資産・負債の時価評価（全面時価評価法）

① 土地に係る評価差額の計上

| （借）土　　　　　地 | 2,000 *1 | （貸）繰延税金負債（S1社） | 800 *2 |
| | | 評　価　差　額 | 1,200 *3 |

（*1）X1年度末時価5,000－帳簿価額3,000＝2,000

（*2）2,000（*1）×S1社の法定実効税率40％＝800

（*3）2,000（*1）×（1－S1社の法定実効税率40％）＝1,200

② 土地に係る評価差額の実現

a. 個別上の処理

| （借）現　金　預　金 | 4,000 | （貸）土　　　　　地 | 3,000 |
| | | 土　地　売　却　益 | 1,000 |

b. 連結上のあるべき処理

| （借）現　金　預　金 | 4,000 | （貸）土　　　　　地 | 5,000 *4 |
| 土　地　売　却　損 | 1,000 | | |

（*4）連結上帳簿価額（X1年度末時価）

c. 連結修正仕訳（b.－a.）

| （借）土　地　売　却　益 | 1,000 | （貸）土　　　　　地 | 2,000 *1 |
| 土　地　売　却　損 | 1,000 | | |

d. 税効果会計

| （借）繰延税金負債（S1社） | 800 *2 | （貸）法人税等調整額 | 800 |

2．タイム・テーブル

	X1年度末	55%	X2年度末	55%	X3年度末
P　社　比　率		＋55％（10％＋45％）			
資　　本　　金	4,000		4,000		4,000
	P社持分	660		1,265　△275	
利　益　剰　余　金	3,800	→	5,000	→	（*8）6,800
	非支配株主持分	540		1,035　△225	
評　価　差　額	（*3）1,200		（*3）1,200		（*3）1,200
合　　　計	9,000		10,200		12,000
P　社　持　分	4,950				
取　得　原　価	1,200				
取　得　原　価	4,500				
段階取得に係る差損	（*5）△200				
の　　れ　　ん	550	△110	440	△110	330

（*5）先行持分の支配獲得時の時価1,000（*6）－先行持分の個別上の取得原価1,200＝△200

（*6）支配獲得時時価@10×100株＝1,000

（*7）支配獲得時時価@10×（100株＋450株）＝5,500

（*8）X3年度末利益剰余金8,000－評価差額の実現（1,000＋1,000－800）＝6,800

3．Ｘ3年度の連結財務諸表作成のための連結修正仕訳

（1）　開始仕訳

　　①　Ｓ1社株式の時価評価

（借）利益剰余金当期首残高 　（段階取得に係る差損）	200 *5	（貸）関 係 会 社 株 式	200

　　②　投資と資本の相殺消去

（借）資本金当期首残高	4,000	（貸）関 係 会 社 株 式	5,500 *7
利益剰余金当期首残高	4,450 *9	非支配株主持分当期首残高	4,590 *10
評 価 差 額	1,200 *3		
の れ ん	440		

（*9）支配獲得時利益剰余金3,800
　　　　＋非支配株主に帰属する支配獲得後利益剰余金540＋のれん償却額110＝4,450

（*10）Ｘ2年度末資本合計10,200×非支配株主持分比率45％＝4,590

（2）　のれんの償却

（借）の れ ん 償 却 額	110 *11	（貸）の れ ん	110

（*11）のれん550÷償却年数5年＝110

（3）　当期純利益の按分

（借）非支配株主に帰属する当期純損益	1,035 *12	（貸）非支配株主持分当期変動額	1,035

（*12）（Ｓ1社当期純利益3,500－評価差額の実現（1,000＋1,000－800）

　　　　　　　　　　　　　　　　　　　　×非支配株主持分比率45％＝1,035

（4）　剰余金の配当

（借）受 取 配 当 金	275 *13	（貸）利益剰余金当期変動額	500
非支配株主持分当期変動額	225 *14	（剰 余 金 の 配 当）	

（*13）剰余金の配当500×Ｐ社持分比率55％＝275

（*14）剰余金の配当500×非支配株主持分比率45％＝225

（5）　Ｐ社売上高とＳ1社仕入高の相殺消去

（借）売 上 高	600	（貸）売 上 原 価	600

　　Ｐ社売上高とこれに対応するＳ1社仕入高を相殺消去する。ただし，Ｓ1社の仕入高650に含まれるM社が付加した利益50は，連結外部で生じたものであるため，連結上は付随費用と考えて相殺消去の対象としない。

（6）　商品の未実現利益の消去（ダウン・ストリーム）

（借）売 上 原 価	100 *15	（貸）棚 卸 資 産	100
（借）繰延税金資産（Ｐ社）	40	（貸）法 人 税 等 調 整 額	40 *16

（*15）Ｐ社が付加した利益：売価600－仕入原価500＝100

（*16）未実現利益100（*15）×販売元Ｐ社法定実効税率40％＝40

　　連結上，未実現利益として消去されるのは，Ｐ社からM社への販売によって付加された利益のみである。M社からＳ1社への販売によって付加された利益50は，連結上，未実現利益ではなく，仕入に伴う不可避の付随費用と考えられる。

（7）　建物の未実現利益の調整（アップ・ストリーム）

　　①　未実現利益の消去

（借）有形固定資産売却益	800 *17	（貸）建 物	800
（借）繰延税金資産（Ｓ1社）	320	（貸）法 人 税 等 調 整 額	320 *18
（借）非支配株主持分当期変動額	216	（貸）非支配株主に帰属する当期純損益	216 *19

（*17）売却額1,300－売却簿価500＝800

（*18）未実現利益800（*17）×売却元Ｓ1社法定実効税率40％＝320

（*19）（800（*17）－320（*18））×非支配株主持分比率45％＝216

231

② 減価償却による未実現利益の実現

(借) 建 物	200		(貸) 減 価 償 却 費	200	[*20]
(借) 法 人 税 等 調 整 額	80	[*21]	(貸) 繰 延 税 金 資 産 (S 1 社)	80	
(借) 非支配株主に帰属する当期純損益	54	[*22]	(貸) 非支配株主持分当期変動額	54	

(*20) 未実現利益800 (*17) ×年償却率25% = 200
(*21) 200 (*20) ×売却元 S 1 社法定実効税率40% = 80
(*22) (200 (*20) − 80 (*21)) ×非支配株主持分比率45% = 54

(8) 土地の未実現利益の消去 (アップ・ストリーム)

(借) 有形固定資産売却益	1,000	[*23]	(貸) 土 地	1,000	
(借) 繰 延 税 金 資 産 (S 1 社)	400		(貸) 法 人 税 等 調 整 額	400	[*24]
(借) 非支配株主持分当期変動額	270		(貸) 非支配株主に帰属する当期純損益	270	[*25]

(*23) 売却額1,800 − 売却簿価800 = 1,000
(*24) 未実現利益1,000 (*23) ×売却元 S 1 社法定実効税率40% = 400
(*25) (1,000 (*23) − 400 (*24)) ×非支配株主持分比率45% = 270

Ⅱ．S 2 社 (非連結子会社)

> 🖊 子会社であっても，重要性の乏しいものは，連結の範囲に含めないことができる。連結の範囲に含まれなかった子会社（非連結子会社）に対する投資については，原則として，持分法が適用される。

1．個別財務諸表の修正

(1) 非連結子会社の資産・負債の時価評価 (全面時価評価法)

(借) 土 地	300	[*1]	(貸) 繰 延 税 金 負 債 (S 2 社)	120	[*2]
			評 価 差 額	180	[*3]

(*1) X 1 年度末時価500 − 帳簿価額200 = 300
(*2) 300 (*1) × S 2 社の法定実効税率40% = 120
(*3) 300 (*1) × (1 − S 2 社の法定実効税率40%) = 180

> 🖊 非連結子会社は連結子会社と同様に親会社に支配されていることから，非連結子会社の資産・負債の時価評価にあたっては全面時価評価法による。

2．タイム・テーブル

	X 1 年度末	60%	X 2 年度末	60%	X 3 年度末
P 社 比 率	+60%				+20%
資 本 金	500		500		500
	P社持分	60		108 △48	
利 益 剰 余 金	320		420		520
評 価 差 額	(*3) 180		(*3) 180		(*3) 180
合 計	1,000		1,100		1,200
P 社 持 分	600				240
取 得 原 価	730	持分法上の投資原価			180
取 得 関 連 費 用	△50	680			
資 本 剰 余 金					60
の れ ん	80	△16	64	△16	48

3．X 3 年度の連結財務諸表作成のための連結修正仕訳

(1) 開始仕訳

(借) 利益剰余金当期首残高	50	[*4]	(貸) 関 係 会 社 株 式	50	
(借) 関 係 会 社 株 式	44		(貸) 利益剰余金当期首残高	44	[*5]

(*4) 取得関連費用50
(*5) P 社に帰属する投資後利益剰余金60 − のれん償却額16 = 44

(2) 当期純利益の認識

（借）関 係 会 社 株 式	108	（貸）持分法による投資損益	108 *6

（*6） S 2 社当期純利益180×P社持分比率60％＝108

(3) のれんの償却

（借）持分法による投資損益	16 *7	（貸）関 係 会 社 株 式	16

（*7） のれん80÷償却年数 5 年＝16

(4) 剰余金の配当

（借）受 取 配 当 金	48 *8	（貸）関 係 会 社 株 式	48

（*8） 剰余金の配当80×P社持分比率60％＝48

(5) 追加取得（20％取得）

（借）関 係 会 社 株 式	60	（貸）資本剰余金当期変動額 （非支配株主との取引に係る親会社の持分変動）	60 *9

（*9） X 3 年度末資本合計1,200×追加取得比率20％－個別上の取得原価180＝60

(6) 勘定科目の変更

（借）投 資 有 価 証 券	1,008	（貸）関 係 会 社 株 式	1,008 *10

（*10） 個別上910＋連結修正仕訳98（△50＋44＋108－16－48＋60）＝1,008

　　　　若しくは，X 3 年度末資本合計1,200×P社持分比率80％＋のれんの未償却残高48＝1,008

✎ 非連結子会社の会計処理

　　持分法適用非連結子会社は，連結の範囲から除いても連結財務諸表へ与える影響が乏しいために持分法を適用しているものであり，この点を踏まえると，株式の取得に要した付随費用の会計処理及び株式の追加取得や一部売却等（支配が継続している場合）の会計処理は，連結子会社の会計処理に準じた取扱い又は関連会社と同様の取扱いの，いずれもが認められる。

	連結子会社の会計処理 に準じた取扱い【本問】	関連会社と同様の取扱い
株式の取得に要した付随費用	発生した連結会計年度の費用	投資原価に含める
追加取得の際に生じる差額	資本剰余金	のれん又は負ののれん
支配が継続している場合の 一部売却等の際に生じる差額	資本剰余金	関係会社株式売却損益等

問題 1　流動資産：個別上27,890（P 社10,890＋S 1 社17,000）

　　＋連結修正仕訳△100（商品の未実現利益の消去）＝27,790

問題 2　固定資産：個別上16,110（P 社16,110＋S 1 社 0 ）

　　＋連結修正仕訳△6,192（2,000－2,000－200－5,500＋440－110＋40－800＋320＋200－80

　　－1,000＋400－50＋44＋108－16－48＋60）＝9,918

問題 3　資本剰余金：個別上 0 （P 社 0 ＋S 1 社 0 ）＋連結修正仕訳60＝60

問題 4　非支配株主持分：4,590＋1,035－225－216＋54－270＝4,968

問題 5　親会社株主に帰属する当期純利益：個別上の当期純利益6,500（P 社3,000＋S 1 社3,500）

　　＋連結修正仕訳△3,164（△1,000＋△1,000＋800＋△110＋△1,035＋△275＋△100＋40＋△800

　　＋320＋216＋200＋△80＋△54＋△1,000＋400＋270＋108＋△16＋△48）＝3,336

問題 6　利益剰余金当期首残高：個別上12,000（P 社7,000＋S 1 社5,000）

　　＋連結修正仕訳△4,656（△200＋△4,450＋△50＋44）＝7,344

【著者紹介】

関口　高弘（せきぐち　たかひろ）

1976年5月神奈川県生まれ。1998年10月公認会計士試験合格。1999年3月中央大学商学部会計学科卒業，2001年3月中央大学大学院商学研究科博士前期課程修了。公認会計士試験合格後，大手監査法人で上場企業を中心とした会計監査に従事。2002年4月公認会計士登録。日商簿記検定試験（商業簿記・会計学），税理士試験（簿記論・財務諸表論），公認会計士試験（財務会計論）の受験指導歴17年。現在は，中央大学経理研究所専任講師，中央大学商学部客員講師，朝日大学経営学部非常勤講師，高崎商科大学商学部特命講師他を務める。

◆本書のお問い合わせについて◆

本書のお問い合わせは，お名前・ご住所・ご連絡先等を記載し，書名・該当ページを明記のうえ，文書にて下記へお寄せください。お電話でのお問い合わせはお受けできません。

〒101-0051　東京都千代田区神田神保町1-31-2　　FAX　03-3291-5127
E-mail　info@chuokeizai.co.jp　㈱中央経済社編集部「連結会計3ステップ式問題集」係

会計士・税理士・簿記検定
連結会計の計算に強くなる3ステップ式問題集

2023年4月20日　第1版第1刷発行

著　者　関　口　高　弘
発行者　山　本　　　継
発行所　㈱中　央　経　済　社
発売元　㈱中央経済グループ
　　　　　パ　ブ　リ　ッ　シ　ン　グ

〒101-0051　東京都千代田区神田神保町1-31-2
電　話　03 (3293) 3371 (編集代表)
　　　　 03 (3293) 3381 (営業代表)
https://www.chuokeizai.co.jp
印刷／文唱堂印刷㈱
製本／誠　製　本㈱

©2023
Printed in Japan

頁の「欠落」や「順序違い」などがありましたらお取り替えいたしますので発売元までご送付ください。（送料小社負担）

ISBN978-4-502-45461-5　C2334